卫生法律实务

主 编 朱晓卓

东南大学出版社
SOUTHEAST UNIVERSITY PRESS
·南京·

图书在版编目（CIP）数据

卫生法律实务/朱晓卓主编. —南京：东南大学
出版社,2013.8
ISBN 978 - 7 - 5641 - 4311 - 4

Ⅰ. ①卫… Ⅱ. ①朱… Ⅲ. ①卫生法-中国-高等职
业教育-教材 Ⅳ.①D922.16

中国版本图书馆 CIP 数据核字（2013）第 130215 号

卫生法律实务

出版发行		东南大学出版社
出 版 人		江建中
社 址		南京市四牌楼 2 号（邮编：210096）
网 址		http://www.seupress.com
经 销		全国各地新华书店
印 刷		南京玉河印刷厂
开 本		700mm×1000mm 1/16
印 张		18.5
字 数		385 千字
版 次		2013 年 8 月第 1 版
印 次		2013 年 8 月第 1 次印刷
书 号		ISBN 978 - 7 - 5641 - 4311 - 4
定 价		36.00 元

＊本社图书若有印装质量问题,请直接与营销部联系,电话:025－83791830。

《卫生法律实务》编写人员

主　　编：朱晓卓

副 主 编：李国炜　尹　口　米　岚

编写人员：（以姓氏笔画为序）

尹　口　王　飞　朱晓卓　米　岚

冷朋波　吴美蓉　李国炜　邹　涛

曹　莹　戴克锋

前　言

　　随着我国医疗卫生事业法制化进程的不断推进,对于卫生(健康)管理类人才法律素养的要求不断提升,国内不少卫生类高职高专院校已开设了卫生法律课程,该课程是以帮助卫生(健康)管理专业学生在全面理解卫生法律法规的基础上,提高其卫生法律素质、培养其依法处理卫生事务能力为主要目的的。

　　我国卫生法律教材体系较多沿袭日本和我国台湾地区,也曾引进出版过我国台湾地区的《医事法》(黄丁全主编,台湾月旦出版社,中国政法大学出版社引进出版)等卫生法学教材,但因卫生法律体系以及具体卫生法律法规差异较大,多用于卫生法学参考研究。目前医药院校使用的卫生法律教材中较有影响的主要有《卫生法》(赵同刚主编,人民卫生出版社)、《中国卫生法》(吴崇其主编,法律出版社),《卫生法学》(宋文质主编,北京大学出版社)、《医事法学》(姜柏生主编,东南大学出版社)、《医药卫生法》(田侃主编,科学出版社)、《卫生法学纲要》(达庆东主编,复旦大学出版社)等,但多为本科及研究生教材,现有的高职卫生法规教材较少,且和本科、研究生教材相比,除了内容更加简单外,并不能充分体现高职院校人才培养特色,不能完全符合人才培养的实践性和技能性要求,缺少具体法律法规的实际运用,更缺少案例和法律法规的内在联系性,造成教材内容操作性欠缺,理论和实践脱节。

　　根据当前高职教育发展趋势,高职高专卫生(健康)管理类专业改革发展应主动适应社会发展的需要,拓宽专业人才培养方向,通过调研健康行业、卫生服务领域的发展动态,发掘社会中已存在或潜在的卫生服务及健康产业链中的工作岗位,并根据岗位要求设计和安排卫生法律教学内容。由此卫生法律教材建设应以卫生(健康)知识技能为基础,从岗位能力需求导出教学内容,构建具有卫生健康服务特色的课程内容体系。由于目前适合高职高专卫生(健康)管理类专业的卫生法律教材很少,所选用教材基本上采用本科卫生法规相关教材加以压缩使用或是单纯的卫生法律法规汇编,急需开发形成一套基于案例导入、项目任务驱动的动态综合性课程教材。因此,本书编写符合卫生职业教育和卫生(健康)事业发展的需求。

　　根据当前卫生事业法制建设、健康产业发展和高职卫生教育的特点,本书在编写中力求做到以下特点:

　　1. 根据专业岗位需求确定教材编写内容

针对高职高专卫生(健康)管理类专业的岗位职业技能要求,本书在具体编写内容上主要涉及卫生法律基本理论、医疗法律问题、药事法律问题、公共卫生法律问题以及医药科技与法律问题等内容,以问题设计教学内容,强调实践教学,并注重与岗位职业发展方向相吻合。

2. 以实务处理为核心进行教材编写设计

本书改变以往卫生法规课程教材内容法条化、格式化的模式,以实务处理为核心,体现职业岗位技能的要求,项目任务分解练习、引入问题探究,以案例带动整个理论教学,将实践操作彻底渗入教学,将项目、案例、问题进行有效互动,帮助学生在实践基础上理解理论,并掌握相应的知识岗位应用技能。

3. 创新教学内容栏目,实现理论和实践结合

本书每项任务内容分为岗位技能要求、工作任务、问题研究、延伸阅读、拓展练习等多种栏目,明确教学工作所针对的岗位要求,在介绍案例的过程中以问题形式穿插理论,延伸知识背景,提升学生自主学习的能力,努力探索建立一种集讲学练于一体、适应师生互动、体现职业技能本位的新型教材编写模式。

本书可以作为高职高专卫生(健康)管理类、卫生法学类课程的专用书,同时可以作为高职高专医学及医学相关专业学习卫生法学课程的教材,也可供医药卫生系统干部、职工,以及健康行业从业人员的教育培训使用。

本书由朱晓卓、李国炜、尹口和米岚拟定编写大纲,后经过全体编者讨论修改完善,项目1~4是由宁波卫生职业技术学院朱晓卓、吴美蓉和徐州市卫生监督所戴克锋负责编写,项目5~11是由宁波市卫生局李国炜、新疆维吾尔族自治区人民医院王飞和宁波卫生职业技术学院朱晓卓负责编写,项目12~18是由宁波卫生职业技术学院米岚负责编写,项目19~20是由宁波卫生职业技术学院朱晓卓负责编写,项目21、24~30是由上海浦东新区卫生监督所邹涛负责编写,项目22是由上海浦东新区卫生监督所邹涛和宁波市疾病预防控制中心冷朋波负责编写,项目23是由上海浦东新区卫生监督所邹涛和复旦大学附属肿瘤医院闵行分院曹莹负责编写,项目31~36由浙江省医学高等专科学校尹口和宁波卫生职业技术学院朱晓卓负责编写,最后由朱晓卓负责通稿、定稿。

本书在编写过程中,参考和引用了近年来发表在网络、书籍、杂志上的卫生法学论著、案例,并借鉴了许多专家学者和同仁们的科研成果,在此谨表示谢意。因水平和能力有限,加之时间仓促,书中疏漏、不妥和错误之处在所难免,敬请读者批评指正。

本书为2010年度浙江省高校重点教材建设项目,特此说明。

编　者
2013 年 3 月

目 录

项目 1　卫生法律概述

【岗位技能要求】

　　本项目主要针对医(药)政管理、卫生监督、卫生防疫和卫生法律事务处理等岗位,具体技能要求:

　　1. 能够熟练分析卫生法律的法律界定。

　　2. 能够清楚分析卫生法律的原则。

　　3. 能够简单分析卫生法律的作用。

【工作任务 1】

　　我国早在两千多年前就制定了卫生方面的法律规范。《周礼》记载了当时的卫生管理制度,包括司理医药的机构、病历书写和医生考核制度等;《秦律》中规定禁止杀婴堕胎;《唐律》中明令禁止同姓为婚,并对官方征用医生和医校的设置等做了规定;宋代开设了国家药局,制定了世界上最早的药品标准《太平惠民合剂局方》。

　　问题 1　卫生法律的概念和特征

　　卫生法律是指由国家制定或认可,并由国家强制力保证实施的,旨在调整和保护公民生命健康活动中形成的各种社会关系的法律规范的总和。

　　卫生法律有狭义和广义之分。狭义的卫生法律,是指由全国人民代表大会及其常务委员会制定的各种卫生法律。广义的卫生法律,不仅包括上述各种卫生法律,而且还包括被授权的其他国家机关制定颁布的在其所辖范围内普遍有效的卫生法规和规章,以及宪法和其他规范性法律文件中涉及卫生法的内容。本书所指的卫生法律是指广义的卫生法律。

　　问题 2　卫生法律的特征

　　卫生法律以围绕人体健康生命权益而产生的各种社会关系为调整对象,和其他法律部门相比,卫生法律又具有自己独有的特点。

　　(一)以保护公民生命健康权为根本宗旨

　　生命健康权是公民人身权中一项最基本的权利。卫生法律以保障公民的生命健康权为根本宗旨,这正是它区别于其他法律部门的主要标志。

（二）是行政、民事和刑事法律规范相结合的法律

卫生法律以调整卫生法律关系为主要内容。卫生法律关系既存在于医疗机构、卫生服务人员与卫生行政部门之间，也存在于医疗机构、卫生服务人员与患者，以及其他产生卫生社会关系的主体之间。卫生法律所调整的社会关系具有广泛性的特点，因此既要采用行政手段调整卫生行政组织管理活动中产生的社会关系，又要采用民事手段来调整卫生服务活动中的权利义务关系。此外，对在医疗服务过程中出现的严重侵权行为还要追究相应的法律责任。

（三）与医学等自然科学的发展关系密切

以卫生法律关系为调整对象的卫生法律，必然要涉及与人的生命或健康相关的自然科学。医学及其他相关学科的技术成果是卫生法律的立法依据，也是卫生法律的实施手段和实施依据。因此，卫生法律的内容中含有大量的医学技术成果。同时，随着医学的发展与进步，卫生法律也不断面临新的问题，如安乐死、器官移植、脑死亡、基因诊断与治疗、生殖技术等问题，这都需要制定相应的法律规范。

（四）具有一定国际性的国内法

卫生法律虽然在本质上属于国内法，但由于对卫生本身共性的、规律性的普遍要求，各国卫生法律在保留个性的同时，都比较注意借鉴和吸收各国通行和国际组织的卫生规则，把一些具有共同性的卫生要求和标准载于本国法律，使得卫生法律具有明显的国际性。

问题3 卫生法律的调整对象

卫生法律的调整对象是各种卫生法律所调整的社会关系，根据调整的具体社会关系不同，也就形成了不同调整范围的法律规范性文件。一般来说卫生法律主要调整的社会关系有以下三个方面：

（一）卫生组织关系

卫生法律把各级卫生行政部门和各级各类卫生组织的法律地位、组织形式、隶属关系、职权范围以及权利义务等以法律条文的形式固定下来，以形成规范的管理体系和制度。从而使国家能够有效地对卫生工作进行组织和领导，并使医疗卫生组织的活动有据，同时保障了医疗卫生组织的卫生法律活动。如在《医疗机构管理条例》等法律文件中，明确了相关医疗卫生机构的法律地位、职责范围、编制和工作方法，以保证它们在法律规定的范围内从事相应的卫生活动。

（二）卫生管理关系

卫生管理关系指国家卫生行政机关及其他有关机关，根据法律的规定，在进行卫生组织、领导、监督、评估等活动时与企事业单位、社会团体或者公民之间形成的权利义务关系。这是一种纵向的行政关系，受卫生法律的调整，如卫生行政机关与卫生行政管理相对人的监督管理关系。在卫生法律中，卫生管理关系通常表现为

卫生行政隶属关系和卫生职能管辖关系。

（三）卫生服务关系

卫生服务关系指卫生行政机关，医疗卫生组织，有关企事业单位、社会团体和公民在向社会提供卫生咨询指导、医疗预防保健服务过程中，与接受服务者之间所结成的一种平等主体间的权利义务关系，以及从事健康相关产品的生产经营单位等就提供的产品和服务的安全卫生质量，与接受服务者所结成的一种平等主体间的权利义务关系。

【工作任务 2】

2004 年 8 月 28 日修订通过的《中华人民共和国传染病防治法》第一条规定："为了预防、控制和消除传染病的发生与流行，保障人体健康和公共卫生，制定本法。"

问题 1　卫生法律的基本原则

卫生法律的基本原则是卫生立法的基础，是卫生法律所确认的卫生社会关系主体及其卫生活动必须遵循的基本准则。

（一）保护公民健康的原则

保护公民健康的原则是指卫生法律的制定和实施都要从广大人民群众的健康利益出发，把维护人体健康作为卫生法律的最高宗旨，使每个公民都享有依法要求改善卫生条件，获得基本医疗保健服务的权利，以促进自身身体健康，保障健康权的实现。

（二）预防为主的原则

预防为主是我国卫生工作的根本方针。要正确处理防病和治病的关系，把预防工作放在首位，坚持防治结合，预防为主。在卫生立法及执法中必须遵循预防原则，提高社会公众预防保健和法律意识。

（三）中西医协调发展的原则

我国传统医学（包括各民族医药学）有着数千年的历史，是我国各族人民在长期同各类疾病作斗争中的经验总结；西方医学随着现代科学技术的进步而逐步发展起来，是现代科学的重要组成部分。目前在对疾病的诊疗护理中，要正确处理我国传统医学和西方医学的关系，从而使中西两个不同理论体系的医药学能够互相取长补短、协调发展。

（四）国家卫生监督原则

国家卫生监督原则是指卫生行政机关和法律法规授权的组织，对管辖范围内的社会组织和个人贯彻执行国家卫生法律、法规和规章的情况予以监察督导，并对违法行为采取处理措施。

问题 2 　卫生法律的作用

随着我国卫生法制建设的深入推进,卫生法律在社会发展中的作用越来越明显,具体如下:

(一)有助于深入贯彻党和政府的医药卫生政策

卫生立法是党和国家的医药卫生政策的具体化和法律化,是卫生活动的依据和指导。根据卫生法律的规定,可以明确合法行为与违法行为的界限,合法行为受到法律的保护,违法行为要承担相应的法律责任,以此切实保护公民和社会组织的合法权益,实现党和国家的医药卫生政策的最终实现。

(二)有助于推动医学科学技术的不断进步

医学的存在和发展是卫生立法的基础,卫生法律的制定与实施是保证和促进医学发展的重要手段。我国颁布了许多卫生法律、法规和规章,从而使医药卫生事业从行政管理上升为法律管理,从一般技术规范和医德规范提高到法律规范,为医学科学的进步和发展起着强有力的法律保障作用。随着新的科学技术不断引入到医学领域中来,现代医学发展也向卫生立法提出了一系列需要解决的新问题。

(三)有助于增强公众的卫生法律观念和保障社会公众健康

在卫生行政管理中,通过对卫生法律的宣传教育,可以使国家机关、企事业单位、社会团体和公民增强卫生法律观念,明确卫生活动中的权利和义务,增强社会公众的健康意识,促进社会公众健康水平的提高。

(四)有助于促进国际间卫生交流和合作

疾病的流行没有地域和人群的限制,疾病防治的措施和方法也不会因国家社会制度的不同而有所差异。为了预防传染病在国际间的传播,解决国际间的医疗合作交流,保护我国公民的健康,保障相互权利和义务,我国颁布了《国境卫生检疫法》、《外国医师来华短期行医暂行管理办法》等一系列涉外的卫生法律、法规和规章,有效地促进了国际间卫生交流和合作。

【延伸阅读】

据文献记载,早在公元前 3000 年左右,古埃及就开始颁布一些有关卫生方面的法令,如有关掩埋尸体、排水以及处罚违纪医生、严禁弃婴的规定等。公元前2000 年古代印度的《摩奴法典》,公元前 18 世纪古巴比伦王国的《汉谟拉比法典》,公元前 450 年古罗马的《十二铜表法》、《阿基拉法》和《科尼利阿法》等法典中都有对医师管理、医疗事故处理、城市公共卫生、食品卫生、疾病预防、医学教育等方面的规定。

欧洲封建国家兴起后,各国逐渐加强了卫生立法,法律规定和调整的范围有所扩大。到中世纪中后期,随着科学的发展、医学学校的出现,在许多方面出现了卫生成文法规,如 13 世纪法国的腓特烈二世颁布了《医师开业法》、《药剂师开业法》;14 世纪,威尼斯、马赛等地颁布了检疫法,开创了国际卫生检疫的先河;15 世纪前后在佛罗伦萨、纽伦堡等地出现了较系统的药典。

进入到资本主义社会,随着工业革命的兴起,社会关系发生了巨大的改变,也导致了流行病、职业卫生和妇幼卫生等方面问题的出现,由此也进一步促进了卫生立法。英国 1601 年制定的《伊丽莎白济贫法》是最早的近代意义上的卫生法律,影响最大。到 17、18 世纪,治理城市环境,防治传染病,改善居民居住条件和劳动条件,建立卫生检查制度已成为卫生立法的主要内容。19 世纪以后,资本主义各国为适应社会的发展,不断制定卫生法律法规,如英国相继制定了《助产士法》、《精神缺陷法》等。日本从 1874 年开始建立卫生制度,制定了《医务工作条例》,1925 年颁布《药剂师法》,1933 年颁布《医师法》,1942 年颁布了著名的《国民医疗法》,1948 年制定了《药事法》等。美国于 1878 年颁布了《全国检疫法》,1902 年制定了有关生物制品的法规,1906 年颁布了《纯净食品与药物法》,1914 年制定了《联邦麻醉剂法令》等。

第二次世界大战以后,卫生立法得到了迅速发展,各国宪法中都明确规定公民享有健康保护权,制定了关于医院管理的医政法规,环境立法也达到了空前兴旺的时期,出现"公害罪",明确规定了法人犯罪问题,如美国的《国家环境政策法》、日本的《公害对策基本法》等。在劳动保护方面,各国制定了职业安全卫生法,其他如传染病防治法、卫生检疫法律等都在不断修改、完善。20 世纪后半期,一些国家的老人保健法、精神卫生法、福利法、国民健康保险法等也相继出台,使卫生法律法规在社会生活的各方面发挥着越来越大的作用。

【拓展练习】
1. 结合本项目,谈谈你对卫生法律概念和特征的认识。
2. 结合本项目,谈谈你对卫生法律基本原则的认识。

项目 2　卫生法律关系

【岗位技能要求】

本项目主要针对医（药）政管理、卫生监督、卫生防疫和卫生法律事务处理等岗位,具体技能要求:

1. 能够清楚分析卫生法律关系的概念和特征。
2. 能够熟练分析卫生法律关系的构成要素。
3. 能够清楚分析卫生法律事实。

【工作任务】

2004 年 3 月 30 日晚上 7 时许,四川省某县中医院接到"120"电话,有一坠崖的患者需要抢救。救治过程中,医护人员发现这名患者病情严重,没有家属出现,身上也没有钱。当晚,该院副院长兼外科主任、急诊科护士长开着救护车,将该患者抛弃。次日,这名病危患者死亡。为了逃脱法律的追究,该院院长、副院长等 4 人还伪造了患者的病历。4 月 22 日,案件告破,公安机关以涉嫌故意杀人罪、伪证罪等刑拘了该院院长、副院长、急诊科护士长等 3 人。

问题 1　卫生法律关系的概念

法律关系是指法律所调整的人与人之间的权利义务关系。每一个法律部门都调整着特定方面的社会关系。所谓卫生法律关系是指卫生法律所调整的、在卫生管理和卫生预防保健服务过程中国家机关、企事业单位、社会团体或者公民之间的权利与义务关系。

问题 2　卫生法律关系的特征

卫生法律的调整对象主要为卫生管理关系和医药卫生服务关系,因此卫生法律关系除了具备一般法律关系的共同特征外,还具有其自身的特征,具体如下:

（一）是基于保障和维护人体健康而结成的法律关系

卫生法律关系是以保障和维护人体健康为目的的。从卫生法律关系形成的过程看,卫生法律关系是在卫生管理和医药卫生预防保健服务过程中形成的各种关系,但无论是在卫生行政管理中形成的卫生法律关系,或者是在卫生服务中形成的卫生法律关系,还是在药品生产经营过程中形成的卫生法律关系,其内容都体现了个人和社会的健康利益,其目的都是为了保障人类健康。这也是卫生法律关系与其他法律关系的根本差异。

(二)是由卫生法律调整和确认的法律关系

卫生法律关系必须以相应的卫生法律规范的存在为前提。通过卫生立法,对直接关系人体健康的卫生关系加以具体规定,保护其不受非法行为的侵害。在实践中,当这些卫生关系为卫生法律所确认和保护时,就上升为卫生法律关系,具有了卫生法律的形式。因此,卫生法律关系的范围取决于卫生法律调整对象的范围。

(三)是一种纵横交错的法律关系

卫生法律关系是一种既存在于平等主体之间,又存在于不平等主体之间的法律关系。其中既有行政管理活动中不平等的卫生行政法律关系,又有卫生服务活动中各个法律关系主体之间的卫生民事法律关系,也有因犯罪形成的刑事法律关系。

(四)卫生法律关系主体具有特殊性

卫生法律关系主体具有特殊性,即通常是从事卫生工作的组织和个人。在纵向的卫生法律关系中,必定有一方当事人是医药卫生管理机关,如卫生行政部门等;在横向的卫生法律关系中,必定有一方当事人是卫生预防保健机构或个人。

问题3   卫生法律关系的构成要素

卫生法律关系同其他法律关系一样,都是由主体、客体和内容三个方面的要素构成。

(一)卫生法律关系的主体

卫生法律关系的主体是指参加卫生法律关系,并在其中享有卫生权利、承担卫生义务的人,一般称为当事人。在我国,卫生法律关系的主体包括卫生行政机关、医疗卫生机构、企事业单位、社会团体和公民。

1. 卫生行政机关　国家卫生行政机关包括卫生和计划生育委员会、中医药管理局、食品药品监督管理总局以及所属的各级行政部门。

2. 医疗卫生机构　是指依法设立的各级各类医疗卫生组织,包括医疗机构、药检所、妇幼保健院(所)等机构。

3. 企事业单位和社会团体　主要包括依据卫生法律的规定,作为行政相对人的食品、药品、化妆品生产经营单位、公共场所及工矿企业和学校等。

4. 公民(自然人)　公民作为卫生法律关系的主体有两种情况:一种是以特殊身份成为卫生法律关系的主体,如医疗机构内部的工作人员,他们一方面因需要申办资格许可和执业许可同卫生行政部门形成卫生行政法律关系,另一方面在提供卫生预防保健服务时,他们与患者还形成了医患法律关系;另一种是以普通公民的身份参加卫生法律关系而成为主体,如医疗服务关系中的患者。

此外,居住在我国的外国人和无国籍人,如果参与到我国的卫生法律关系中,也可以成为我国卫生法律关系的主体,如在国境卫生检疫法律关系中接受我国国境卫生检疫机关检疫查验中的外国入境人员。

(二)卫生法律关系的内容

卫生法律关系的内容是指卫生法律关系的主体依法可享有的权利和应承担的义务。其中,卫生权利指由卫生法律规定的,卫生法律关系主体根据自己的意愿实现某种利益的可能性。它包含三层含义:

(1)权利主体有权在卫生法律规定的范围内,根据自己的意愿为一定行为或者不为一定行为。

(2)权利主体有权在卫生法律规定的范围内,要求义务主体为一定行为或者不为一定行为,以便实现自己的某种利益。

(3)权利主体有权在自己的卫生权利遭受侵害或者义务主体不履行卫生义务时,请求人民法院给予法律保护。

卫生义务指根据卫生法律规定,卫生法律关系中的义务主体,为了满足权利主体的某种利益而为一定行为或者不为一定行为的必要性。它也包含三层含义:

(1)义务主体应当依据卫生法律的规定,为一定行为或者不为一定行为,以便实现权利主体的某种利益。

(2)义务主体负有的义务是在卫生法律规定的范围内为一定行为或者不为一定行为,对于权利主体超出法定范围的要求,义务主体不承担义务。

(3)卫生义务是一种法定义务,受到国家强制力的约束,如果义务主体不履行或者不适当履行,就要承担相应的法律责任。

(三)卫生法律关系的客体

卫生法律关系的客体,是指卫生法律关系主体的卫生权利和卫生义务所共同指向的对象。卫生法律关系的客体大致可分为以下几类:

1. 公民的生命健康利益 它是人身利益的一部分,包括公民的生命、身体、生理功能等。生命健康是每一个公民生存的客观基础,是公民正常生活和从事各种活动的重要前提。保障公民的生命健康利益是我国卫生立法的基本目的。因此,人的生命健康利益是卫生法律关系的最高层次的客体,也是各种卫生法律关系的共同客体。

2. 行为 是指卫生法律关系中的主体行使卫生权利和履行卫生义务的活动。如卫生审批、申请许可等。行为包括合法行为和违法行为两种形式。前者应受到法律的确认和保护,如在医疗服务关系中,医疗机构依法应向患者提供医疗保健服务的行为;后者则要承担相应的法律责任,如卫生行政管理关系中,管理相对人违反有关法律规定,不设置卫生防护设施、不组织从业人员进行健康检查、不申请许可证从事食品生产等行为。

3. 物　是指现实存在的,能够被人所支配、利用,具有一定价值和使用价值的物质财富。包括进行各种医疗服务和卫生管理活动中所需要的生产资料和生活资料以满足个人和社会对医疗保健的需要,如食品、药品、化妆品、保健品、医疗器械等。

4. 人身　人身是由各种生理器官组成的有机体。它是人的物质形态,也是人的生命健康利益的载体。随着现代医学科学科技的不断发展,器官移植、输血、人工生殖等医学技术和医学研究成果在临床中大量应用,角膜、血液、骨髓、脏器等人体器官均成为可供捐献、交易的对象,由此产生了一系列法律问题,人身不再只是传统意义上的法律关系主体,而且在一定范围内、一定条件下成为法律关系的客体。但是,目前我国法律禁止任何人将他人或本人的整个身体作为民法上的"物"进行转让或买卖。

5. 智力成果　智力成果又称精神财富,是指人们的智力活动所创造的成果,如医学著作或学术论文、医疗仪器的发明、新药的发明等。根据我国法律规定,新的医学技术不能申请专利,但是新药可以申请专利。

问题 4　卫生法律关系的产生、变更和消灭

在实际生活中,各种各样的卫生法律关系不是自然产生、永恒不变的,而是处于不断产生、变更和消灭的运行过程中。产生,指在卫生法律关系主体之间形成某种权利和义务的联系;变更,指卫生法律关系主体、客体及内容发生变化;消灭,指主体之间权利义务关系的终止。卫生法律关系只有在一定条件下才能产生、变更和消灭,这种条件就是法律事实的实现。

法律事实是指法律规定的能够引起法律关系产生、变更和消灭的事件和行为,包括法律行为和法律事件。其中,法律关系当事人以其主观意愿表现出来的法律事实,称为法律行为;不以法律关系当事人的主观意志为转移的法律事实,称为法律事件。

（一）法律行为

法律行为分为合法行为和违法行为,是卫生法律关系产生、变更或消灭的最普遍的法律事实。合法行为是指卫生法律关系主体实施的符合卫生法律规范、能够产生行为人预期后果的行为,受到法律的确认和保护。违法行为是指卫生法律关系主体实施的为卫生法律所禁止的、侵犯他人合法权益从而引起某种卫生法律关系的产生、变更和消灭的行为,该行为为法律所禁止,必须承担相应的法律责任。

（二）法律事件

法律事件分为两类:一类是自然事件,如作为卫生行政相对人的企事业单位因地震、失火等自然灾害而被迫停业,患者因非医疗因素死亡而终止医患法律关系;

另一类是社会事件,如国家医药卫生政策的重大调整、卫生法律的重大修改等。

【延伸阅读】

医患关系是医务人员与患者在医疗过程中产生的特定医治关系,是医疗人际关系中的关键。医患关系在医疗活动中由技术性关系和非技术性关系两大部分组成。非技术性关系是指求医过程中医务人员与患者的社会、心理等方面的关系,在医疗过程中对医疗效果有着无形的作用。技术性医患关系有三种基本模式。

1. 主动与被动型　医师完全主动,患者完全被动;医师的权威性不受任何怀疑,病员不会提出任何异议。

2. 引导与合作型　医师和患者都具有主动性。医师的意见受到尊重,但病员可有疑问和寻求解释。

3. 共同参与型　医师与患者的主动性等同,共同参与医疗的决定与实施。医师此时的意见常常涉及病员的生活习惯、方式及人际关系调整,病员的配合和自行完成治疗显得尤为重要。

【拓展练习】

结合本项目,谈谈你对卫生法律关系的认识。

项目3 卫生法律的渊源和适用

【工作任务 1】

我国《宪法》第二十一条规定:国家发展医疗卫生事业,发展现代医药和我国传统医药,鼓励和支持农村集体经济组织、国家企事业组织和街道组织举办各种医疗卫生设施,开展群众性的卫生活动,保护人民健康。

第二十五条规定:国家推行计划生育,使人口的增长同经济和社会发展计划相适应。

第四十条:夫妇双方有实行计划生育的义务。

第四十五条规定:中华人民共和国公民在年老、疾病或者丧失劳动能力的情况下,有从国家和社会获得物质帮助的权利。国家发展为公民享受这些权利所需要的社会保险、社会救济和医疗卫生事业。

问题 **卫生法律的各类渊源**

卫生法律的渊源是卫生法律规范的具体表现形式,是指卫生法律由何种国家机关制定或认可,具有何种表现形式或效力等级。我国卫生法律的渊源主要有以下几种:

(一)宪法

宪法是我国的根本大法,是由我国最高国家权力机关——全国人民代表大会依照法定程序制定的具有最高法律效力的规范性文件。我国宪法中有关保护公民生命健康的医药卫生方面的条款,就是我国卫生法律的立法依据,也是我国卫生法律的重要渊源,并在卫生法律体系中具有最高的法律效力。

(二)卫生法律

卫生法律是指由全国人民代表大会及其常务委员会制定的有关卫生方面的专门法律,其效力低于宪法。卫生法律可分为两种:一是由全国人民代表大会制定的卫生基本法。目前我国还未制定卫生基本法。二是由全国人民代表大会常务委员会制定的卫生基本法律以外的卫生法律,现已有《中华人民共和国食品安全法》、《中华人民共和国药品管理法》、《中华人民共和国国境卫生检疫法》、《中华人民共和国传染病防治法》、《中华人民共和国红十字会法》、《中华人民共和国母婴保健法》、《中华人民共和国献血法》、《中华人民共和国执业医师法》、《中华人民共和国职业病防治法》和《中华人民共和国人口与计划生育法》等十部卫生法律。

此外,在民法、婚姻法、劳动法、环境保护法、刑法等其他法律中有关卫生的法律条文也属于卫生法律。

（三）卫生行政法规

卫生行政法规是指由国务院制定发布的有关卫生方面的行政法规,其法律效力低于卫生法律。它既是卫生法律的渊源之一,也是下级卫生行政部门制定各种卫生行政管理规章的依据,如《医疗事故处理条例》、《公共场所卫生管理条例》、《精神药品管理办法》、《中华人民共和国传染病防治法实施办法》和《护士条例》等。

（四）地方性卫生法律法规、卫生自治条例与单行条例

地方性卫生法律法规是指省级人民代表大会及其常务委员会,省、自治区的人民政府所在地的市或经国务院批准的较大的市的人民代表大会及其常务委员会依法制定和批准的,可在本行政区域内发生法律效力的有关卫生方面的规范性文件,如《黑龙江省发展中医条例》、《江苏省职业病防治条例》等。

卫生自治条例与单行条例是指民族自治地方的人民代表大会依法在其职权范围内根据当地民族的政治、经济、文化的特点,制定发布的有关本地区卫生行政管理方面的法律文件,仅在本地区有效。

（五）卫生行政规章

卫生行政规章是国务院卫生行政部门在其权限内发布的有关卫生方面的部门规章。卫生行政规章的法律地位和法律效力低于宪法、卫生法律和卫生行政法规。卫生和计划生育委员会是国务院的卫生行政部门,有权根据法律和国务院的卫生行政法规、决定和命令,在本部门的权限内独自制定发布或和其他部门联合制定发布在全国范围有效的规章,如《精神疾病司法鉴定暂行规定》、《保健食品管理办法》等。

（六）地方性卫生规章

地方性卫生规章是指省、自治区、直辖市以及省会所在地的市或经国务院批准的较大的市的人民政府,依法在其职权范围内制定、发布的有关本地区卫生管理方面的卫生法律文件。地方性卫生规章仅在本地区有效,其法律效力低于宪法、卫生法律、卫生行政法规和地方性卫生法规,且不得同卫生行政规章相抵触。

（七）卫生标准、卫生技术规范和操作规程

由于卫生法律具有技术控制和法律控制的双重性质,因此卫生标准、卫生技术规范和操作规程就成为卫生法律渊源的一个重要组成部分。这些标准、规范和规程的法律效力虽然不及法律、法规,但在具体的执法过程中,它们的地位却相当重要。因为卫生法律、法规只对社会卫生管理中的一些问题作了原则规定,而对某种行为的具体控制则需要依靠标准、规范和规程,所以从一定意义上说,只要卫生法律、法规对某种行为作了规范,那么卫生标准、规范和规程对这种行为的控制就有了较高的法律效力。

（八）卫生国际条约

卫生国际条约是指我国与外国缔结的或者我国加入并生效的有关卫生方面的国际法规范性文件。全国人大常委会有权决定同外国缔结卫生条约和卫生协定,国务院按职权范围也可同外国缔结卫生条约和卫生协定。按我国宪法和有关法律的规定,除我国声明保留的条款外,这些条约均对我国产生法律约束力,如《国际卫生条例》等。

【工作任务 2】

《药品管理法》第 87 条规定:"药品检验机构出具虚假检验报告,构成犯罪的,依法追究刑事责任;不构成犯罪的,责令改正,给予警告,对单位并处 3 万元以上5 万元以下的罚款;对直接负责的主管人员和其他直接责任人员依法给予降级、撤职、开除的处分,并处 3 万元以下的罚款;有违法所得的,没收违法所得;情节严重的,撤销其检验资格。药品检验机构出具的检验结果不实,造成损失的,应当承担相应的赔偿责任。"

《产品质量法》第 57 条规定:"产品检验机构、认证机构伪造检验结果或者出具虚假证明的,责令改正,对单位处以 5 万元以上 10 万元以下的罚款,对直接负责的主管人员和其他直接责任人员处 1 万元以上 5 万元以下的罚款;有违法所得的,没收违法所得;情节严重的,撤销其检验、验证资格;构成犯罪的,依法追究刑事责任。"

问题　卫生法律的适用

在卫生活动中,依据不同的法律、法规、规章等规范性文件,所做出的行为会产生不同的法律后果。正因如此,如果在对待同一法律事件的时候,适用不同的规范性文件产生不同的结论,就此导致法律适用冲突,也就直接致使法律适用的混乱,依法对药品实施监管就难以实现。为了解决这个现实问题,《中华人民共和国立法法》在第五章"适用和备案"中对法律适用冲突和选择适用规则做了最基本的原则性的规定,可以作为适用卫生法律工作中的指导。

（一）层级冲突适用规则

层级冲突适用规则指不同效力等级的规范性文件在适用产生冲突的时候，选择何种等级的规范性文件的规则。根据《立法法》的规定，宪法具有最高的法律效力，一切法律、行政法规、地方性法规、自治条例和单行条例、规章都不得同宪法相抵触，宪法的效力高于行政法规、地方性法规、规章。行政法规的效力高于地方性法规、规章。地方性法规的效力高于本级和下级地方政府规章。省、自治区的人民政府制定的规章效力高于本行政区域内的较大的市的人民政府制定的规章。自治条例、单行条例以及经济特区法规依法只是在本自治地方或本经济特区内适用。国际相关卫生条约除了我国声明保留的条款外，对我国产生约束力。

部门规章之间、部门规章与地方政府规章之间具有同等效力，在各自权限范围内施行，如上述规章对同一事项的规定不一致，不能确定如何适用时，由国务院裁决。根据授权制定的法规与法律规定不一致，不能确定如何适用时，由全国人大常委会裁决。地方性法规和部门规章之间对同一事项的规定不一致，不能确定如何适用时，由国务院提出意见，国务院认为应当适用地方性法规的，应当决定在该地方适用地方性法规的规定，此为终局裁决；如认为应当适用部门规章的，应当提请全国人大常委会做出终局裁决。在审理相关的行政诉讼中，法律、法规作为审理依据，而规章只能是参照，参照与否取决于人民法院。

（二）特别冲突适用规则

特别冲突适用规则是指在对同一事项时，确定是适用普通法还是特别法的规则。一般来说，特别法优于一般法，这是遇到普通法和特别法冲突时的运用原则。所谓普通法是指对某一大的领域内适用的法律规定，而特别法是指在对这个领域内某一方面的具体法律规定。

从这个意义上讲，《产品质量法》和《药品管理法》虽然在效力等级上是一样的，但前者属于普通法，后者是特殊法，所以在遇到药品监管方面的事项时，优先适用《药品管理法》，但如果《药品管理法》未能对某一事项进行适用时，在《产品质量法》有相关条款能够予以适用时，适用《产品质量法》。

（三）新旧适用规则

新旧适用规则是指对同一事项新法和旧法的规定不同，而如何适用的规则。根据我国《立法法》的规定，同一机关制定的法律、行政法规、地方性法规、自治条例和单行条例、规章，新的规定和旧的规定不一致的，适用新的规定。所以新旧适用规则主要就是新法优于旧法的原则。在卫生监管实践中，当新的法律规范和旧的法律规范发生冲突时，卫生部门一般是优先适用新的法律规范。在新旧法适用过程中还需要考虑法不溯及既往的规则，如法律关系发生在新法生效之后，适用新法；如发生在旧法生效期间，而纠纷或后果发生于新法生效后，仍只适用旧法，但新法明确规定有溯及力而适用新法的除外。

另外，如果法律之间对同一事项的新的一般规定与旧的特别规定不一致，不能确定如何适用时，由全国人大常委会和国务院裁决；行政法规之间对同一事项的新的一般规定与旧的特别规定不一致，不能确定如何适用时，由国务院裁决；同一机关制定的新的一般规定与旧的特别规定不一致，不能确定如何适用时，由制定机关裁决。

【延伸阅读】

联合国成立至今制定了多项与卫生有关的国际条约，如《1961 年麻醉品单一公约》、《1971 年精神药物公约》、《儿童生存、保护和发展世界宣言》等，国际性一些涉及医药卫生领域的学会和其他非政府组织对国际卫生立法十分关注，成立于1947 年的世界医学会(WMA)，在 1948 年制定了以医学道德规范为核心的《日内瓦宣言》，即后来通过后命名为《医学伦理学国际法》，随之该医学会又制定了一系列世界性医学原则，主要包括：有关人体实验原则的《赫尔辛基宣言》；有关死亡确定问题的《悉尼宣言》；有关医学流产处理原则的《奥斯陆宣言》；有关犯人人道待遇问题的《东京宣言》；有关精神病人准则的《夏威夷宣言》；《献血与输血的道德规范》以及《世界人类基因组与人权宣言》等。

【拓展练习】

1. 结合本项目，请谈谈卫生法律渊源。
2. 结合本项目，请谈谈卫生法律的适用原则。

项目 4　卫生法律责任

【岗位技能要求】

本任务主要针对医(药)政管理和卫生法律事务处理岗位,具体技能要求:

1. 能够清楚分析卫生法律责任的概念。
2. 能够清楚分析卫生法律责任的特点。
3. 能够一般分析卫生法律责任的种类。

【工作任务】

2003 年 8 月,浙江省某市审计局对该市人民医院进行药品、医疗器械收费审计时发现,该院购进的部分药品和医疗器械的价格远高于当地乡镇卫生院乃至个体诊所。2004 年春节前后,市检察机关一举抓获 6 名有重大行贿嫌疑的药品、器械经销商。经审讯,市人民医院分管药事的院长助理蔡某、现任药剂科主任钟某和前任药剂科主任陈某有受贿嫌疑。经查,蔡某收受经销商贿赂 2 万元,钟某收受贿赂 8 万元。经销商还招出一大批收受回扣的医生。据了解,涉案的共有 71 名医务人员,收受金额达 118.105 万元。其中,市人民医院 59 名医务人员收受金额 115.135 万元;市中心医院 12 名医务人员收受金额 2.97 万元。根据收受回扣数额多少及性质,14 名收受回扣金额较多的人员分别受到相应党纪政纪处分。蔡某、钟某及市人民医院外科第二支部书记林某被开除党籍,撤销一切党内外职务。另有市人民医院 31 名医务人员和市中心医院 11 名医务人员受到通报批评。市人民医院还对有关涉案人员给予所收受回扣数额两倍罚款的经济处罚。

问题 1　卫生法律责任的概念和特点

卫生法律责任是指卫生法律关系主体由于违反卫生法律规范规定的义务或约定义务,所应承担的带有强制性的法律后果。卫生法律责任主要有以下特点:

(一)是违反医药卫生法律规范的后果

这是行为人承担卫生法律责任的前提条件。所谓卫生违法行为是法律关系主体实施的一切违反卫生法律规范的行为。卫生违法必须符合以下四个条件:①行为人在客观方面实施了违反卫生法律、法规的行为。②卫生违法行为具有一定的社会危害性,侵害了卫生法律所保护的社会关系和社会秩序。③违法行为的主体在主观方面必须有过错。过错包括故意和过失两种形式。④卫生违法的主体必须是具有法定责任能力的公民、法人和其他组织,如果违法主体未达到法定责任年龄或不具有法定责任能力,不能控制和辨认自己的行为,则不构成卫生违法。

（二）必须有卫生法律法规明文规定

只有卫生法律、法规、规章在设定权限范围内作了某些明确规定,行为主体才承担某种相应的法律责任。

（三）具有国家强制性

法律是阶级社会的产物,如卫生法律法规的违法者拒绝承担其应承担的法律责任时,国家强制力将强制其承担。

（四）必须由国家授权的专门机关在法定职权范围内依法予以追究

如果行为人违反了卫生法律,侵犯了他人和社会的合法权益,只有国家授权的专门机关才能在法定职权范围内依法予以追究,其他任何组织或个人都不得行使这种职权。

问题 2　卫生法律责任的种类

根据行为人违反卫生法律规范的性质和社会危害程度的不同,卫生法律责任可以分为行政责任、民事责任和刑事责任三种。

（一）行政责任

卫生行政责任是指卫生行政法律关系主体实施了违反卫生法律的行为,但尚未构成犯罪所应承担的法律后果。根据我国现行卫生法律的规定,卫生行政责任主要包括卫生行政处罚和卫生行政处分两种。

1. 卫生行政处罚　这是指卫生行政机关或者法律法规授权的组织,在职权范围内对违反卫生法律而尚未构成犯罪的行政相对人(公民、法人或其他组织),所实施的卫生行政制裁。卫生行政处罚有下列主要特征:①卫生行政处罚是由特定的行政主体做出的。②卫生行政处罚是行政主体针对行政相对人做出的,属于行政主体依法实施的一种外部行为。③卫生行政处罚是对行政相对人违反卫生行政管理秩序行为的处罚,来源于卫生法律的规定。④卫生行政处罚是一种法律制裁,具有鲜明的惩戒性,并由国家强制力作保证。

根据行政处罚法和我国现行卫生法律、法规和规章的规定,卫生行政处罚的种类主要有警告、通报、罚款、没收非法财物、没收违法所得、责令停产停业、暂扣或吊销有关许可证等。卫生行政处罚一般由卫生行政部门决定,其中有的还须报请同级人民政府批准。

2. 卫生行政处分　行政处分是指有管辖权的国家机关或企事业单位的行政领导依据行政隶属关系,对违法失职人员给予的一种行政制裁。卫生行政处分主要是对卫生行政机关或有关机关内部的执法人员、公务人员,及医疗卫生机构内部的医疗卫生人员违反卫生行政管理秩序所给予的一种制裁。行政处分的种类主要有警告、记过、记大过、降级、撤职、开除六种。

行政处罚与行政处分的主要区别在于:①主体不同:行政处罚由行政执法机关实施,处罚的是行政相对人违反行政法律规范的行为;行政处分一般由国家机关、企事业单位或医疗卫生机构的行政领导做出决定,针对的是其内部所属人员的违法失职行为。②性质不同:处罚是外部行为,多属违法;处分属内部行为,多为失职。③制裁方式不同。④法律救济不同:对行政处罚不服,可以提起行政复议和行政诉讼,对行政处分不服只适用内部申诉途径。

(二)民事责任

卫生民事责任是指医疗机构和卫生工作人员或从事与卫生事业有关的机构违反法律规定侵害公民的健康权利时,应向受害人承担损害赔偿的责任。民事责任的特点是:①民事责任主要是一种财产性质的责任。②承担民事责任的方式是给予经济赔偿,以补偿受害人的损失。③在法律允许的条件下,民事责任可以由当事人自愿协商解决。

《民法通则》规定的承担民事责任的方式有停止损害,排除妨碍,消除危险,返还财产,恢复原状,修理、重作、更换,赔偿损失,支付违约金,消除影响恢复名誉,赔礼道歉等十种。

(三)刑事责任

卫生刑事责任是指卫生行政机关的工作人员、医疗卫生工作人员及健康相关产品的生产、经营者违反卫生法律法规,实施了刑法所禁止的犯罪行为而应承担的法律后果。卫生法律规范中对刑事责任的规定是直接引用刑法中的有关条款。构成违反卫生法律的刑事责任必须以卫生刑事犯罪为前提。刑事责任有以下特征:①刑事责任是基于行为人实施了刑法明文规定的犯罪行为而产生的。②其确立的依据是行为人实施的行为符合犯罪的构成要件。③刑事责任实现的方式是刑法规定的各类以剥夺行为人自由和生命为主的刑罚,是最为严厉的强制手段。

根据我国《刑法》规定,实现刑事责任的方式是刑罚。刑罚是国家审判机构依照刑法的规定,剥夺犯罪分子某种权益直至生命的一种强制处分,包括主刑和附加刑。主刑有管制、拘役、有期徒刑、无期徒刑、死刑,它们只能单独适用。附加刑有罚金、剥夺政治权利、没收财产,它们可以附加适用,也可以独立适用。对于犯罪的外国人,还可以独立适用或附加适用驱逐出境。

我国《刑法》规定了20余个与违反卫生法律有关的罪名,如生产销售假药罪,生产销售劣药罪,生产销售不符合卫生标准的食品罪,生产销售有害食品罪,生产销售不符合标准的医用器材罪,生产销售不符合标准的化妆品罪,违反规定引起甲类传染病传播或者有传播危险罪,非法经营罪(如非法经营麻醉药品、精神药品等特殊药品),传播性病罪,妨害传染病防治罪,妨害国境卫生检疫罪,非法组织卖血罪,强迫卖血罪,非法采集血液、制作供应血液制品罪,医疗事故罪,非法行医罪,破坏节育手术罪等。

【延伸阅读】

2007 年 4 月 25 日,美国和澳大利亚研究人员公布调查报告称,几乎所有美国医生与制药厂商都存在利益关系。研究人员在报告中说,25％的受访医生承认,他们曾直接从制药厂商处收取报酬,94％的职业医师与"制药企业存在至少一种类型的关系"。

2007 年 8 月,广东省卫生厅重申禁令:医护人员索要、收受回扣,责令暂停 6 个月以上 1 年以下医疗执业活动,累计金额达 10000 元以上的,给予行政撤职或者开除处分;发现袒护包庇或不认真查处的,要追究领导责任。

2008 年,最高人民法院、最高人民检察院联合发布了《关于办理商业贿赂刑事案件适用法律若干问题的意见》。《意见》特别明确了医务人员构成商业贿赂犯罪的刑事责任问题:医疗机构中的医务人员,利用开处方的职务便利,以各种名义非法收受药品、医疗器械、医用卫生材料等医药产品销售方财物,为医药产品销售方谋取利益,数额较大的,依照刑法规定,以非国家工作人员受贿罪定罪处罚。

【拓展练习】

结合本项目,谈谈你对医务人员收取药品回扣法律责任的认识。

项目5 医疗机构管理的法律规定

【岗位技能要求】

本项目主要针对医政管理等岗位,具体技能要求:

1. 能够熟练分析医疗机构的概念。
2. 能够清楚分析医疗机构设置规划的制定原则。
3. 能够清楚分析医疗机构的执业规则。
4. 能够简单分析医疗机构的法律责任。

【工作任务1】

2006年10月30日,农民工王某被送至医院遭拒绝救治而死亡的案件在北京市某区人民法院公开审理。据王某代理律师向记者转述,主审法官当庭表示王某不应被送到"某民营医院",理由是民营医院不是流浪人员、农民工的定点救治机构,而坐落在北京市东城区、由民政部门投资兴办的某医院才是救治弱势群体的定点医疗机构,因此王某病发时应被送到定点救治的医疗机构,而不是"某民营医院"。王某代理律师认为,在我国任何一家医院都有救死扶伤的义务,这不仅是道德义务,也是法律要求。

2007年全国医政工作会议上,卫生部*向各地各级医院提出规范医疗执业环境,和谐医患关系的5个要点,其中特别强调,对急诊抢救患者须严格执行首诊负责制,坚决杜绝见死不救等违规违法行为。

问题1 医疗机构的概念

医疗机构是以救死扶伤、防病治病、为社会大众健康服务为宗旨,依法定程序设立的从事疾病诊断、治疗活动的卫生机构的总称。这一概念有以下三层含义:首先,医疗机构是依法成立的卫生机构;其次,医疗机构是从事疾病诊断、治疗活动的卫生机构;第三,医疗机构以救死扶伤、防病治病、为社会大众健康服务为宗旨。

为了规范医疗机构,依法进行管理,1994年2月26日国务院发布了《医疗机构

注:2013年,国务院将卫生部的职责、人口计划生育委员会的计划生育和服务职责整合,组建了国家卫生和计划生育委员会。为阅读方便,本书中统称为卫生部,省、市级仍延用卫生厅、卫生局。

管理条例》,自同年 9 月 1 日起施行。为了配合该条例的实施,1994 年 8 月 29 日,卫生部发布了《医疗机构管理条例实施细则》及《医疗机构监督管理行政处罚程序》《医疗机构设置规划指导原则》《医疗机构基本标准(试行)》《医疗机构评审委员会章程》等文件,进一步加强了对医疗机构的法制管理。

问题 2　医疗机构的类别

(一) 根据医疗机构的功能、任务和规模分类

1. 综合医院、中医医院、中西医结合医院、民族医医院、专科医院、康复医院。

2. 妇幼保健院。

3. 中心卫生院、乡(镇)卫生院、街道卫生院。

4. 疗养院。

5. 综合门诊部、专科门诊部、中医门诊部、中西医结合门诊部、民族医门诊部。

6. 诊所、中医诊所、民族医诊所、卫生所、医务室、卫生保健所、卫生站。

7. 村卫生室(所)。

8. 急救中心、急救站。

9. 临床检验中心。

10. 专科疾病防治院、专科疾病防治所、专科疾病防治站。

11. 护理院、护理站。

12. 其他诊疗机构。

(二) 根据医疗机构是否以营利为目的分类

1. 非营利性医疗机构　是指为社会公众利益服务而设立和运营的医疗机构,不以营利为目的,其收入用于弥补医疗服务成本,实际运营中的收支结余只能用于自身的发展,如改善医疗条件、引进技术、开展新的医疗服务项目等。非营利性医疗机构在医疗服务体系中占主导地位。包括公立医疗机构和少量慈善团体、港澳同胞、海外侨胞捐资和社会筹资兴建的非营利性医院。

2. 营利性医疗机构　是指以投资获利为目的,医疗服务所得收益可用于投资者经济回报的医疗机构。营利性医疗机构的最大特点是它的营利性,在价格政策、财会制度和税收上都不同于非营利性医疗机构。个体诊所、私营医院、股份制医院、股份合作制医院和中外合资合作医院等形式的医疗机构都可列入营利性医疗机构。

(三) 根据投资主体是否具有外国国籍分类

1. 内资医疗机构　即投资主体成分不含有外资成分,全部由中国公民或法人、国家授权的投资部门投资设立。

2. 中外合资、合作医疗机构　即外国医疗机构、公司、企业和其他经济组织,按照平等互利的原则,经中国政府主管部门批准,在中国境内(香港、澳门及台湾地区除

外)与中国的医疗机构、公司、企业和其他经济组织以合资或者合作形式设立医疗机构。为促进卫生领域对外交流与合作,我国允许开办中外合资、合作医疗机构。

（四）根据所有制性质分类

1. 全民所有制医疗机构　由国家出资,全部资产属于国家所有的医疗机构。

2. 集体所有制医疗机构　是全部资产归劳动群众集体所有的医疗机构。

3. 私人所有制医疗机构　是指资产归私人所有的医疗机构。

4. 混合所有制医疗机构　是指资产由不同所有制成分构成的医疗机构。

（五）根据法律形态分类

1. 独资医疗机构　是指由单个投资主体出资经营的医疗机构。在我国,独资医疗机构中最多的表现形式就是个体诊所。

2. 合伙医疗机构　是由两个或两个以上的投资主体以合伙协议相互约定出资,共同经营,共享收益,共担风险,对医院机构债务承担无限连带责任的医疗机构。

3. 股权制医疗机构　是由两个或两个以上的投资者共同投资组建的具有法人资格的医疗机构,投资者按其在医疗机构中拥有的股权比例享受权利和承担责任,医疗机构则以其全部财产对其债务承担有限责任。

4. 股份合作制医疗机构　是指其全部资本分为等额股份并以职工股份或职工股份为主构成,股东按照劳动合作与资本合作相结合的原则享有权利和承担义务,医疗机构以其全部资产对其债务承担责任的医疗机构。

【工作任务2】

某牙科医院是经批准设立的民营口腔专科医院。2006年3月,某医学院以下属附属口腔医院改建为由,请市卫生局将该医院暂时迁址到该牙科医院附近,相距仅80米。4月,市卫生局作出批复,同意该院迁入新选地址。该牙科医院一纸诉状将市卫生局告上法院。市卫生局辩称,批复仅是上级主管单位与卫生行政主管部门之间的内部行为,不是具体行政行为,不具有可诉性;另外,该局只是对该口腔医院的暂时迁移作出批复,并没有同意其新增医疗机构,因而没有涉及设置专科医院审批权限问题。法院审理后撤销了市卫生局的"同意某医学院附属口腔医院迁新址"的批复决定。

问题1　医疗机构的设置规划

医疗机构设置规划是区域卫生规划的重要组成部分,是卫生行政部门审批医疗机构的依据。其目的是统筹规划医疗机构的数量、规模和分布,合理配置卫生资源,提高卫生资源的利用效率。医疗机构设置规划分三级。

（一）医疗机构设置规划的制定

县级以上地方人民政府卫生行政部门根据本行政区域内的人口、医疗资源、医疗需要和现有医疗机构的分布状况，依据卫生部制定的《医疗机构设置规划指导原则》，制定本行政区域医疗机构设置规划，经上一级卫生行政部门审核，报同级人民政府批准，在本行政区域发布实施。机关、企业和事业单位可以根据需要设置医疗机构，并纳入当地医疗机构的设置规划。

省级和县级的医疗机构设置规划都要以设区的市级所制定的医疗机构设置规划为基础。县级卫生行政部门制订医疗机构设置规划的重点是 100 张床以下的医疗机构的具体配置和布局，省级卫生行政部门制订医疗机构设置规划的重点是 500 张床以上的医院、重点专科和重点专科医院、急救中心、临床检验中心等医疗机构的配置。

（二）医疗机构设置规划应遵循的原则

1. 公平性原则 根据本地区的医疗服务供需实际出发，面向所有城乡居民，充分发挥现有医疗资源的作用，体现医疗服务公平化。现阶段发展要以农村、基层为重点，严格控制城市医疗机构的发展规模，确保全体居民尤其是广大农民公平地享有基本医疗服务。

2. 整体效益原则 医疗机构设置要符合本地区卫生事业发展总体规划的要求，充分发挥医疗系统的整体功能，以大局为重，合理配置医疗资源，以最大限度发挥医疗预防保健网的整体效益。

3. 可及性原则 医疗机构服务半径适宜，布置合理，交通便利，能方便群众就医。

4. 分级管理原则 目前根据任务和功能，以及医院的技术水平、质量水平和管理水平的不同，我国医疗机构分为三级。

（1）三级医院：三级医院是向含有多个地区的区域提供以高水平专科医疗服务为主，兼顾预防、保健和康复服务并承担相应的高等医学院校教学和科研任务的区域性医疗机构；是省或全国的医疗、教学、科研、预防相结合的技术中心。

（2）二级医院：二级医院是向含有多个社区的地区提供以医疗为主，兼顾预防、保健和康复医疗服务并承担一定教学和科研任务的地区性医疗机构。

（3）一级医院（乡镇卫生院和由一、二级医院转型的社区卫生服务中心）：是向一个社区提供基本医疗、预防、保健和康复服务的基层医疗机构。

5. 公有制主导原则 医疗机构应坚持国家和集体举办为主，个人、其他社会团体以及外资为补充的原则，以体现公益性。

6. 中西医并重原则 我国卫生工作的基本方针要求中西医并重，保证中医、中西医结合、民族医医疗机构的合理布局及资源配置，并协调可持续发展。

问题 2   医疗机构的设置申请与审批

(一)医疗机构的设置申请

1. 申请设置医疗机构的条件   医疗机构不分类别、所有制形式、隶属关系、服务对象,其设置必须符合当地医疗机构设置规划。任何单位和个人申请设置医疗机构,要按照规定的程序和要求向县级以上地方人民政府卫生行政部门提交设置申请书、设置可行性研究报告、选址报告和建筑设计平面图等。经卫生行政部门审查批准,取得设置医疗机构批准书,方可向有关部门办理其他手续。

单位或者个人设置医疗机构,不设床位或者床位不满 100 张的医疗机构,向所在地的县级人民政府卫生行政部门申请;床位在 100 张以上的医疗机构和专科医院按照省级人民政府卫生行政部门的规定申请。

地方各级人民政府设置医疗机构,由政府指定或者任命的拟设医疗机构的筹建负责人申请;法人或者其他组织设置医疗机构,由其代表人申请;个人设置医疗机构,由设置人申请;两人以上合伙设置医疗机构,由合伙人共同申请。

由两个以上法人或者其他组织共同申请设置医疗机构以及由两人以上合伙申请设置医疗机构的,除提交可行性研究报告和选址报告外,还必须提交由各方共同签署的协议书。

在城市设置诊所的个人,必须同时具备下列条件:

(1)经医师执业技术考核合格,取得医师执业证书。

(2)取得医师执业证书或者医师职称后,从事五年以上同一专业的临床工作。

(3)省级卫生行政部门规定的其他条件。

在乡镇和村设置诊所的个人的条件,由省级卫生行政部门规定。

卫生防疫、国境卫生检疫、医学科研和教学等机构在本机构业务范围之外开展诊疗活动以及美容服务机构开展医疗美容业务的,必须依据《医疗机构管理条例》及其《实施细则》,申请设置相应类别的医疗机构。

法人和其他组织设置的为内部职工服务的门诊部、诊所、卫生所(室),由设置单位在该医疗机构执业登记前,向当地县级卫生行政部门备案,并提交设置单位或者其主管部门设置医疗机构的决定和设置医疗机构备案书。

变更《设置医疗机构批准书》中核准的医疗机构的类别、规模、选址和诊疗科目,必须重新申请办理设置审批手续。

2. 下列情形之一的,不得申请设置医疗机构的情形:

(1)不能独立承担民事责任的单位。

(2)正在服刑或者不具有完全民事行为能力的个人。

(3)医疗机构在职、因病退职或者停薪留职的医务人员。

(4)发生二级以上医疗事故未满五年的医务人员。

（5）因违反有关法律、法规和规章、已被吊销执业证书的医务人员。

（6）被吊销医疗机构执业许可证的医疗机构法定代表人或者主要负责人。

（7）省级卫生行政部门规定的其他情形。

（二）医疗机构的设置审批

卫生行政部门对设置医疗机构申请，应当自受理之日起 30 日内，依据当地医疗机构设置规划进行审批，对符合医疗机构设置规划和卫生部制定的标准的，发给设置医疗机构批准证书；对不予批准的要以书面形式告知理由。

床位在 100 张以上的综合医院、中医医院、中西医结合医院、民族医医院以及专科医院、疗养院、康复医院、妇幼保健院、急救中心、临床检验中心和专科疾病防治机构的设置审批权限的划分，由省、自治区、直辖市卫生行政部门规定。其他医疗机构的设置，由县级卫生行政部门负责审批。

申请设置医疗机构有下列情形之一的，不予批准：

（1）不符合当地医疗机构设置规划。

（2）设置人不符合规定的条件。

（3）不能提供满足投资总额的资信证明。

（4）投资总额不能满足各项预算开支。

（5）医疗机构选址不合理。

（6）污水、污物、粪便处理方案不合理。

（7）省、自治区、直辖市卫生行政部门规定的其他情形。

【工作任务 3】

2006 年，卫生部陆续收到了各地医疗机构名称增加"国际"字样的请示，如"××国际医院"、"中×友好医院"等。"可能是因为觉得起了国际字样的医院名称，就可以提升名声"，卫生部新闻发言人毛群安表示，"但医院的名字不是随意就可起的，含有外国国家名称及其简称、国际组织名称的必须要按照规定"。

问题　医疗机构的名称

医疗机构的名称由识别名称和通用名称依次组成。

1. 医疗机构的命名必须符合以下原则：

（1）医疗机构的通用名称以如下名称为限：医院、中心卫生院、卫生院、疗养院、妇幼保健院、门诊部、诊所、卫生所、卫生站、卫生室、医务室、卫生保健所、急救中心、急救站、临床检验中心、防治院、防治所、防治站、护理院、护理站、中心以及卫生部规定或者认可的其他名称。

（2）医疗机构可以下列名称作为识别名称：地名、单位名称、个人姓名、医学学科名称、医学专业和专科名称、诊疗科目名称和核准机关批准使用的名称。医疗机构的识别名称可以合并使用。

（3）名称必须名副其实，名称必须与医疗机构类别或者诊疗科目相适应。

（4）各级地方人民政府设置的医疗机构的识别名称中应当含有省、市、县、区、街道、乡、镇、村等行政区划名称，其他医疗机构的识别名称中不得含有行政区划名称。

（5）国家机关、企业和事业单位、社会团体或者个人设置的医疗机构的名称中应当含有设置单位名称或者个人的姓名。

2. 医疗机构不得使用下列名称：

（1）有损于国家、社会或者公共利益的名称。

（2）侵犯他人利益的名称。

（3）以外文字母、汉语拼音组成的名称。

（4）以医疗仪器、药品、医用产品命名的名称。

（5）含有"疑难病"、"专治"、"专家"、"名医"或者同类含义文字的名称以及其他宣传或者暗示诊疗效果的名称。

（6）超出登记的诊疗科目范围的名称。

（7）省级以上卫生行政部门规定不得使用的名称。

3. 以下医疗机构名称由卫生部核准，属于中医、中西医结合和民族医医疗机构的，由国家中医药管理局核准：

（1）含有外国国家（地区）名称及其简称、国际组织名称的。

（2）含有"中国"、"全国"、"中华"、"国家"等字样以及跨省地域名称的。

（3）各级地方人民政府设置的医疗机构的识别名称中不含有行政区划名称的。

以"中心"作为医疗机构通用名称的医疗机构名称，由省级以上卫生行政部门核准；在识别名称中含有"中心"字样的医疗机构名称的核准，由省级卫生行政部门规定。含有"中心"字样的医疗机构名称必须同时含有行政区划名称或者地名。

除专科疾病防治机构以外，医疗机构不得以具体疾病名称作为识别名称，确有需要的由省级卫生行政部门核准。

医疗机构名称经核准登记，须在领取医疗机构执业许可证后方可使用，在核准机关管辖范围内享有专用权。医疗机构只准使用一个名称。确有需要，经核准机关核准可以使用两个或者两个以上名称，但必须确定一个第一名称。医疗机构名称不得买卖、出借。未经核准机关许可，医疗机构名称不得转让。

卫生行政部门有权纠正已经核准登记的不适宜的医疗机构名称，上级卫生行政部门有权纠正下级卫生行政部门已经核准登记的不适宜的医疗机构名称。两个以上申请人向同一核准机关申请相同的医疗机构名称，核准机关依照申请在先原则核定。属于同一天申请的,应当由申请人双方协商解决;协商不成的,由核准机关作出裁决。两个以上医疗机构因已经核准登记的医疗机构名称相同发生争议时,核准机关依照登记在先原则处理。属于同一天登记的,应当由双方协商解决;协商不成的,由核准机关报上一级卫生行政部门作出裁决。

【工作任务 4】

张某未经某市卫生部门审批,在某市场 410 号开设诊所。2007 年 2 月 21 日 21 时许,张某到一农宅为赵某治病,在明知使用氨苄西林钠药物前必须进行皮肤试验的情况下,因疏忽大意未给赵某做皮肤试验,就为其静脉滴注氨苄西林钠药液。赵某随即出现药物过敏反应,在被送往医院途中死亡。经司法鉴定,赵某系在慢性肺源性心脏病的基础上,因输液过程中发生药物过敏反应,导致急性循环、呼吸功能衰竭死亡。其后,张某被法院以过失致人死亡罪一审判处有期徒刑 3 年。

问题　　**医疗机构的执业条件**

医疗机构执业应当进行登记,领取医疗机构执业许可证。任何单位或者个人,未取得医疗机构执业许可证,不得开展诊疗活动。为内部职工服务的医疗机构未经许可和变更登记不得向社会开放。医疗机构被吊销或者注销执业许可证后,不得继续开展诊疗活动。

【工作任务 5】

2007 年 2 月 8 日,中央电视台《焦点访谈》栏目以"一个女婴的非正常死亡"为题,报道了安徽省某县人民医院在救治一患儿过程中,3 名医生无证行医致患儿死亡的事件。安徽省卫生厅经调查核实,该县人民医院在救治该患儿过程中,存在使用未取得医师执业资格的人员从事医师执业活动的行为。在对医院全面检查中还发现,医院的其他科室还存在 3 名处于试用期的医学院校毕业生单独从事诊疗活动,2 名护士从事医生工作等问题。省卫生厅已经对该县人民医院违法、违规行为予以罚款的行政处罚,对相关责任人给予行政处分。

问题　　**医疗机构开展诊疗活动的规则**

1. 医疗机构必须按照核准登记的诊疗科目开展诊疗活动,不得超范围执业,不得使用非卫生技术人员从事医疗卫生技术工作。

2. 医疗机构必须将医疗机构执业许可证、诊疗科目、诊疗时间和收费标准悬挂于明显处所。医疗机构的印章、银行账户、牌匾以及医疗文件中使用的名称应当与核准登记的医疗机构名称相同。标有医疗机构标识的票据和病历本册以及处方笺、各种检查的申请单、报告单、证明文书单、药品分装袋、制剂标签等不得买卖、出借和转让。

3. 医疗机构应当加强对医务人员的医德教育。医疗机构应当组织医务人员学习医德规范,督促医务人员恪守职业道德。

4. 医疗机构应当按照卫生行政部门的有关规定、标准加强医疗质量管理,实施医疗质量保证方案,确保医疗安全和服务质量,不断提高服务水平。医疗机构应当严格执行无菌消毒、隔离制度,采取科学有效的措施处理污水和废弃物,预防和减少医院感染。

5. 医疗机构必须按照有关药品管理的法律、法规,加强药品管理。医疗机构不得使用假劣药品、过期和失效药品以及违禁药品。门诊部、诊所、卫生所、医务室、卫生保健所和卫生站附设药房(柜)的药品种类由登记机关核定,具体办法由省、自治区、直辖市卫生行政部门规定。

6. 医疗机构对危重病人应当立即抢救。对限于设备或者技术条件不能诊治的病人,应当及时转诊。医疗机构对传染病、精神病、职业病等患者的特殊诊治和处理,应当按照国家有关法律法规的规定办理。医疗机构施行手术、特殊检查或者特殊治疗时,必须征得患者同意,并应当取得其家属或者关系人同意并签字;无法取得患者意见时,应当取得家属或者关系人同意并签字;无法取得患者意见又无家属或者关系人在场,或者遇到其他特殊情况时,经治医师应当提出医疗处置方案,在取得医疗机构负责人或者被授权负责人员的批准后实施。医疗机构应当尊重患者对自己的病情、诊断、治疗的知情权利。在实施手术、特殊检查、特殊治疗时,应当向患者作必要的解释。

7. 未经医师(士)亲自诊查病人,医疗机构不得出具疾病诊断书、健康证明书或者死亡证明书等证明文件;未经医师(士)、助产人员亲自接产,医疗机构不得出具出生证明书或者死产报告书。如有关方面要求进行死亡原因诊断的,医疗机构必须指派医生对尸体进行解剖和有关死因检查后方能作出死因诊断。

8. 医疗机构必须承担相应的预防保健工作,承担县级以上人民政府卫生行政部门委托的支援农村、指导基层医疗卫生工作等任务。发生重大灾害、事故、疾病流行或者其他意外情况时,医疗机构及其卫生技术人员必须服从县级以上人民政府卫生行政部门的调遣。

9. 病历是指医务人员在医疗活动过程中形成的文字、符号、图表、影像、切片等资料的总和,包括门(急)诊病历和住院病历。医疗机构应当建立病历管理制度,保证病历资料客观、真实、完整,设置专门部门或者配备专(兼)职人员,具体负责本机构病历和病案的保存与管理工作。住院病历由医疗机构负责保管。严禁任何人涂改、伪造、隐匿、销毁、抢夺、窃取病历。除涉及对患者实施医疗活动的医务人员及医疗服务质量监控人员外,其他任何机构和个人不得擅自查阅该患者的病历。因科研、教学需要查阅病历的,需经患者就诊的医疗机构有关部门同意后查阅,阅后应当立即归还,不得泄露患者隐私。医疗机构应当受理患者本人或其代理人、死亡患者近亲属或其代理人、保险机构复印或者复制病历资料的申请。医疗机构的门诊病历的保存期不得少于 15 年;住院病历的保存期不得少于 30 年。

10. 医疗机构必须按照物价部门的有关规定收取医疗费用,详列细项,并出具收据,保障患者的知情权。

【工作任务 6】

2003 年宿州市某医院和上海某科技贸易公司签订了一份合作协议,协议规定由公司提供部分医疗器械,组织眼科专家、护士到宿州市某医院开展白内障手术,每进行一例手术,公司收取 2100 元,其余收入归医院。2005 年 12 月 11 日,该医院眼科为 10 名患者做白内障手术,当晚一名患者出现眼痛。12 日上午,10 名患者相继出现眼部肿痛、流脓等症状。12 日下午,医院派出车辆和医护人员,将 10 名患者紧急送往上海一家医院治疗。13 日,根据病情,上海这家医院对其中 8 名患者进行了患侧眼球摘除手术。17 日上午,又对第 9 名患者实施了同样的手术。经安徽省卫生厅调查认为这一事件是医院管理混乱,与非医疗机构违法、违规合作,严重违反诊疗技术规范并造成严重后果、社会影响极坏的医源性感染事件,决定取消该医院二级甲等医院称号,并作出行政处罚决定:责令医院立即终止与该公司的合作协议,没收非法所得 318601.86 元,罚款 3 万元。对于"眼球事件"直接责任人睦某荣和睦某良,法院以在未取得医生执业资格的情况下,组织他人与医院合作开展白内障超声乳化手术,并参与手术过程,系非法行医行为,造成 10 名患者受到重伤,严重损害了就诊人的身体健康,构成非法行医罪,判处被告人睦某荣有期徒刑 6 年,并处罚金 30 万元;睦某良有期徒刑 5 年,并处罚金 20 万元。

问题　医疗机构执业的法律责任

县级卫生行政部门负责查处发生在所辖区域内的违反规定的一般违法行为。设区的市级卫生行政部门负责查处发生在所辖区域内的违反规定的重大、复杂的违法行为。省、自治区、直辖市卫生行政部门负责查处发生在所辖区域内的违反规定的重大、复杂的违法行为。卫生部负责查处全国范围内违反规定的重大、复杂的违法行为。

医疗机构违反《医疗机构管理条例》时,医疗机构本身及其直接责任人员都应当承担相应的法律责任。

1. 对未取得医疗机构执业许可证擅自执业的,责令其停止执业活动,没收非法所得和药品、器械,并处以 3000 元以下的罚款;有下列情形之一的,责令其停止执业活动,没收非法所得和药品、器械,处以 3000 元以上 10000 元以下的罚款:

(1) 因擅自执业曾受过卫生行政部门处罚。

　（2）擅自执业的人员为非卫生技术专业人员。

　（3）擅自执业时间在三个月以上。

　（4）给患者造成伤害。

　（5）使用假药、劣药蒙骗患者。

　（6）以行医为名骗取患者钱物。

　（7）省级卫生行政部门规定的其他情形。

　2. 对不按期办理校验医疗机构执业许可证又不停止诊疗活动的,由卫生行政部门责令其限期补办校验手续;在限期内仍不办理校验的,吊销其医疗机构执业许可证。

　3. 转让、出借医疗机构执业许可证的,没收其非法所得,并处以 3000 元以下的罚款;有下列情形之一的,没收其非法所得,处以 3000 元以上 5000 元以下的罚款,并吊销医疗机构执业许可证:

　（1）出卖医疗机构执业许可证。

　（2）转让或者出借医疗机构执业许可证是以营利为目的。

　（3）受让方或者承借方给患者造成伤害。

　（4）转让、出借医疗机构执业许可证给非卫生技术专业人员。

　（5）省级卫生行政部门规定的其他情形。

　4. 除急诊和急救外,医疗机构诊疗活动超出登记的诊疗科目范围,情节轻微的,处以警告;超出登记的诊疗科目范围的诊疗活动累计收入在 3000 元以下或者给患者造成伤害的,责令其限期改正,并可处以 3000 元以下罚款;有下列情形之一的,处以 3000 元罚款,并吊销医疗机构执业许可证:

　（1）超出登记的诊疗科目范围的诊疗活动累计收入在 3000 元以上;

　（2）给患者造成伤害。

　（3）省级卫生行政部门规定的其他情形。

　5. 任用非卫生技术人员从事医疗卫生技术工作的,责令其立即改正,并可处以 3000 元以下的罚款;有下列情形之一的,处以 3000 元以上 5000 元以下罚款,并可以吊销其医疗机构执业许可证,医疗机构使用卫生技术人员从事本专业以外的诊疗活动的,按使用非卫生技术人员处理:

　（1）任用两名以上非卫生技术人员从事诊疗活动。

　（2）任用的非卫生技术人员给患者造成伤害。

　6. 出具虚假证明文件,情节轻微的,给予警告,并可处以 500 元以下的罚款;有下列情形之一的,处以 500 元以上 1000 元以下的罚款,对直接责任人员由所在单位或者上级机关给予行政处分:

　（1）出具虚假证明文件造成延误诊治的。

　（2）出具虚假证明文件给患者精神造成伤害的。

（3）造成其他危害后果的。

7. 医疗机构有下列情形之一的,登记机关可以责令其限期改正:

（1）发生重大医疗事故。

（2）连续发生同类医疗事故,不采取有效防范措施。

（3）连续发生原因不明的同类患者死亡事件,同时存在管理不善因素。

（4）管理混乱,有严重事故隐患,可能直接影响医疗安全。

（5）省级卫生行政部门规定的其他情形。

当事人对行政处罚决定不服的,可以在接到行政处罚决定通知书之日起十五日内向作出行政处罚决定的上一级卫生行政部门申请复议,也可以在接到行政处罚决定通知书之日起十五日内直接向人民法院提起行政诉讼。逾期不申请复议、不起诉又不履行行政处罚决定的,由作出行政处罚决定的卫生行政部门填写行政处罚强制执行申请书,向人民法院申请强制执行。

8. 医疗机构违法执业,构成犯罪的,视情节轻重,追究相应的法律责任,给他人造成人身伤害或财产损失的,依法追究相应的民事责任。

【延伸阅读】

2007 年 11 月 21 日,湖南来京人员肖某和妻子李某来到了北京某医院看病。此时,李某已有 9 个多月的身孕。接诊医生诊断李某感染了重症肺炎。李某在入住妇产科二病房后,医生们诊断,肺炎导致产妇的心肺功能严重下降,产妇和胎儿都有危险,必须马上剖宫产。按照规定,进行任何手术前必须得到患者或家属的签字同意。由于李某陷入昏迷,肖某成为唯一有权签字的人,但肖某拒签。医生两次对李某进行心肺复苏,肖某仍然拒绝签字。晚 7 点 20 分,李某因为严重的呼吸、心肺衰竭而不治身亡。李某死后,其父母以该医院没有对李某采取有效的救助措施,最终造成一尸两命的惨剧,医院具有不可推卸的责任,将该医院起诉至人民法院。此案一审期间,经司法鉴定,医院对患者李某的诊疗过程中存在一定不足,但医方的不足与患者的死亡无明确因果关系。法院认为,医院履行了医疗方面法律法规的要求,而患方却不予配合,这些因素均是造成患者最终死亡的原因。因医院的医疗行为与患者的死亡后果之间没有因果关系,故不构成侵权。考虑到本案的实际情况,法院判决医院补偿死者李某家属 10 万元。李某的父母不服一审判决提出上诉。北京市第二中级人民法院终审宣判维持原判。

2010 年,卫生部修订了《病历书写基本规范》,其中第十条规定:对需取得患者书面同意方可进行的医疗活动,应当由患者本人签署知情同意书。患者不具备完全民事行为能力时,应当由其法定代理人签字;患者因病无法签字时,应当由其授权的人员签字;为抢救患者,在法定代理人或被授权人无法及时签字的情况下,可由医疗机构负责人或者授权的负责人签字。

【拓展练习】

1. 结合本项目，简析医疗机构设置规划应遵循的原则。
2. 结合本项目，谈谈对医疗机构执业规则的理解。

项目6　医师执业的法律规定

【岗位技能要求】

本项目主要针对医政管理等岗位,具体技能要求:

1. 能够熟练分析执业医师的概念。
2. 能够清楚分析医师的考试和注册制度。
3. 能够清楚分析执业医师的执业规则。
4. 能够简单分析执业医师的法律责任。

【工作任务 1】

我国早在西周时代,《周礼》就有对医师进行年终考核以定其报酬的记载。以后历代的法典如《唐律》、《大明会典》等都有规范医师执业行为的律条。20 世纪 20 年代开始,我国出现了对医师执业管理的单行法律,如国民党政府于 1929 年颁布的《医师暂行条例》以及 1943 年颁布的《医师法》等。

问题 1　**执业医师的概念**

执业医师是指依法取得执业医师资格或者执业助理医师资格,经注册在医疗、预防或者保健机构(包括计划生育技术服务机构)中执业的专业医务人员。

为了加强医师队伍的建设,提高医师的职业道德和业务素质,保障医师的合法权益,保护人民健康,党的十一届三中全会以后,卫生部制定发布了一系列规范性文件,使医师执业管理法律法规逐步完善,如《医院工作人员职责》(1982 年),《医师、中医师个体开业暂行管理办法》(1988 年),《外国医师来华短期行医管理办法》(1993 年)等,1998 年 6 月 26 日九届全国人大常委会第 3 次会议通过了《中华人民共和国执业医师法》(以下简称《执业医师法》),自 1999 年 5 月 1 日起施行。为了贯彻实施《执业医师法》,1999 年卫生部成立了国家医师资格考试委员会,并相继发布了《医师资格考试暂行办法》(1999 年)、《医师执业注册暂行办法》(1999 年)、《传统医学师承和确有专长人员医师资格考核考试暂行办法》(1999 年)、《关于医师资格考试报名资格暂行规定》(2001 年)等配套规章文件。

问题 2　**执业医师法的适用范围**

执业医师法的适用范围,也就是调整对象,是指在医疗、预防、保健机构中工作的,依法取得执业医师资格或者执业助理医师资格,并经注册取得医师执业证书,从事相应的医疗、预防、保健业务的专业医务人员。这里所称的医师,包括执业医师和执业助理医师。

问题 3　执业医师工作的管理

执业医师管理工作实行行政管理与行业自律性管理相结合。《执业医师法》规定,国务院卫生行政部门主管全国的医师工作,县级以上地方人民政府卫生行政部门负责管理本行政区域内的医师工作。中国医师协会是医师行业自律性管理的社会组织。

【工作任务 2】

美国在 1915 年建立了医师资格考试制度。目前美国医师执照考试是相对独立的阶段考试,分别考核考生是否具有从事医师职业必备的医学基础知识、临床医学基础知识和临床技能。

德国的医师资格考试由国家统一组织,考试机构由 60 名专职人员和 179 名咨询团成员组成,并且属于典型的考教分离的考试体制,考试从基础课程到临床技能,分为四段,各阶段考试中三次不及格即行淘汰。

日本在 1870 年建立了医师资格考试制度,考试对象要求为具有六年制以上高等医学院校本科毕业资格,但其法律还规定:"考试合格后,一般还需在大学附属医院进行为期二年的临床训练,而后才能成为独立的医师。"

香港医师执照考试每年举行一次,由专业知识考试、医学英语水平考试和临床考试三部分组成,内容涉及 21 个医学专业学科,考试对象为五年以上全日制医学院校毕业并经临床实习者。并规定通过专业知识考试和英语水平考试后才能参加临床考试。

问题 1　实行医师资格考试制度的意义

医师资格考试是评价申请医师资格者是否具备执业所必需的专业知识与技能的考试,是医师执业的准入考试。实行医师资格考试制度可以最大限度保证医师队伍的质量;也有利于医学院校不断改进教学,提高医学教育的水平,培养出能够全心为群众服务的、具有现代医学科学技术水平的医学专业人才;也有助于国际医学和医学人才交流,实现国家之间医师执业许可的衔接。

问题 2　医师资格考试的种类

医师资格考试实行统一办法、统一标准、统一组织。考试办法由国务院卫生行政部门制定。考试由省级以上人民政府卫生行政部门组织实施。我国医师资格考试的种类包括执业医师资格考试和执业助理医师资格考试两种。考试的类别分为临床医师、中医(包括中医、民族医、中西医结合)师、口腔医师、公共卫生医师四类。

考试方式分为实践技能考试和医学综合笔试。

问题3 **参加医师资格考试的条件**

（一）参加执业医师资格考试的条件

具有下列条件之一的，可以参加执业医师资格考试：

1. 具有高等学校医学专业本科以上学历，在执业医师指导下，在医疗、预防、保健机构中试用期满一年的。

2. 取得执业助理医师执业证书后，具有高等学校医学专科学历，在医疗、预防、保健机构中工作满二年的；

3. 取得执业助理医师执业证书后，具有中等专业学校医学专业学历，在医疗、预防、保健机构中工作满五年的。

（二）参加执业助理医师资格考试的条件

具有高等学校医学专科学历或者中等专业学校医学专业学历，在执业医师指导下，在医疗、预防、保健机构中试用期满一年的，可以参加执业助理医师资格考试。

（三）其他参加医师资格考试的条件

以师承方式学习传统医学满三年或者经多年实践医术确有专长的，经县级以上人民政府卫生行政部门确定的传统医学专业组织或者医疗、预防、保健机构考核合格并推荐，可以参加执业医师资格或者执业助理医师资格考试。

问题4 **医师资格的取得**

医师资格是指国家确认的、准予从事医师职业的资格，是公民从事医师职业必须具备的条件和身份。对参加全国统一的执业医师资格考试或者执业助理医师资格考试，成绩合格的，取得执业医师资格或者执业助理医师资格，由省级卫生行政部门颁发卫生部统一印制的医师资格证书。

【工作任务3】

某市建国医院自2005年7月16日开诊以来，其广告以狂轰滥炸之势充斥在当地电视台、报纸、广播等媒体上。经查，在2006年4月6日"建国医院率先推出五项惠民助医行动"广告中，其列出的39位医生中，有28位没有注册，比例为71.8%；在4月26日"百位名医五一黄金周照常坐诊"广告中列出的50位"名医"中，有32位没有注册，截至2006年5月15日，建国医院在卫生行政部门进行注册的医师为30人，也与该医院广告宣称拥有数百医生的实际不符。早在2005年8月，市卫生局就对建国医院违法执业行为进行了通报。通报的主要内容为：大量使用未经注册的人员开展诊疗活动，最多时达到了数十名；擅自安排外籍人员来院开展医疗活动；大肆发布违法医疗广告。

问题1　**执业医师的申请注册**

国家实行医师执业注册制度。未经医师执业注册取得执业证书,不得从事医师执业活动。医师资格和医师执业实行相分离原则,仅获得医师资格还不能从事执业活动,必须经过注册。

（一）注册的组织管理

卫生和计划生育委员会负责全国医师执业注册监督管理工作。县级以上地方卫生行政部门是医师执业注册的主管部门,负责本行政区域内的医师执业注册监督管理工作。

（二）注册条件和程序

1. 申请　凡取得执业医师资格或者执业助理医师资格的,均可向所在地县级以上卫生行政部门申请医师执业注册。拟在医疗、保健机构中执业的人员,应当向批准该机构执业的卫生行政部门申请注册。拟在预防机构中执业的人员,应当向该机构的同级卫生行政部门申请注册。拟在机关、企业和事业单位的医疗机构中执业的人员,应当向核发该机构医疗机构执业许可证的卫生行政部门申请。

2. 审核　注册主管部门应当自收到注册申请之日起30日内,对申请人提交的申请材料进行审核。

3. 注册　经审核合格的,主管部门予以注册,并发给卫生和计划生育委员会统一印制的医师执业证书。中医（包括中医、民族医、中西医结合）医疗机构的医师执业注册管理由中医（药）主管部门负责。

（三）医师执业证书的法律效力

医师经注册取得医师执业证书后,方可按照注册的执业地点、执业类别、执业范围,从事相应的医疗、预防、保健活动。其执业活动受法律保护,未经注册取得医师执业证书者,不得从事医疗、预防、保健活动。

医师的执业地点是指医师执业的医疗、预防、保健机构及其登记注册的地址。执业类别是指医师从事医疗、预防、保健三类医务工作中哪类执业活动,必须以取得医师资格的类别为依据。执业范围是指医师执业的具体诊疗科目。

问题2　**重新注册和不予注册的情形**

（一）重新注册的情形

有下列情形之一的,应当重新申请注册:

1. 中止医师执业活动2年以上的。

2. 法定不予注册的情形消失的。

重新申请注册的人员,应当首先到县级以上卫生行政部门指定的医疗、预防、保健机构或组织,接受3～6个月的培训,并经考核合格,方可重新申请执业注册。

（二）不予注册的情形

有下列情形之一的，不予注册：

1. 不具有完全民事行为能力的。

2. 因受刑事处罚，自刑罚执行完毕之日起至申请注册之日止不满二年的。

3. 受吊销医师执业证书行政处罚，自处罚决定之日起至申请注册之日止不满二年的。

4. 甲类、乙类传染病传染期、精神病发病期以及身体残疾等健康状况不适宜或者不能胜任医疗、预防、保健业务工作的。

5. 重新申请注册，经卫生行政部门指定机构或组织考核不合格的。

6. 有卫生部规定不宜从事医疗、预防、保健业务的其他情形的。

受理申请的卫生行政部门对不符合条件不予注册的，应当自收到申请之日起 30 日内书面通知申请人，并说明理由。申请人有异议的，可以自收到通知之日起 15 日内，依法向上级卫生行政申请行政复议或者向人民法院提起行政诉讼。

问题 3　注销注册和变更注册的情形

（一）注销注册的情形

医师注册后有下列情形之一的，其所在的医疗、预防、保健机构应当在 30 日内报告注册主管部门，办理注销注册：

1. 死亡或者被宣告失踪的。

2. 受刑事处罚的。

3. 受吊销医师执业证书行政处罚的。

4. 因考核不合格，暂停执业活动期满，经培训后再次考核仍不合格的。

5. 中止医师执业活动满 2 年的。

6. 身体健康状况不适宜继续执业的。

7. 有出借、出租、抵押、转让、涂改医师执业证书行为的。

8. 国家卫生行政部门规定不宜从事医疗、预防、保健业务的其他情形的。

注册主管部门对具有上述情形的，应当予以注销注册，收回医师执业证书。被注销注册的当事人如有异议的，可以自收到注销注册通知之日起 60 日内，依法申请行政复议或者向人民法院提起诉讼。

（二）变更注册的情形

医师变更执业地点、执业类别、执业范围等注册事项的，应当到注册主管部门办理变更注册手续，并提交医师变更执业注册申请审核表、医师资格证书、医师执业证书以及省级以上卫生行政部门规定提交的其他材料。但经医疗、预防、保健机构批准的卫生支农、会诊、进修、学术交流、承担政府交办的任务和卫生行政部门批准的义诊等除外。

注册主管部门应当自收到变更注册申请之日起 30 日内办理变更注册手续。对因不符合变更注册条件不予变更的,应当自收到变更注册申请之日起 30 日内书面通知申请人,并说明理由。申请人如有异议的,可以依法申请行政复议或者向人民法院提起行政诉讼。

【工作任务4】

2006 年 12 月 12 日上午,正在某人民医院住院部上班的五官科主任林医生,被老病号陈某叫了出去。两人行至大楼三楼至四楼楼梯拐角处,陈某突然从口袋里掏出 2 把菜刀,朝林医生头部猛砍过去。等闻讯赶来的医生将陈某制伏,此时倒在血泊中的林医生已昏迷不醒。据了解,林医生曾经为陈某做了双侧下鼻甲肥大切除手术,后有复发,来复诊过几次,后因为病情反复,陈某多次向当地卫生行政部门反映,但处理结果未能让其满意。

> **问题** 医师的执业权利

医师执业权利是指取得医师资格、依法注册的医师,在执业活动中依法享有的权利。医师在执业活动中主要享有以下权利:

1. 医学诊查权 医学诊查权是指医师在执业过程中,对患者身体、心理状态进行诊断检查的权利。但医师在行使诊查权时,必须尊重患者的知情同意权,但对某些可能会严重威胁社会公众和他人健康的传染病患者除外。

2. 疾病调查权 疾病调查权是医师为明确诊断,就患者患病情况、身体状况、生活习惯以及有无不良行为等进行的询问和调查。医师在开展诊治活动前,一般要询问病史,询问病史实际上就是对患者患病情况展开调查。患者应主动配合医师,详细如实地向医师提供自己的病情,不可隐瞒或伪造病情,当然,医师对在行使疾病调查权时所了解到的病人的有关隐私问题,负有保密的义务。

3. 医学处置权 医学处置权是指医师在询问调查的基础上,在明确诊断或已初步诊断的情况下,根据患者的病情采取一定的医学处理措施,以控制病情的进一步发展、恶化,或遇有昏迷、大出血等危及患者生命的紧急情况时,对患者采取紧急性、及时性的抢救措施。这实际上是法律赋予医师在某些特殊情况下的紧急处置权,患者或其家属无权强行干预、逼迫、威胁医务人员接受不合理的要求或改变医师在科学基础上作出的处置决定或治疗方案。

4. 出具医学证明文件权 医师在执业活动中,享有在注册的执业范围内出具相应的医学证明文件的权利。医学证明文件是指疾病诊断书、健康证明书、出生证明书或死亡证明书等具有医学内容的证明文书。医师在出具医学证明文书时,必须实事求是,对诊查、处置的患者做客观、真实的记录。

5. 获得医疗设备基本条件权 医师在执业活动中,有权按照国家卫生行政部门规定的标准,获得与本人执业活动相当的医疗设备基本条件。这是医师开展执业活动应当具备的先决条件。

6. 从事医学研究、学术交流,参加专业学术团体的权利　医师在完成其本职工作的前提下,有权参加医学会和医师协会等专业学术团体;有权进行科学研究、技术开发、撰写学术论文、著作,参加医学会等学术机构举办的学术交流活动,并公开自己的学术观点。

7. 参加专业培训,接受继续教育的权利　现代医学科学技术的快速发展,要求医师及时更新知识,调整知识结构,不断提高自己的业务水平。因此,医疗、预防、保健机构以及卫生行政部门应当有计划、有步骤的采取各种方式,开辟多种渠道,为医师参加培训、进修和各种形式的继续教育创造条件,切实保障此项医师权利的行使。

8. 人格尊严、人身安全不受非法侵犯权　医师的人格尊严是指作为一个医师所应有的最起码的社会地位,并且应受到社会和患者最起码的尊重。医师的人身安全是指医师的身体不受攻击、不受侵犯。医师的人身权利是医师权利的基础,是医师履行其职责的基础和前提。

9. 获得工资、报酬、津贴、福利待遇权　获得工资报酬、津贴和享受国家规定的福利待遇是医师的基本物质保障权利。医师的这项权利是维持其个人及家庭生活,保持良好工作体能与状态,安心于本职工作的基本保障。

10. 参与所在机构民主管理权　医师有权对所在机构的医疗、预防、保健工作和卫生行政部门的工作提出意见和建议,有权依法参加所在机构的民主管理,共同推进医疗卫生管理水平的提高。

【工作任务 5】

2005 年北京市共受理医疗纠纷案件 806 件,其中调解 737 件,诉讼 69 件。2006 年截至 11 月 30 日受理医疗纠纷案件 1233 件,其中调解 1067 件,诉讼 166 件。有关人士分析认为医疗纠纷主要和八大因素相关:告知、责任心、技术水平、病历书写、药械、管理、服务态度、并发症可否避免。

问题　**医师的执业义务**

医师的义务是法律赋予医师在执业活动中必须履行的责任,具体指依据法律规定,医师在执业过程中必须为一定行为或不为一定行为,以维护法律正确实施和患者合法权利的必要性。医师的法定义务主要有:

1. 遵守法律、法规和技术操作规范的义务　医师应当遵守国家有关部门颁布的法律法规。技术性操作规范是指卫生行政部门以及有关部门针对本行业、本机构的特点所制定的有关技术操作方面的各种规章、章程和条例的总称。这些规范从内容上具有技术性,但经一定的机关或机构制定和发布后,便具有了规范医师执业行为的法律性,医师在执业活动中必须遵守,否则构成违法。

2. 树立敬业精神,遵守职业道德,履行医师职责,尽职尽责为患者服务的义务 医师必须具有崇高的职业献身精神,树立牢固的事业心,刻苦钻研,不断提高自己的医疗技术水平,遵守各项职业道德,全心全意为患者服务,这是医师执业最基本最重要的义务。

3. 关心、爱护、尊重患者,保护患者隐私的义务 医师应当关心和体贴患者,为患者保守秘密,不得泄露患者的隐私和秘密。但为了社会公众和他人健康利益,某些传染病患者病情应在法律规定的情况在一定范围内予以披露。

4. 努力钻研业务,更新知识,提高专业技术水平的义务 医疗工作是一项专业性、技术性很强的工作,医师除具有良好的医德外,还必须具备扎实的业务知识和熟练的技能。医师只有努力进取、不断学习、刻苦钻研,不断更新自己的知识结构,提高专业技术水平,才能适应医疗工作的需要。

5. 对患者进行健康教育的义务 医师除了从事诊疗活动,解除患者病痛外,还应当倡导健康文明的生活方式,普及卫生保健知识,教育和引导患者养成良好的卫生习惯,提高健康意识和自我保健能力。

【工作任务6】

张某,女,53岁,2002年3月住进山西省汾阳某医院妇科,入院时被诊断患有卵巢畸胎瘤并蒂扭转和高血压。入院后第二天,张某接受手术,术后即出现心跳和呼吸停止,经抢救病情稍稳定,CT显示左脑梗死,之后行开颅手术。两个多月后,张某出院时已完全失语,右侧肢体肌力零级,肌张力低下。事后其子发现母亲病历上出现的改动痕迹多达183处。2005年9月,经市中级人民法院作出鉴定质证,认定张某在医院妇产科的病历共72页,涂改152处,添加31处,共修改183处,其中有157处院方认可涂改添加,有26处院方不认可或者认为是笔误。

问题 医师的执业规则

1. 正确书写医学文书的和出具医学证明文件 医学文书是医师在诊疗疾病的过程中对患者病情以及诊疗、处置过程的记载。医师签署有关医学文书时,必须在法律法规规定的时间内及时填写,并不得隐匿、伪造或者销毁。

医学证明文件是患者身体健康状况或出生死亡等情况的真实记载。医师在执业活动中,签署的有关医学证明文件的种类有:出生证、死亡证、健康证明书、疾病诊断证明书、伤残证明书、功能鉴定书等。医学证明书一经签署,就具有法律效力。为保证医学证明文件的真实性、合法性和有效性,要求医师签署的有关医学证明文件,必须是亲自诊断和亲自调查的结果。此外,医师出具的医学证明文件应限于本人的执业范围和执业类别内。

2. 危急病人的救治　对急危患者,医师应当采取紧急措施进行诊治,不得拒绝急救处置。在任何情况下,医师都应当履行救治患者的义务,抢救急危患者更应全力以赴,这也是医师人道主义精神的体现。

3. 合理使用药品、消毒药剂和医疗器械　药品、消毒药剂和医疗器械作为特殊产品,直接影响到医疗效果。医师应当使用经国家有关部门批准使用的药品、消毒药剂和医疗器械。未经国家有关部门批准使用的药品、消毒药剂和医疗器械应用于临床,存在可能给患者造成严重危害的风险。根据规定,除正当诊断治疗外,医师不得使用麻醉药品、医疗用毒性药品、精神药品和放射药品等特殊药品,对于特殊药品也有严格的管理制度。

4. 尊重患者或者其家属的知情同意权　在医疗活动中,医师对患者的健康状况掌握着主动权,应当为解除患者病痛作出最佳选择,但患者并不因此而丧失其独立自主的地位。医师应在不影响治疗的前提下,充分尊重患者和家属的意愿,如实向患者或者其家属介绍病情,使患者能及时了解有关诊断、治疗预后等方面的信息,使其能及时行使相关权利,如同意手术或不同意手术的权利,接受或拒绝某种治疗方案的权利。但医师应注意避免对患者产生不利的后果。

此外,医师进行实验性临床医疗时,应当经医院批准并征得患者本人或者其家属同意。严禁医师为了科研目的或经济利益,置患者生命安全不顾,强行推行实验性临床医疗。

5. 恪守职业道德,培养良好的医风医德　在医疗活动中,医师对患者的健康状况掌握着主动权,通常处于主动地位,而患者则往往处于被动接受地位。这就要求医师在医疗服务中必须具备良好的职业道德,全心全意为患者提供服务,不得利用职务之便,索取、非法收受患者财物或者牟取其他不正当利益。

6. 服从卫生行政部门调遣　遇有自然灾害、传染病流行、突发重大伤亡事故及其他严重威胁人民生命健康的紧急情况时,医师应当服从县级以上人民政府卫生行政部门的调遣,赶赴防病救灾第一线,为保护社会公众生命安全和健康作贡献。

7. 严格执行报告制度　医师在发生医疗事故或者发现传染病疫情时,应当按照规定,及时向所在机构或者卫生行政部门报告。医师发现患者涉嫌伤害事件或者非正常死亡时,应当按照规定,及时向公安机关等有关部门报告。

8. 执业助理医师的有关规定　执业助理医师应当在执业医师的指导下,在医疗、预防、保健机构中按照其执业类别执业。在乡、民族乡、镇的医疗、预防、保健机构中工作的执业助理医师,可以根据医疗服务的情况和需要,独立从事一般的执业活动。

【工作任务7】

2008年6月前后,44岁的浙江省某医院康复医学科主任邱某被人举报开大处方吃回扣。6月11日,杭州市下城区检察院对邱某刑事拘留。9月22日,检察机关以涉嫌受贿罪,对邱纪方依法提起公诉。检察机关指控邱某利用担任医院康复医学科主任的职务便利,2005年、2007年两次收受医药代表王某让其提交川威(盐酸法舒地尔针)新药申请报告的好处费共计人民币2000元;2006年1月至2008年4月,邱某某在担任医院康复医学科主任及主任医师期间,利用职务便利,为他人谋取利益,多次非法收受医药代表王某等三人所送的药品销售回扣费总计人民币248978元。12月4日下午,邱某被杭州市下城区人民法院以非国家工作人员受贿罪一审判处有期徒刑五年半。

问题 **执业医师的法律责任**

(一)行政责任

执业医师的行政法律责任是指医师在执业活动中违反行政管理法律规定,但尚未构成犯罪时所应承担的法律责任。

1. 以不正当手段取得医师执业证书的,由发给证书的卫生行政部门予以吊销;对负有直接责任的主管人员和其他直接责任人员,依法给予行政处分。

2. 医师在执业活动中有下列行为之一的,由县以上人民政府卫生行政部门给予警告或者责令暂停6个月以上1年以下执业活动;情节严重的,吊销其执业证书:

(1)违反卫生行政规章制度或者技术操作规范,造成严重后果的。

(2)由于不负责任延误危急患者的抢救和诊治,造成严重后果的。

(3)造成医疗事故的。

(4)未经亲自诊查、调查,签署诊断、治疗、流行病学等证明文件或者有关出生、死亡等证明文件的。

(5)隐匿、伪造或者擅自销毁医学文书及有关资料的。

(6)使用未经批准使用的药品、消毒药剂和医疗器械的。

(7)不按照规定使用麻醉药品、医疗用毒性药品、精神药品和放射性药品的。

(8)未经患者或者家属同意,对患者进行实验性临床医疗的。

(9)泄露患者隐私,造成严重后果的。

(10)利用职务之便,索取、非法收受患者财物或者牟取其他不正当利益的。

(11)发生自然灾害、传染病流行、突发重大伤亡事故以及其他严重威胁人民生命健康的紧急情况时,不服从卫生行政部门调遣的。

(12)发生医疗事故或者发现传染病疫情,患者涉嫌伤害事件或者非正常死亡,不按照规定报告的。

3. 未经批准擅自开办医疗机构行医或者非医师行医的,由县级以上人民政府卫生行政部门予以取缔,没收其违法所得及其药品、器械,并处 10 万元以下的罚款;对医师吊销其执业证书。

4. 阻碍医师依法执业,侮辱、诽谤、威胁、殴打医师或者侵犯医师人身自由、干扰医师正常工作、生活的,如尚不构成犯罪,依照《治安管理处罚条例》的规定处罚。

5. 医疗、预防、保健机构未按照规定履行报告职责,导致严重后果的,由县级以上人民政府卫生行政部门给予警告;并对该机构的行政负责人依法给予行政处分。

6. 卫生行政部门工作人员或者医疗、预防、保健机构工作人员违反《执业医师法》的有关规定,弄虚作假、玩忽职守、滥用职权、徇私舞弊,尚不构成犯罪的,依法给予行政处分。

(二)民事责任

医师在医疗、预防、保健工作中造成事故的,依照法律或者国家有关规定处理。未经批准擅自开办医疗机构行医或者非医师行医,给患者造成损害的,依法承担民事责任。

(三)刑事责任

违反《执业医师法》,构成犯罪的,依法追究刑事责任。

刑法第 335 条规定,医务人员由于严重不负责任,造成就诊人死亡或者严重损害就诊人身体健康的,处 3 年以下有期徒刑或者拘役。

刑法第 336 条规定,未取得医师执业资格的人非法行医,情节严重的,处 3 年以下有期徒刑、拘役或者管制,并处或者单处罚金。严重损害就诊人身体健康的,处 3 年以上 10 年以下有期徒刑并处罚金。造成就诊人死亡的,处 10 年以上有期徒刑并处罚金。

未取得医师执业资格的人擅自为他人进行节育复通手术、假节育手术、终止妊娠手术或者摘取宫内节育器,情节严重的,处 3 年以下有期徒刑、拘役或者管制,并处或者单处罚金;严重损害就诊人身体健康的,处 3 年以上 10 年以下有期徒刑并处罚金。造成就诊人死亡的,处 10 年以上有期徒刑并处罚金。

【延伸阅读】

2001 年 9 月 15 日,22 岁未婚先孕的阿静在男友陪同下来到新疆某医科大学第一附属医院做人工流产,在妇产科医生孙某的安排下,阿静按要求做好准备,躺在检查床上等待检查。这时,医生叫进 20 多名身穿白大褂的男女围在床前,阿静非常紧张,要求医生让他们出去。医生说,没关系,他们都是实习生。医生让阿静躺好,一边触摸阿静的身体,一边向实习生介绍各部位名称、症状等,检查讲解过程五六分钟。据了解,那天的见习生是某大学医学院 97 级本科生。事后,气愤难平的阿静和男友经咨询律师,决定用法律手段维护自己的合法权益。

这一事件在全国医学界和法学界引起了极大的争议。医学界认为,作为教学和实习医院,这种做法很正常,谈不上侵犯隐私权。按照惯例,一般都不提前给患者打招呼,如征求患者意见,患者肯定不同意。再说几十年来各医院都是这么做的,也没有法规和文件规定不能这样做。医学院校及其附属医院基本都认同这一观点。而为阿静提供法律援助的律师则认为,医院的做法严重侵害了患者的人格尊严和隐私权,人的特殊部位有权利不让他人观看、探究或拍摄。

【拓展练习】

结合本项目,谈谈你对医师执业中对患者隐私权保护的认识。

项目 7　乡村医生执业的法律规定

【岗位技能要求】

本项目主要针对医政管理等岗位,具体技能要求:

1. 能够清楚分析乡村医生的法律界定。
2. 能够清楚分析医生资格的获得途径。
3. 能够熟练分析乡村医生的权利和义务。
4. 能够清楚分析违反乡村医生管理的法律责任。

【工作任务】

2009 年 6 月 24 日上午,在沪打工的刘女士发现 5 岁的儿子感冒了,因为觉得不是大病,为了省点钱,刘女士便带着儿子来到某私人诊所。诊所医生检查后,安排小男孩到楼上打点滴。一个多小时后,某公安分局民警会同区卫生局执法人员来到诊所依法进行检查,发现有三名患者正在输液,诊所内摆放着血压计、听诊器等简单的医疗器械,但诊所内唯一一名医生却拿不出开设诊所必须具备的医疗机构执业许可证和医师资格证书。

经查,这名医生即为该诊所的经营者为陈某,中专毕业后,一直在老家村医疗室工作,有当地县卫生局发给的乡村医生证。2006 年,他来到上海开起了私人诊所。没多久,区卫生局在对陈某的诊所进行检查时,发现他并未取得医疗机构执业许可证和医师资格证书,而擅自从事医疗执业活动。区卫生局对其处以 1 万元的处罚。此后,换了一处出租房后的陈某仍然继续开设诊所。2007 年 10 月,区卫生局再次对陈某处以罚款 9000 元;2008 年 9 月,擅自执业的陈某又被处以 9000 元罚款。

2009 年 6 月再次被查获后,警方对陈某非法行医案立案侦查。该案移送区检察院后,陈某在提审中告诉承办检察官,2006 年第一次处罚时,卫生部门已经告知他在不具备"两证"的情况下,是不能在上海开设诊所行医的,但为了赚钱,自认为做过乡村医生、不会出大事的陈某,换了一处出租房后,仍然继续开设诊所。承办检察官审查发现,陈某在未取得医疗机构执业许可证和医师资格证书的情况下,私自开办私人诊所,符合非法行医的行为;虽然并未造成求诊人员伤亡的严重后果,但被区卫生局查获并行政处罚 3 次后,仍继续非法行医。承办检察官根据最高人民法院于 2008 年 4 月 29 日颁布的《关于审理非法行医刑事案件具体应用法律若干问题的解释》的相关规定,陈某的行为属非法行医情节严重,已涉嫌构成非法行医罪。

问题 1　**乡村医生的法律界定**

乡村医生是指尚未取得执业医师资格或者执业助理医师资格,经注册在村医疗卫生机构从事预防、保健和一般医疗服务的医生。为了提高乡村医生的职业道德和业务素质,加强乡村医生从业管理,保护乡村医生的合法权益,保障村民获得初级卫生保健服务,国务院出台了《乡村医生从业管理条例》,自 2004 年 1 月 1 日起施行。

问题 2　**乡村医生从业资格的获得途径**

(一)乡村医生执业考试

乡村医生应当按照要求至少每 2 年接受一次培训,并由县级人民政府卫生行政主管部门负责组织本地区乡村医生的考核工作。乡村医生经考核合格的,可以继续执业;经考核不合格的,在 6 个月之内可以申请进行再次考核。逾期未提出再次考核申请或者经再次考核仍不合格的乡村医生,原注册部门应当注销其执业注册,并收回乡村医生执业证书。

(二)乡村医生执业注册

国家实行乡村医生执业注册制度。《乡村医生从业管理条例》实施前,取得县级以上地方人民政府卫生行政主管部门颁发的乡村医生证书,并符合下列条件之一的,可以向县级人民政府卫生行政主管部门申请乡村医生执业注册:

1. 已经取得中等以上医学专业学历的。

2. 在村医疗卫生机构连续工作 20 年以上的。

3. 按照省、自治区、直辖市人民政府卫生行政主管部门制定的培训规划,接受培训取得合格证书的。

《乡村医生从业管理条例》实施后进入村医疗卫生机构从事预防、保健和医疗服务的人员,应当具备执业医师资格或者执业助理医师资格。尚不具备条件的地区,根据实际需要,可以允许具有中等医学专业学历的人员,或者经培训达到中等医学专业水平的其他人员申请执业注册,进入村医疗卫生机构执业。

符合条件的在村医疗卫生机构执业的人员,应当向村医疗卫生机构所在地的县级人民政府卫生行政主管部门申请执业注册。审核后符合规定的,准予执业注册,发给乡村医生执业证书;对不符合规定的,不予注册,并书面说明理由。乡村医生执业证书有效期为 5 年。

问题 3　**乡村医生执业的权利和义务**

(一)乡村医生在执业活动中享有的权利

1. 进行一般医学处置,出具相应的医学证明。

2. 参与医学经验交流,参加专业学术团体。

3. 参加业务培训和教育。

4. 在执业活动中,人格尊严、人身安全不受侵犯。

5. 获取报酬。

6. 对当地的预防、保健、医疗工作和卫生行政主管部门的工作提出意见和建议。

（二）乡村医生在执业活动中享有的义务

1. 遵守法律、法规、规章和诊疗护理技术规范、常规。

2. 树立敬业精神,遵守职业道德,履行乡村医生职责,为村民健康服务。

3. 关心、爱护、尊重患者,保护患者的隐私。

4. 努力钻研业务,更新知识,提高专业技术水平。

5. 向村民宣传卫生保健知识,对患者进行健康教育。

问题 4　违反乡村医生管理的法律责任

1. 乡村医生在执业活动中,有下列行为之一的,由县级人民政府卫生行政主管部门责令限期改正,给予警告;逾期不改正的,责令暂停 3 个月以上 6 个月以下执业活动;情节严重的,由原发证部门暂扣乡村医生执业证书:

（1）执业活动超出规定的执业范围,或者未按照规定进行转诊的。

（2）违反规定使用乡村医生基本用药目录以外的处方药品的。

（3）违反规定出具医学证明,或者伪造卫生统计资料的。

（4）发现传染病疫情、中毒事件不按规定报告的。

2. 乡村医生在执业活动中,违反规定进行实验性临床医疗活动,或者重复使用一次性医疗器械和卫生材料的,由县级人民政府卫生行政主管部门责令停止违法行为,给予警告,可以并处 1000 元以下的罚款;情节严重的,由原发证部门暂扣或者吊销乡村医生执业证书。

3. 乡村医生变更执业的村医疗卫生机构,未办理变更执业注册手续的,由县级人民政府卫生行政主管部门给予警告,责令限期办理变更注册手续。

4. 以不正当手段取得乡村医生执业证书的,由发证部门收缴乡村医生执业证书;造成患者人身损害的,依法承担民事赔偿责任;构成犯罪的,依法追究刑事责任。

5. 未经注册在村医疗卫生机构从事医疗活动的,由县级以上地方人民政府卫生行政主管部门予以取缔,没收其违法所得以及药品、医疗器械,违法所得 5000 元以上的,并处违法所得 1 倍以上 3 倍以下的罚款;没有违法所得或者违法所得不足 5000 元的,并处 1000 元以上 3000 元以下的罚款;造成患者人身损害的,依法承担民事赔偿责任;构成犯罪的,依法追究刑事责任。

【延伸阅读】

乡村医生最初的名字叫"赤脚医生",诞生于20世纪50年代。由于当时农村卫生条件极其恶劣,各种疾病肆意流行,在严重缺少药品的情况下,政府部门提出把卫生工作的重点放到农村,培养和造就了一大批赤脚医生,他们一般未经正式医疗训练、仍持农业户口、一些情况下"半农半医"的农村医疗人员。当时来源主要有三部分:一是医学世家;二是高中毕业且略懂医术病理;三是一些是上山下乡的知识青年。赤脚医生为解救当时一些农村地区缺医少药的燃眉之急做出了积极贡献。1968年9月,当时中国最具有政治影响力的《红旗》杂志发表了一篇题为《从"赤脚医生"的成长看医学教育革命的方向》的文章,随后《文汇报》等各大报刊纷纷转载,"赤脚医生"的名称走向了全国。到1977年底,全国有85%的生产大队实行了合作医疗,赤脚医生数量一度达到150多万。1985年1月25日,《人民日报》发表《不再使用"赤脚医生"名称,巩固发展乡村医生队伍》一文,到此"赤脚医生"逐渐消失。根据2004年1月1日起实行的《乡村医生从业管理条例》,规定乡村医生经过相应的注册及培训考试后,以正式的名义执照开业。我国目前有乡村医生近百万人。

【拓展练习】

结合本项目,谈谈乡村医生执业的权利和义务。

项目 8　护士执业的法律规定

【岗位技能要求】

本项目内容主要对护理管理等岗位,具体技能要求:

1. 能够清楚分析执业护士的法律界定。
2. 能够清楚分析执业护士资格的获得途径。
3. 能够熟练分析执业护士的权利和义务。
4. 能够清楚分析违反护士管理的法律责任。

【工作任务 1】

2009 年 4 月 2 日,农民李某因儿子(5 岁)出现咳嗽等感冒症状,于是带孩子到某乡卫生院门诊部就诊。当时,该门诊只有护士汪某在岗。汪某在简单检查后开出处方,经皮试而配兑了清开灵、先锋 6 号、穿琥宁等消炎药给小孩输液。几分钟后,小孩感觉扎针处瘙痒,但汪某却说是贴了胶布的缘故,稍后,小孩因嗓子疼得厉害而抠挠喉咙等部位,随即出现呼吸困难、大小便失禁等症状。汪某注射盐酸肾上腺素进行抢救,但小男孩已经口吐白沫,嘴唇发紫,神志不清。此时距小男孩走进门诊部仅 1 个小时。此后,"120"急救车将小男孩送进县人民医院儿科进行抢救,当日下午,小男孩抢救无效死亡,医院的死亡诊断结论是"呼吸心跳骤停;过敏性休克"。

当日晚间,受害人亲属向县公安局报警,汪某随即因涉嫌非法行医罪被拘留。4 月 16 日,汪某被县检察院批捕。据了解,现年 44 岁的汪某具有护士执业资格,但不具备行医资格。该门诊实有医护人员 3 名,一名主治医师、一名助理医师和护士汪某。正常情况下,两名医师分早晚班轮流坐诊,事发前主治医师请假,门诊部仅有助理医师和护士汪某轮流值班。办案机关查明,该门诊部的管理长期存在漏洞,汪某虽然不具备行医资格,但其经常以医生身份坐诊开处方,时间长达 8 个月之久,而事发前的 2 个多月,汪某几乎每天都在开处方。

问题 1　执业护士的法律界定

护理是以维护和促进健康、减轻痛苦、提高生命质量为目的、运用专业知识和技术为人民群众健康提供服务的工作。护士作为护理职业的从业人员,在医疗、预防、保健和康复工作中有着重要作用,法律意义上的执业护士,是指经执业注册取得护士执业证书,依法从事护理活动,履行保护生命、减轻痛苦、增进健康职责的卫生技术人员。

问题2 执业护士资格的获得途径

（一）护士执业注册条件

护士执业应当经执业注册取得护士执业证书。申请护士执业注册,应当具备下列条件:

1. 具有完全民事行为能力。

2. 在中等职业学校、高等学校完成国务院教育主管部门和国务院卫生主管部门规定的普通全日制3年以上的护理、助产专业课程学习,包括在教学、综合医院完成8个月以上护理临床实习,并取得相应学历证书。

3. 通过国务院卫生主管部门组织的护士执业资格考试。

4. 符合国务院卫生主管部门规定的健康标准。

（二）护士执业注册申请

护士执业注册申请,应当自通过护士执业资格考试之日起3年内向拟执业地省、自治区、直辖市人民政府卫生主管部门提出申请;逾期提出申请的,还应当在符合国务院卫生主管部门规定条件的医疗卫生机构接受3个月临床护理培训并考核合格。

护士执业注册有效期为5年。

问题3 执业护士的权利和义务

（一）护士的权利

1. 享受福利待遇的权利　护士有按照国家有关规定获取工资报酬、享受福利待遇、参加社会保险的权利。任何单位或者个人不得克扣护士工资,降低或者取消护士福利等待遇。

2. 获得职业防护的权利　护士有获得与其所从事的护理工作相适应的卫生防护、医疗保健服务的权利。从事直接接触有毒有害物质、有感染传染病危险工作的护士,有依照有关法律、行政法规的规定接受职业健康监护的权利;患职业病的,有依照有关法律法规的规定获得赔偿的权利。

3. 提升业务能力的权利　护士有按照国家有关规定获得与本人业务能力和学术水平相应的专业技术职务、职称的权利;有参加专业培训、从事学术研究和交流、参加行业协会和专业学术团体的权利。

4. 获得履行护理职责的权利　护士在执业中应获得疾病诊疗、护理相关信息的权利和其他与履行护理职责相关的权利。

5. 参与民主管理的权利　护士在执业中可以对医疗卫生机构和卫生主管部门的工作提出意见和建议,以提高护理管理工作的水平。

6. 获得表彰奖励的权利　国务院有关部门对在护理工作中做出杰出贡献的护士,应当授予全国卫生系统先进工作者荣誉称号或者颁发南丁格尔奖章,受到表彰、奖励的护士享受省部级劳动模范、先进工作者待遇;对长期从事护理工作的护士应当颁发荣誉证书。

（二）护士的义务

1. 遵守法律、法规、规章和护理诊疗技术规范的义务。

2. 护士在执业活动中,发现患者病情危急,应当立即通知医师;在紧急情况下为抢救垂危患者生命,应当先行实施必要的紧急救护。

3. 护士发现医嘱违反法律、法规、规章或者诊疗技术规范规定的,应当及时向开具医嘱的医师提出;必要时,应当向该医师所在科室的负责人或者医疗卫生机构负责医疗服务管理的人员报告。

4. 尊重、关心、爱护患者,保护患者的隐私。

5. 参与公共卫生和疾病预防控制工作的义务。

【工作任务 2】

2011 年 3 月 2 日,一名在四川某市妇幼保健院里待产的 33 岁产妇,在输液时被护士输入了酒精。两小时后,院方为她实施了剖宫产手术,产下一名 7 斤多重的女婴,产下的女婴则被紧急送往市妇女儿童医院。该妇幼保健院医务科科长承认是由于护士的失误造成了这样的"医疗事故"。已对当事护士做出了停职处理,并表示,院方将免去产妇的一切住院费用,并给予适当赔偿。

问题　**违反护士管理的法律责任**

1. 卫生主管部门的工作人员未依照本条例规定履行职责,在护士监督管理工作中滥用职权、徇私舞弊,或者有其他失职、渎职行为的,依法给予处分;构成犯罪的,依法追究刑事责任。

2. 医疗卫生机构有下列情形之一的,由县级以上地方人民政府卫生主管部门依据职责分工责令限期改正,给予警告;逾期不改正的,根据国务院卫生主管部门规定的护士配备标准和在医疗卫生机构合法执业的护士数量核减其诊疗科目,或者暂停其 6 个月以上 1 年以下执业活动;国家举办的医疗卫生机构有下列情形之一、情节严重的,还应当对负有责任的主管人员和其他直接责任人员依法给予处分:

（1）护士的配备数量低于国务院卫生主管部门规定的护士配备标准的。

（2）允许未取得护士执业证书的人员或者允许未依照规定办理执业地点变更手续、延续执业注册有效期的护士在本机构从事诊疗技术规范规定的护理活动的。

3. 医疗卫生机构有下列情形之一的,依照有关法律、行政法规的规定给予处

罚;国家举办的医疗卫生机构有下列情形之一、情节严重的,还应当对负有责任的主管人员和其他直接责任人员依法给予处分:

（1）未执行国家有关工资、福利待遇等规定的。

（2）对在本机构从事护理工作的护士,未按照国家有关规定足额缴纳社会保险费用的。

（3）未为护士提供卫生防护用品,或者未采取有效的卫生防护措施、医疗保健措施的。

（4）对在艰苦边远地区工作,或者从事直接接触有毒有害物质、有感染传染病危险工作的护士,未按照国家有关规定给予津贴的。

4.医疗卫生机构有下列情形之一的,由县级以上地方人民政府卫生主管部门依据职责分工责令限期改正,给予警告:

（1）未制定、实施本机构护士在职培训计划或者未保证护士接受培训的。

（2）未依照规定履行护士管理职责的。

5.护士在执业活动中有下列情形之一的,由县级以上地方人民政府卫生主管部门依据职责分工责令改正,给予警告;情节严重的,暂停其6个月以上1年以下执业活动,直至由原发证部门吊销其护士执业证书:

（1）发现患者病情危急未立即通知医师的。

（2）发现医嘱违反法律、法规、规章或者诊疗技术规范的规定,未依照规定提出或者报告的。

（3）泄露患者隐私的。

（4）发生自然灾害、公共卫生事件等严重威胁公众生命健康的突发事件,不服从安排参加医疗救护的。

护士在执业活动中造成医疗事故的,依照医疗事故处理的有关规定承担法律责任。

6.护士被吊销执业证书的,自执业证书被吊销之日起2年内不得申请执业注册。

7.扰乱医疗秩序,阻碍护士依法开展执业活动,侮辱、威胁、殴打护士,或者有其他侵犯护士合法权益行为的,由公安机关依照《治安管理处罚法》的规定给予处罚;构成犯罪的,依法追究刑事责任。

【延伸阅读】

1860年,英国女护士南丁格尔(1820—1910)在伦敦圣多马医院创建了第一所护士学校后,护理在深度及广度上有了长足的进展,才使护理专业走向正规化。南丁格尔说过:"护士工作的对象,不是冷冰冰的石块、木片和纸片,而是有热血和生命的人。"护士工作的基本内容不仅仅是测量体温、铺床发药、清毒打针、备皮导尿，而且还应该有社会、心理的护理。1909 年中华护士会正式成立。1914 年第一届全国护士会议在上海召开，会上首次将 nurse 完整地译为中文"护士"。"护"即保护、养育、爱护、乳母之义；"士"是指从事此职业的人员必须有专门的学问和科学知识。这一创译得到了大会的通过。从此，护士作为这一职业从业人员的统称沿用至今。1922 年，国际护士大会在日内瓦召开，正式接纳中华护士会为第 11 个成员。

【拓展练习】

　　结合本项目，从法律角度谈谈执业护士和执业医生在资格准入以及工作职责上的区别。

项目9 医疗损害纠纷处理的法律规定

【岗位技能要求】

本任务内容主要针对医疗事故（纠纷）处理岗位（包括医患关系协调处理机构、医政管理机构、医疗纠纷理赔和调解机构等），具体技能要求：

1. 能够熟练分析和界定医疗事故的法律内涵。
2. 能够清楚分析医疗事故的处理途径、鉴定程序、法律责任认定等。
3. 能够清楚分析医疗行为造成人身损害司法诉讼的举证责任倒置规则。

【工作任务1】

2007年7月22日，一孕妇在佛山市南海区某医院分娩时，并发"急性羊水栓塞"，孕妇和婴儿死亡。事后，死者丈夫杨某带了几十人连续3天围堵医院，在医院门前烧纸钱、放鞭炮，要求医院赔款100万元，院方没有答应赔款要求。25日，杨某又联络100多人冲击医院。接到报案，区公安分局调集大批警力赶往现场，拘捕了170多人，其中4人被追究刑事责任。

问题 医疗损害（纠纷）处理立法情况

1987年6月29日国务院颁布了我国第一个处理医疗事故的专门法规《医疗事故处理办法》。1997年3月14日八届全国人大第5次会议修订通过的《中华人民共和国刑法》对发生严重医疗责任事故的医务人员作出了刑事处罚规定。1998年6月29日九届全国人大常委会第3次会议通过的《执业医师法》对造成医疗责任事故的医师作出了明确的行政处罚规定。

2002年4月1日起，《最高人民法院关于民事诉讼证据的若干规定》明确规定了医疗行为侵权纠纷赔偿适用举证倒置原则，该项规定称："因医疗行为引起的侵权诉讼，由实施危险行为的人就其行为与损害结果之间不存在因果关系承担举证责任。"2002年2月20日国务院通过了新修订的《医疗事故处理条例》，该条例于2002年4月4日正式公布，并于2002年9月1日生效。

2002年8月，卫生部又分别颁布了《医疗机构病历管理规定》、《医疗事故技术鉴定暂行办法》、《医疗事故分级标准（试行）》、《医疗事故争议中尸检机构及专业技术人员资格认定办法》、《中医、中西医结合病历书写基本规范（试行）》、《重大医疗过失和医疗事故报告制度的规定》、《医疗事故技术鉴定专家库学科专业组名录（试行)》等配套法规。2009 年 12 月 26 日,第十届全国人大常委会第十二次会议通过《中华人民共和国侵权责任法》,其中第七章"医疗损害责任",共 11 条。

【工作任务 2】

林女士到南京市某区人民医院治疗胆结石,医生开了一种冲剂。一个多星期后,林女士拿了药品包装盒到药房买药,准备继续服用。但药房药师却告诉她,这种名为"排石颗粒"的冲剂是用来治疗尿路结石的,不能治胆结石。当林女士找到当时看病的医生时,医生表示他没开这个药。而医院药房天的电脑记录当时发出的药确实是"排石颗粒"冲剂。药房人员找出了当天的处方仔细核对,发现处方上开的药名是"排石利胆",药师发药时把"排石利胆"发成了"排石颗粒"冲剂。林女士认为,这家医院应该为员工在工作中的失误承担赔偿责任。院方却认为,一般情况下,只有出了医疗事故才谈得上赔偿,何况目前林女士并没有身体不适。

问题 1　医疗事故和医疗损害的概念

医疗事故是指医疗机构及其医务人员在医疗活动中,违反医疗卫生管理法律、行政法规、部门规章和诊疗护理规范、常规,过失造成患者人身损害的事故。这一概念包括以下含义:

(一) 医疗事故是在医疗活动过程中发生的

既然是医疗事故,就必然要与医疗活动有关。诊疗护理是医疗活动的主要内容和形式。没有医疗活动内容的事故,不能称为医疗事故。所以事故是不是在医疗活动中发生的,是区分医疗事故和其他事故的关键。因此,在日常工作中应严格禁止医务人员在非紧急情况下和不合法的执业场所实施医疗活动,否则将涉嫌非法行医,因此造成的人身伤害,就不能构成医疗事故,而是过失伤害。

(二) 医疗事故是违法违规的过失

医疗活动充满了风险,这个风险来自多方面。首先,来自于医学发展本身的阶段性、局限性。人类目前还没有真正、全面地认识自己,在医学上仍存在很多"盲区"和"误区"。其次,来自于医务人员对疾病的认识。由于医护人员技术水平不一,所以,采取医护措施的办法、时机、尺度等有异,自然医疗效果也就有可能不同。第三,来自于患者的疾病。疾病本身就是一种风险,诊疗护理实质上是在化解风险,由于上述原因,所以,在化解风险的过程中又产生了新的风险。医疗有风险是一个客观事实,但法律对这种风险性质有一个明确的界限,即合法的风险和非法的风险。所谓合法的风险,是指医疗管理法律、法规、规章和诊疗护理规范、常规允许的风险;非法的风险,则是指医疗管理法律、法规、规章和诊疗护理规范、常规不允许的风险。对合法的风险,医务人员不承担任何责任,实行责任豁免;对非法的风险,医务人员要承担相应的责任。甄别合法风险和非法风险的标准就是在医疗活动中是否存在过失,也就是在诊疗护理中是否违反医疗管理法律、法规、规章和诊疗护理规范常规。法律、法规、规章一般是由不同的立法机构制定的见诸文字的规范性文件,而诊疗护理的规范、常规既包括由卫生行政部门以及全国性行业协(学)会基于维护公民健康权利的原则,在总结以往科学技术成果的基础上,针对本行业的特点,制定的具有技术性、规定性、可操作性,医务人员在执业活动中必须严格遵守,认真执行的各种标准、规程、规范、制度,又包括医疗机构制定的本机构医务人员在进行医疗、护理、检验、医技诊断治疗及医用物品供应等各项工作应遵循的工作方法、步骤。

(三)医疗事故是由医疗机构及其医务人员直接造成的

国家对有权开展医疗活动的医疗机构和有权从事医疗活动的医务人员规定了严格的许可制度。"医疗事故"的主体必须是依法取得执业许可或执业资格的医疗机构及其工作人员。未取得医疗机构执业许可证的单位和组织,未取得执业医师或护士资格的人,他们只能是非法行医的主体。凡未经卫生行政部门批准而开展的医疗活动,都属非法行医。非法行医造成患者身体健康损害的,不属于医疗事故,而是一般的过失人身伤害。患者由于自己的过错造成的不良后果,也不能认定为医疗事故。

(四)医疗事故给患者造成了人身损害的严重后果

在医疗活动中,由于各种原因难免会出现一些不良后果,有些不良后果在不同程度上给患者的健康带来了影响、痛苦,有的甚至造成了人身损害。所以,为了保护患者利益,医疗事故处理条例将造成患者死亡、残废组织器官损伤导致功能障碍以及明显的人身损害的其他后果的,定为医疗事故,并对造成医疗事故的责任人规定了明确的处罚。应该强调的是,这里的严重后果只能是过失违法行为的后果,所谓过失是指行为人行为时的主观心理不是故意伤害患者,即行为人在行为时,决不希望或追求损害结果的发生,但由于自己的行为违法,造成了人身损害后果。

(五)医疗过失行为和医疗损害后果之间存在直接的因果关系

过失行为和损害后果之间存在的因果关联是判定医疗事故成立的重要因素。在某些时候,虽然医务人员存在过失行为,甚至也的确存在有损害结果,但该损害结果与过失行为之间并不存在因果关联,医疗事故因而也就不能成立。此外,因果关系的判定,还涉及追究医疗机构及医务人员的法律责任以及确定对患者的具体赔偿数额等重要问题。

问题 2　医疗事故的等级和医疗事故的分级

《医疗事故处理条例》根据给患者身体健康造成的损害程度,将医疗事故分为四级:

一级医疗事故,是指造成患者死亡、重度残疾的医疗事故。

二级医疗事故,是指造成患者中度残疾、器官组织损伤导致严重功能障碍的医疗事故。

三级医疗事故,是指造成患者轻度残疾、器官组织损伤导致一般功能障碍的医疗事故。

四级医疗事故,是指造成患者明显人身损害的其他后果的医疗事故。

问题 3 医疗损害的概念

医疗损害是指医疗机构及其医务人员在诊疗活动中因过失致患者遭受的损害,或因使用有缺陷的医疗产品和不合格血液引起的患者损害。医疗事故是造成医疗损害的重要原因。

【工作任务 3】

刘某因宫外孕手术在某镇卫生院手术,术后因其刀口久久难以愈合,出现严重的感染被送至某市三甲医院治疗。术中发现患者腹腔内有一块医用纱布,据调查该纱布为宫外孕手术所留下,造成患者目前的损伤也是因这块纱布所造成的。刘某家属提出由该镇卫生院赔偿 80 万,该镇卫生院认为赔偿数额过高拒绝患者家属要求,患者家属遂向当地卫生局反映,但卫生局也协调未果,万般无奈下刘某向人民法院提起民事诉讼,要求该镇卫生院赔偿其经济损失。

问题 医疗损害纠纷的处理途径

根据法律规定,医疗损害纠纷的处理途径包括:医患协商解决、卫生行政调解和司法诉讼解决。

(一)医疗损害纠纷的协商解决

医疗损害纠纷可以协商解决,是医患双方以互解互谅精神,通过平等协商自主解决医疗损害纠纷。协商解决既可以缓解矛盾,减少误会,消除分歧,寻找到解决问题的方法。在医疗事故技术鉴定前协商,需要解决的问题主要包括两个方面:一是事实,即是否造成了不良后果,不良后果是否是由医疗行为所致;所致不良后果的医疗行为是否违反了医疗管理法律、法规、规章和诊疗护理规范、常规。二是承担责任的方式,即医疗机构对其过错造成的医疗不良后果应当以什么形式承担责任以及责任大小。一般以经济赔偿形式为主,由医患双方共同协商确定一个赔偿数额,但有的也可以采用赔礼道歉的形式。协商不成的,当事人可以向卫生行政部门提出调解申请,也可以直接向人民法院提起民事诉讼。

(二)医疗损害纠纷的行政解决

医疗损害纠纷发生后,医患双方不愿协商解决,或者自主协商解决不成时,可以向卫生行政部门申请行政调解。申请内容可包括:申请人的基本情况、具体请求、争议的主要事实、理由和时间等。卫生行政部门收到申请后,应当及时进行审查,对符合规定的申请应当及时处理;对不符合规定的,则不予受理,并书面告知申请人。

已确定为医疗事故的,卫生行政部门应医疗事故争议的双方当事人请求,可以进行医疗事故赔偿调解。调解时,应当遵循当事人双方自愿原则,并依法确定赔偿数额。经调解,双方当事人就赔偿数额达成协议的,制作调解书,双方当事人应当履行;调解不成或协议后一方反悔的,卫生行政部门不再调解。当事人可以在规定的期限内,向人民法院提起民事诉讼。

（三）医疗损害纠纷的诉讼解决

医疗损害纠纷发生后,当事人可以直接选择诉讼途径解决,也可以在自主协商解决不成后,或者对卫生行政部门处理不服后,再选择诉讼解决。当事人既可以选择民事诉讼,也可以选择行政诉讼。当事人选择民事诉讼的,可以在申请卫生行政部门行政处理前,也可以在卫生行政部门行政处理过程中或者处理后。当事人选择行政诉讼的,也可以在卫生行政部门行政处理前(如不受理医疗事故争议处理申请),也可以在卫生行政部门行政处理过程中(如对医疗事故技术鉴定不审核、不处理)或者处理后(如对处理结果不服)。但当事人申请卫生行政部门进行调解的,对调解结果不服,不能向人民法院提起行政诉讼,而只能向人民法院提起民事诉讼。

（四）医疗损害纠纷的人民调解

近年来,医疗损害纠纷大量增加对医疗卫生系统提出了重大挑战,加快探索医疗损害纠纷有效解决机制已经成为社会广泛关注的热点问题。在当前医患双方仍然欠缺信任基础的环境下,仅仅依靠医患双方各自为政,自行其是,只寄希望于依靠对方的义务主动履行以实现自己的权益保障,这明显是不现实的。考虑到司法体制尚不完善,医患纠纷案件审理耗时长,成本高,而医疗机构与卫生行政部门的隶属关系致使行政调解缺乏信任的基础,由此客观、公正、中立的第三方介入更显其现实价值。卫生部公布的《关于公立医院改革试点的指导意见》提出建立医患纠纷的人民调解机制。各地先后成立医疗纠纷人民调解委员会作为完全独立的第三方参与医疗纠纷处理,调解作为其他三种医疗损害纠纷处理途径(医患协商、行政调解和司法诉讼)的补充(具体程序见下图)。该机制的特点主要包括了以下几点:

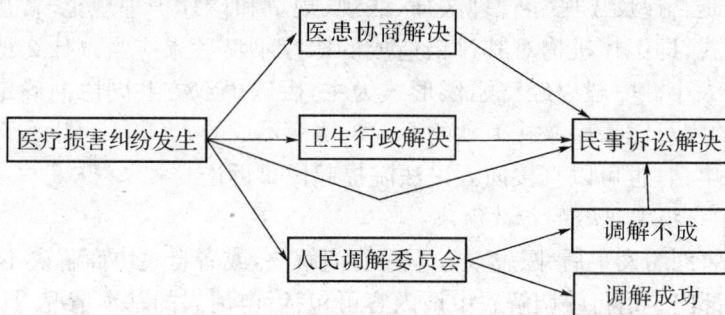

医疗损害纠纷处理流程图

1. 司法部门负责管理和指导体现中立　医疗纠纷人民调解委员会由司法部门负责管理和指导,独立于卫生系统之外,不受其他行政部门干涉,体现中立,以谋求医患双方当事人对其真正第三方性质的认可,为调解奠定信任基础。

2. 专业人员参加调解以保障处理专业　医疗损害后果的出现常常是多种原因造成,而医疗纠纷的依法处置要涉及法学、医学、药学和管理学等综合知识,这种交叉学科的融合和过于专业性、复杂性,也是造成医疗纠纷处理法院审理难、律师不愿意接等实际困难,因此处置的公正公平必须依靠多种知识背景的专业人士的介入并予以判断。对此,医疗纠纷人民调解委员会根据需要建立医学、法律咨询专家库,聘请一定数量的医学、法律专家组成专家库,为调解工作提供专业技术咨询支持,体现专业。

3. 政府保障调解体现便民原则　医疗纠纷人民调解委员会委受理医疗纠纷调解申请后,可以由当事人选择一名或者数名人民调解员进行调解,实现医患双方的选择权。为了鼓励和支持医疗纠纷人民调解,医疗纠纷人民调解委员会的调解工作经费和人民调解员补贴经费由政府各级财政保障,调解不收费。至于调解结论的法律效力,根据规定调解结果不具备法律约束力,当事人不服调解结果,同样也可以向人民法院提起诉讼,但是已经向法院提起诉讼的,医调委不再受理其处理或调解申请;已经受理的,终止调解。

【工作任务4】

1996 年,某产妇生产过程中胎位不正,枕后位发现较迟,手法纠正胎位两次均告失败,由于当晚技术力量不足,未能施行产钳助产,虽然经当班助产士全力处理协助分娩,但由于产妇过度疲乏,宫缩乏力,胎位又不正,导致胎儿在娩出过程中产道受阻,胎儿在产成中缺氧时间较长,形成缺氧性脑部病变。后患儿的法定代理人即向法院提起诉讼,要求该医院赔偿损失 2398004.1元,保留 30 年后要求被告继续支付赔偿后期护理费、残疾用具费、后期治疗费等权利;被告继续支付出院时的医疗费用及其近亲属所必需的交通费用;被告还要给付患儿出院后一套住房及律师费等。

> **问题 1**　**医疗事故的赔偿范围**

医疗事故的赔偿属于民事法律责任。赔偿项目一般分为医疗费、误工费、住院伙食补助费、陪护费、残疾生活补助费、残疾用具费、丧葬费、被扶养人生活费、交通费、住宿费和精神损害抚慰金等。这里的赔偿范围运用于一般人身伤害的民事赔偿范围,一些赔偿项目的计算标准也有别于一般人身伤害的民事赔偿。

> **问题 2**　**医疗事故赔偿标准**

医疗事故赔偿费标准,应考虑医疗事故的等级、医疗过失行为在医疗事故损害后果中的责任程度、医疗事故损害后果与患者原有疾病状况之间的关系等因素确定具体赔偿数额。不属于医疗事故的,医疗机构不承担赔偿责任。也应考虑患者的实际损失、一般医疗机构的赔付能力和其他类似损害赔偿的状况等因素。医疗事故赔偿不应是象征性的,但也不应超越现阶段社会经济发展水平。让受害者获得合理的赔偿,也就是让受害者得到与现阶段社会经济发展相适应的赔偿。这种赔偿标准反映了社会发展的阶段性,它应随着社会经济的不断发展逐步提高。由于医患关系在本质上属于民事法律关系,所以在处理医疗事故的时候,应当遵循民法的基本原则,如当事人在民事活动中的地位平等;保护公民、法人的合法权益;诚实信用等原则。但又应考虑到医患关系毕竟是一种特殊的民事法律关系,因而在处理医疗事故时又有着须特别强调的一面。

问题 3 　**医疗事故赔偿方式**

我国对医疗事故受害者实行一次性结算经济赔偿原则。经确定为医疗事故的,由医疗机构按照医疗事故等级、造成医疗事故的情节和患者的情况等,给予受害者一次性经济赔偿。由于部分医疗事故的受害者存在后续治疗及其费用问题,法院不能解决尚未发生的损失作出赔偿判决,因此,在处理这部分患者的相关费用时,应综合、客观的予以考虑。目前一些地方正在推行医疗伤害保险制度,这既解决了医疗事故赔偿资金的来源,也提高了医疗事故赔偿标准,同时也加强了社会医疗风险意识。

【工作任务 5】

陈某,女,居住在杭州,到山东旅游期间因突发阑尾炎在山东甲医院手术,其后因其刀口久久难以愈合,出现严重的感染被迫送至上海乙医院治疗,在乙医院的手术中发现患者腹腔内有一块医用纱布,患者目前的损伤也是因这块纱布所造成的,陈某遂与甲医院和乙医院发生纠纷。考虑到自己方便,陈某向杭州市医学会提出医疗事故技术鉴定申请,但被告知不予受理。

问题 1 　**医疗事故的技术鉴定机构与鉴定的提起**

医疗事故的技术鉴定工作规定由医学会负责。我国医学会是指由医学科学工作人员、医疗技术人员等中国公民、医学科研组织、医疗机构等单位自愿组成,为实现会员的共同意愿,按照其章程开展活动的非盈利性医学社会组织,它是独立存在的社会团体法人,与任何机关和组织都不存在管理上的、经济上的、责任上的必然联系和利害关系,其权威性使在我国现阶段的医疗事故的技术鉴定工作中具备了专业性、中介性、客观性的条件。

设区的市级地方医学会和省、自治区、直辖市直接管理的县(市)地方医学会负责组织首次医疗事故技术鉴定工作。省、自治区、直辖市地方医学会负责组织再次鉴定工作。中华医学会仅负责组织在全国有重大影响的、复杂和疑难的医疗事故的鉴定。

启动医疗事故技术鉴定程序的方式有三种：一是卫生行政部门接到医疗机构发生重大医疗过失行为的报告或医疗事故争议当事人要求处理争议的申请后，对需要进行医疗事故技术鉴定的，由卫生行政部门移交医学会组织专家鉴定组鉴定；二是医患双方协商解决医疗事故争议，需要进行医疗事故技术鉴定的，由双方当事人共同委托医学会组织专家鉴定组鉴定；三是人民法院受理医患纠纷相关案件后，应当事人的请求或自行决定将涉案医疗行为委托医学会进行医疗事故的技术鉴定。

问题 2　专家鉴定组的产生

医学会要承担起医疗事故的技术鉴定工作，应依法建立由高级医学及相关学科专家聚集而成的鉴定专家库。

医疗事故技术鉴定由专家组成的专家鉴定组负责进行。组成鉴定专家组的专家，由双方当事人在医学会的主持下，从医学会建立的专家库中随机编号、等量抽取，最后一名专家由医学会抽取（保证单数），组长由组员推举或由最高专业技术职务者担任。入选鉴定专家库的专家必须是依法取得相应执业资格的医疗卫生专业技术人员，应具备良好的业务素质和执业品德，必须具有一定的资历和工作经验。医疗事故技术鉴定专家库，不受行政区域限制。

医疗事故技术鉴定过程中专家回避的三种情形有：医疗事故争议当事人或者当事人近亲属；与医疗事故争议有利害关系；与医疗事故争议当事人有其他关系，可能影响公正鉴定的。

问题 3　医疗事故技术鉴定的内容

1. 医疗行为是否违反了医疗技术标准和规范　医疗技术标准和规范是诊疗护理的准则，遵守医疗技术标准和规范是医疗活动的基本要求，也是保证医疗质量的基本条件。

2. 医疗过失行为与医疗事故争议的事实之间是否存在因果关系　医疗过失行为是指违反医疗技术标准和规范的医疗行为。医疗事故争议是指患者对医疗机构的医疗行为的合法性提出争议，并认为不合法的医疗行为导致了医疗事故。

3. 医疗过失行为在医疗事故中的责任程度　由于患者的病情轻重和个体差异，相同的医疗过失行为在造成的医疗事故中所起的作用并不相同，目前暂分为完全责任、主要责任、次要责任、轻微责任四种。

问题 4　医疗事故技术鉴定的原则

1. 依法鉴定　专家鉴定组通过审查、调查，在弄清事实、证据确凿的基础上，综合分析患者的病情和个体差异，经过充分论证，审慎地作出相关医疗行为是否违法的结论,整个过程应依法进行。

2. 独立鉴定 医疗事故技术鉴定本质上说是一种医学辨别与判定,它应当尊重科学、尊重事实。在独立作出鉴定结论的过程中,不应受到医患双方或任何第三方的非法影响或干扰,以保证鉴定结论的科学、公正与客观。

3. 实行合议制 医疗事故技术鉴定是由若干专家组成的专家鉴定组来完成的。由于医学科学本身的特殊的复杂性,加之鉴定专家个人对疾病的认识存在着思维方式的不同,看问题的角度不同,关注的重点不同以及可能存在的一定的认识盲点和误区,将难免使鉴定过程中出现认识上的不一致,即使经过认真分析,仍可能无法达成共识,这时,法律要求在充分讨论的基础上,通过表决,以超过半数成员的意见作为鉴定结论,少数人的意见也应该记录在案。通过这种合议制以最大限度地保证鉴定结论的客观与公正。

4. 当事人参与 当事人参与技术鉴定是多方面的。除有权选择鉴定专家,当事人参与还表现在专家库中随机抽取专家组成鉴定组,可以要求自己不信任的鉴定专家回避,有权向专家鉴定组提供相关材料、陈述意见、进行辩护,并可以就有关物品及材料要求进行技术检验。

问题 5 **医疗事故技术鉴定的材料**

医患双方在收到医学会接受鉴定申请通知之日起 10 日内向医学会提交下列材料:①对医疗事故争议的书面陈述、申辩;②病程记录、死亡病历讨论记录、疑难病历讨论记录、会诊意见、上级医师查房记录等病历资料原件、复印件;③门诊病历、住院病历、体温单、医嘱单、化验单(检验报告)、医学影像检查报告、特殊检查同意书、手术同意书、手术及麻醉记录单、病理报告单等病历资料原件、复印件;④抢救结束后补记的病历资料原件;⑤封存保留的输液、血液、注射剂、药物、医疗器械等实物,或者技术检验部门的检验报告;⑥与医疗事故技术鉴定有关的其他材料。

医学会应当自接到当事人提交的、有关医疗事故技术鉴定的材料、书面陈述及答辩之日起 45 日内组织鉴定并出具医疗事故技术鉴定书。

问题 6 **医疗事故技术鉴定的结论**

医疗事故技术鉴定专家组应当在医疗事故技术鉴定结论中体现以下几个方面:

①医疗行为是否违反医疗管理法律、法规、规章和诊疗护理规范、常规。

②医疗过失行为与医疗事故争议的事实之间是否存在因果关系。

③医疗过失行为在医疗事故中的责任程度。

④医疗事故的等级。

医疗事故技术鉴定书内容一般包括:双方当事人一般情况、当事人提交的材料和医学会的调查材料、对鉴定过程的说明、双方争议的主要事项、主要分析意见、鉴定结论、对医疗事故当事人的诊疗护理医学建议、鉴定时间等。

医疗事故鉴定结果及相应材料医学会至少存档 20 年。

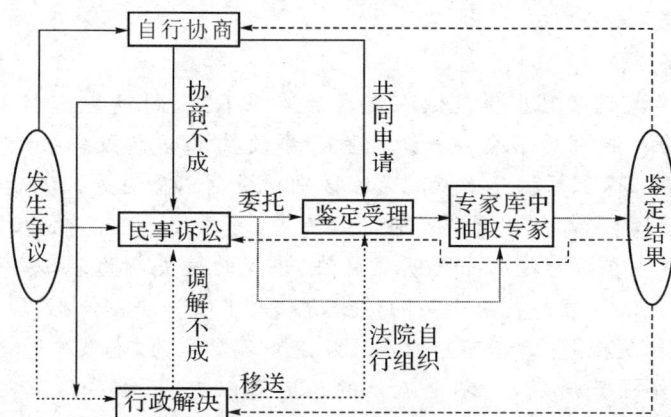

医疗事故技术鉴定流程图

问题 7　**五种情况医疗事故鉴定专家组可以不受理**

下述五种情况医学会可以不受理鉴定的委托或申请：

①当事人一方直接向医学会提出鉴定申请。

②医疗事故争议涉及多个医疗机构,其中一所医疗机构所在地的医学会已经受理。

③医疗事故争议已经由人民法院调解达成协议或判决。

④当事人已经向人民法院提起民事诉讼(司法机关委托的除外)。

⑤ 非法行医造成患者身体健康损害。

【工作任务 6】

某医院医生洪某赴外地旅游,在火车上遇到一男童因花生米呛至气管发生窒息,洪某对其采取倒立拍背、负压吸引等措施进行抢救均无效,情急之中,洪某在征得男童父母同意的情况下,用水果刀切开男童气管,并插入一支笔管以利于呼吸,男童窒息险情排除,但气管切开引起切口感染,且失血较多,颈部留下瘢痕。

问题　**不属于医疗事故的情形**

六种情形不属于医疗事故,包括：

①在紧急情况下为抢救垂危患者生命而无法按照常规采取的急救措施造成不良后果的。

②在诊疗过程中由于病情异常或者患者体质特殊而发生医疗意外的。

③现有医学科学技术无法预料、防范的不良后果的。

④无过错输血感染造成的不良后果的。

⑤因患方原因延误诊疗导致不良后果的。

⑥因不可抗力造成不良后果的。

【工作任务 7】

2002 年,李某到某县中医院做人流术后流血不止,到市某三甲医院看专家门诊,医生诊断为人流术后不全流产。经医疗事故技术鉴定报告书,鉴定结论同意"不全流产"的诊断,但根据患者病况无法区别是吸刮不全还是人流后再孕流产;患者出现的一系列损害都与未得到及时治疗有关,其原因是医患双方均没有采取积极态度所致;医方在诊疗过程中无明显违法、违规的过失行为;但本例不构成医疗事故。该县人民法院据此判决李某的诉讼请求无事实和法律依据,驳回诉讼请求。李某不服一审判决提起上诉,市中级人民法院审理后认为,本案中患者李某术后流血不止是由不全流产造成,而不全流产的原因难以查明,被告医院对此并未能举证。最终二审判决:撤销该县人民法院驳回李某诉讼请求的判决,由该县中医院承担相应的损害赔偿责任。

问题 1　举证责任的法律内涵

举证责任,是指法律预先规定,在案件的真实情况难以确定的情况下,由一方当事人提供证据予以证明,如果其提供不出证明相应事实情况的证据,则承担败诉及不利后果的制度。2001 年 12 月 6 日,最高人民法院审判委员会第 1 201 次会议通过了《最高人民法院关于民事诉讼证据的若干规定》,并于同月 21 日公布,自2002 年 4 月 1 日起施行。该规定第 4 条的第八点规定,因医疗行为引起的侵权诉讼,由医疗机构就医疗行为与损害结果之间不存在因果关系及不存在医疗过错承担举证责任。

问题 2　医疗机构的举证规则

根据医疗事故纠纷引起的诉讼中的举证原则,医院方面进行举证的目的在于证明自己的行为与原告方的损害结果没有因果关系以及不存在过错等,因此医院方面在证明医疗行为与后果关系,医疗行为无过错的时候适用举证责任倒置。对医疗事故案件实行举证责任倒置,一方面发挥了医院方面的技术优势,相对患者方面,医院掌握了丰富的医学科学知识,让医院方面承担技术上的举证责任,可以更好地保护弱势患者群体的权益,维护法律的公正、公平,另一方面,对医疗机构而言,可以促使他们增强其责任心、遵守诊疗护理规范,培养良好的职业道德以及守法意识,以及在工作中自觉地去规范执业性的主动性。

根据我国《民法通则》,一般构成侵权行为要有 4 个要件:行为人的行为有违法性;行为人有主观过错;有损害结果;违法行为与损害结果有因果关系。在分配举证责任上,要求医疗机构就医疗行为与后果关系,医疗行为无过错两个要件承担责任,因此在举证中,并不是所有的证据都需要医院方面举证,但需要注意的是,医疗机构在无过错举证中,目前实行的法人责任和雇员责任应当是替代责任,也就是说雇员的责任应当由法人承担,所以医疗机构在抗辩时,不能只说该医生有执业资格,是合格的医生,仅仅这样是不能免责的,而应运用医学科学知识,对疾病的认知,是否遵守"知情原则"等方面来证明医生和医院无过错。同时,医疗机构要对患者的权益和义务了解,才能在抗辩中合理的承担"举证责任倒置"的义务。根据该规则,医疗机构除了承担医疗行为与损害结果之间不存在因果关系及不存在医疗过错进行举证之外,仍需要对其他的事实进行举证,适用的原则是我国民法所要求的"谁主张,谁举证"。

问题 3　患方的举证规则

在医疗损害纠纷引起的诉讼中,实行举证责任倒置对于弱势的患者方面无疑是提供了有力的法律救济,减轻了举证责任,体现了公正、公平的司法原则。但根据该规则,并不意味着患者方面不需要承担任何举证责任,患者方面仍然需要对诉讼成立要件的部分事实负举证责任。患者方面需要对自己的主张,做一些事实上的举证,仍有举证的责任和义务,如患者方面起诉时要有诉讼证据,提出主张时也要有相对人、机构损害等证据和要求赔偿的证据等等,

医疗损害纠纷中的因医疗行为引起的侵权诉讼中的的主要问题举证责任分配如下:

争议问题	举证责任分配	适用原则
当事人身份	各自自行举证	谁主张,谁举证
存在医疗行为	原告	谁主张,谁举证
不存在医疗行为	被告	谁主张,谁举证
医疗行为和后果关系	被告	举证责任倒置
损害结果存在	原告	谁主张,谁举证
损害结果不存在	被告	谁主张,谁举证
损害结果的程度	原告	谁主张,谁举证
医疗行为无过错	被告	举证责任倒置
患者存在过错	被告	谁主张,谁举证

【工作任务 8】

2010 年 2 月 6 日凌晨,小梅(化名)到宁波某医院待产。当天医生诊断,小梅胎膜早破,且腹中婴儿可能是巨大儿,但她没选择剖宫产。下午两点,小梅顺产生下一名女婴。但孩子出生后,右臂却不太正常。"小孩出来时没哭,我问医生什么原因。他说,助产员接生时,力气用大了,可能伤到小孩胳膊了。"小梅说,当时许多亲

友来探望,她没时间与医生交涉。"晚上发现真有问题,右手垂下来后不会抬起来,捏她的手也没反应,一直哭。"小梅向医生反映,可直到第二天,对方也没给答复。

一周后,医院手外科医生给孩子做了检查,说手臂神经损伤。经过上海医学专家诊断,孩子右臂丛神经损伤,损伤几乎无法恢复。小梅夫妇认为,小雅落下残疾,宁波这家医院医疗行为存在过错。夫妇俩多次与院方交涉,但赔偿数额无法达成一致。

2011年年初,小梅夫妇以女儿的名义,将这家医院告上法庭,要求赔偿医疗费、交通住宿费等共计15.9万元。经双方同意,宁波市医学会进行医疗事故鉴定。7月15日鉴定结论为:属于三级戊等医疗事故,院方承担主要责任。

法院在审理中认定医院主要有几个过错:首先,查出胎儿存在巨大儿的可能后,应告知小梅剖宫产的必要性,建议剖宫产,并详尽告知顺产风险。其次,小梅分娩发生难产后,医院在接生过程中,助产手法不当。第三,医院没有及时发现孩子手臂损伤,对小雅右臂功能恢复也可能造成了一定影响。但是,小梅在院方以书面形式告知生产过程中的风险后,没有选择剖宫产,也应负部分责任。最后,法院判医院承担90%赔偿责任,赔偿小雅医疗费、残疾者生活补助费等共计9.4万元。

问题1 医疗事故的行政责任

卫生行政部门接到医疗机构关于重大医疗过失行为的报告后未及时组织调查的;接到医疗事故争议的处理申请后,未在规定时间内审查或者移送上一级政府卫生行政部门处理的;未将应当进行医疗事故技术鉴定的重大医疗过失行为或者医疗事故争议移交医学会组织鉴定的;未依法逐级将当地发生的医疗事故以及依法对发生医疗事故的医疗机构和医务人员的行政处理情况上报的以及未依法审核医疗事故技术鉴定书,由上级卫生行政部门给予警告并责令限期改正,情节严重的,对负有责任的主管人员和其他直接责任人员依法给予行政处分。

医疗机构发生医疗事故的,由卫生行政部门根据医疗事故的等级和情节,给予警告。情节严重的,责令限期停业整顿直至由原发证部门吊销执业许可证。对负有责任的医务人员依法给予行政处分或纪律处分,对发生医疗事故的有关医务人员,卫生行政部门还可以责令暂停6个月以上1年以下执业活动,情节严重的,应吊销其执业证书。

如果医疗机构未如实告知患者病情、医疗措施和医疗风险的;没有正当理由,拒绝为患者提供复印或者复制病历资料的;未按国务院卫生行政部门规定的要求书写和妥善保管病历资料的;未在规定时间内补记抢救工作病历内容的,未依法封存、保管和启封病历资料和实物的;未设置医疗服务质量监控部门或配备专(兼)职人员的;未制定有关医疗事故防范和处理预案的;未在规定时间内向卫生行政部门报告重大过失医疗行为的;未依法向卫生行政部门报告医疗事故以及未按规定进行尸检和保存、处理尸体的,卫生行政部门将责令其改正,情节严重的,对负有责任的主管人员和其他直接责任人员依法给予行政处分或纪律处分。

医疗机构或者其他有关机构,如应由其承担尸检任务又无正当理由而拒绝进行尸检的以及涂改、伪造、隐匿、销毁病历资料的,由卫生行政部门责令改正,给予警告,对负有责任的主管人员和其他直接责任人员依法给予行政处分或纪律处分,情节严重的,由原发证部门吊销其执业许可证或资格证书。

问题 2 **医疗事故的刑事责任**

卫生行政部门的工作人员在处理医疗事故的过程中违反法律的规定,利用职务上便利收受他人财物或者其他利益,滥用职权,玩忽职守,或发现违法行为不予查处,造成严重严重后果的,依照刑法关于受贿罪、滥用职权罪、玩忽职守罪或者其他有关罪的规定,依法追究刑事责任。

医疗机构发生情节严重的医疗事故的,对负有责任的医务人员依照《刑法》第335 条关于医疗事故罪的规定,依法追究刑事责任。参加医疗事故鉴定的人员违反纪律的规定,接受申请鉴定双方或一方当事人的财物或者其他利益,出具虚假医疗事故技术鉴定书,造成严重后果的,依照刑法关于受贿罪的规定,依法追究刑事责任。以医疗事故为由,寻衅滋事,抢夺病历资料,扰乱医疗机构正常医疗秩序和医疗事故技术鉴定工作,依照刑法关于扰乱社会秩序罪的规定,依法追究刑事责任。非法行医,造成患者人身损害,不属于医疗事故,触犯刑律的,依法追究刑事责任。

问题 3 **医疗事故的民事责任**

医疗事故中的民事责任通常是指医疗机构因发生医疗事故应向患方承担民事赔偿责任。医疗事故的损害后果是对自然人生命健康权的侵害,对公民生命健康权的损害赔偿是针对损伤公民健康权所造成的财产损失的赔偿,其实质是一种经济责任。《医疗事故处理条例》根据我国关于人身损害的民法原则提出了确定医疗事故赔偿具体数额基本原则:

(一)医疗事故赔偿数额应当与具体案件的医疗事故等级相适应的原则

医疗事故的等级体现了患者人身遭受损害的实际程度,是对受害人身致伤、致残及其轻重程度的客观评价。医疗事故具体赔偿数额与医疗事故等级相适应,体现了医疗损害赔偿的公平性和合理性。

(二)医疗事故赔偿数额应当与医疗行为在医疗事故损害后果中的责任程度相适应的原则

医疗事故与医疗过失责任程度相适应的原则,是说在医疗方所承担的赔偿份额,应当与其过错行为对损害后果的作用相一致。体现了医疗事故赔偿适用的"过错原则",过错原则是医疗事故赔偿的一个基本原则。这就是明确医疗事故的赔偿责任,首先必须确定医疗行为本身是否有过错,有过错也不意味着承担全部责任,还要看过错行为对受损害方受损害结果所占的责任程度的大小。这一原则要求确定医疗事故赔偿时,应当实事求是,客观地分析患者原有疾病状况对医疗事故损害后果的影响因素以及其与损害结果之间关系,免除医疗主体不应承担的赔偿成分,体现了法律的公平性,以及责任方应承担责任份额时以事实为根据以法律为准绳的法治原则。

【延伸阅读】

根据 2002 年 4 月 1 日施行的《最高人民法院关于民事诉讼证据的若干规定》,下列侵权诉讼按照以下规定承担举证责任:1. 因新产品制造方法发明专利引起的专利侵权诉讼,由制造同样产品的单位或者个人对其产品制造方法不同于专利方法承担举证责任;2. 高度危险作业致人损害的侵权诉讼,由加害人就受害人故意造成损害的事实承担举证责任;3. 因环境污染引起的损害赔偿诉讼,由加害人就法律规定的免责事由及其行为与损害结果之间不存在因果关系承担举证责任;4. 建筑物或者其他设施以及建筑物上的搁置物、悬挂物发生倒塌、脱落、坠落致人损害的侵权诉讼,由所有人或者管理人对其无过错承担举证责任;5. 饲养动物致人损害的侵权诉讼,由动物饲养人或者管理人就受害人有过错或者第三人有过错承担举证责任;6. 因缺陷产品致人损害的侵权诉讼,由产品的生产者就法律规定的免责事由承担举证责任;7. 因共同危险行为致人损害的侵权诉讼,由实施危险行为的人就其行为与损害结果之间不存在因果关系承担举证责任;8. 因医疗行为引起的侵权诉讼,由医疗机构就医疗行为与损害结果之间不存在因果关系及不存在医疗过错承担举证责任。

【拓展练习】

1. 结合本项目,谈谈对医疗事故法律内涵的认识。
2. 结合本项目,谈谈对医疗事故技术鉴定原则的理解。
3. 结合本项目,谈谈对医疗损害纠纷的处理途径。

项目 10　母婴保健的法律规定

【岗位技能要求】

本项目主要针对妇幼保健管理等岗位,具体技能要求:

1. 能够熟练分析婚前保健服务、孕产期保健服务的内容。

2. 能够清楚分析母婴保健的法律责任。

【工作任务 1】

《世界人权宣言》提出了"母亲和儿童有权享受特别照顾和协助"的原则。1989年,联合国通过的《儿童权利公约》目前已有 191 个国家批准了该公约。中国是参与起草并较早批准公约的国家。2002 年 5 月儿童问题特别联大召开,并通过了《适合儿童生长的世界》的决议,明确了在保健、教育、保护和艾滋病防治 4 个领域保护儿童权益、改善儿童生存条件的原则和目标。

问题 1　　母婴保健立法情况

母婴保健法是调整保障母亲和婴儿健康、提高出生人口素质活动中产生的各种社会关系的法律规范的总和。1994 年 10 月 27 日,八届全国人大常委会第 10 次会议通过了《中华人民共和国母婴保健法》(以下简称《母婴保健法》),自 1995 年 6 月 1 日起施行。这是我国第一部保护妇女和儿童健康,提高出生人口素质的法律。2001 年 6 月 20 日国务院发布了《中华人民共和国母婴保健法实施办法》。《母婴保健法》及有关法规、规章的颁布实施,对于提高人口素质,改善农村和边远贫困地区妇女儿童的健康状况,实现我国政府对国际社会的承诺,发展我国妇幼卫生事业,保障妇女儿童健康,促进家庭幸福、民族兴亡和社会进步发挥了积极作用。

问题 2　　母婴保健法的调整对象和工作方针

1. 调整对象　母婴保健法的调整对象既包括从事母婴保健服务活动和机构及其人员,也包括母婴保健服务的对象和当事人。从事计划生育技术服务的机构开展计划生育技术服务活动,依照《计划生育技术服务管理条例》的规定执行。

2. 工作方针　母婴保健工作以保障为中心,以保障生殖健康为目的,实行保健和临床相结合,面向群体、面向基层和预防为主的工作方针。

【工作任务 2】

2003 年 10 月 13 日,疑染艾滋病的四川姑娘周小燕(化名)与香港人梁永浩(化名)在四川省民政厅婚姻登记处办理手续。据四川省民政厅婚姻登记处负责人介绍,周小燕与梁永浩两人是在 9 月 22 日前往该处办理结婚手续的。该处根据《婚姻登记条例》规定,为其开具了婚前医学检查介绍信,让其前往指定医院婚检。次日,负责婚检的成都某妇幼保健院发现,周小燕在艾滋病筛查实验呈阳性反应,需进一步复检,是否将此告诉男方曾一度成为婚检医生和婚姻登记处共同的苦恼。得知结果的周小燕表示不愿再做复查,随后和男友一起"失踪"。10 月 9 日,即新《婚姻登记条例》实行的第 9 天,周小燕与梁永浩第二次来到婚姻登记处办理手续,根据新条例,此时登记结婚已无须强制婚检。由于无法确认男方是否知情,该处对此事尤为慎重。在周梁二人出具了一张按了手印的证明,内容为"本人(梁永浩)知道周小燕病情自愿结婚,后果自负","本人(周小燕)已知病情,要求结婚",登记处为他们办理了手续。

> 问题 **婚前保健服务内容**

婚前保健服务,是指对准备结婚的男女双方,在结婚登记前所进行的婚前医学检查、婚前卫生指导和婚前卫生咨询服务。

(一)婚前卫生指导

婚前指导,是指对准备结婚的男女双方进行的以生殖健康为核心,与结婚和生育有关的保健知识的宣传教育。婚前卫生指导主要包括:

1. 有关性卫生的保健和教育。
2. 新婚避孕知识及计划生育指导。
3. 受孕前的准备、环境和疾病对后代影响等孕前保健知识。
4. 遗传病的基本知识。
5. 影响婚育的有关疾病的基本知识。
6. 其他生殖健康知识。

(二)婚前卫生咨询

婚前卫生咨询包括婚配、生育保健等问题的咨询。医师应当为服务对象提供科学的信息,对可能产生的后果进行指导,并提出适当的建议。

(三)婚前医学检查

医疗保健机构对准备结婚的男女双方可能患影响结婚和生育的疾病进行医学检查。婚前医学检查项目包括询问病史,体格检查,常规辅助检查和其他特殊检查。经婚前医学检查,医疗保健机构应当向接受婚前检查的当事人出具婚前医学检查证明,并应列明是否发现下列疾病:

1. 在传染期内的制定传染病。
2. 在发病期内的有关精神病。
3. 不宜生育的严重遗传性疾病。
4. 医学上认为不宜结婚的其他疾病。

经婚前医学检查,发现患有指定传染病在传染期内或者有关精神病在发病期内的,医师应当提出医学意见。准备结婚的男女双方应当暂缓结婚,医疗保健机构应当为其治疗提供医疗服务。对诊断患医学上认为不宜生育的严重遗传疾病的,医师应当向男女双方说明情况,提出医学意见,经男女双方同意,采取长效避孕措施或者施行结扎手术后不生育的,可以结婚,但《婚姻法》规定禁止结婚的除外。

婚前医学检查由县级以上妇幼保健院或经设区的市级以上卫生行政部门指定的医疗机构承担,不宜生育的严重遗传性疾病的诊断由省级卫生行政部门指定的医疗保健机构负责。医疗保健机构对婚前医学检查不能确诊的,应当转诊,当事人也可以到卫生行政部门许可的医疗医疗保健机构进行确诊。接受婚前医学检查人员对检查结果持有异议的,可以申请医学技术鉴定,取得医学鉴定证明。

2003 年国务院颁布的《婚姻登记条例》对婚前检查未作规定,结婚登记时不再要求婚前医学检查证明,婚检与否,只是个人的自由选择,这是充分尊重个人隐私权的表现。

【工作任务 3】

据 2007 年《长沙晚报》报道,烨子(化名)怀孕后被确诊感染了艾滋病。从妊娠7 个月开始,烨子在专家的指导下,开始服用抗病毒药物。在其后的多次产前检查中,烨子各器官功能处于正常状况。2006 年 11 月下旬,某医院妇产科把烨子接进为其特设的病房,并采取了必要的保护隔离措施。11 月 28 日,烨子自然分娩一男婴。男婴在接受奶瓶喂抗病毒药物后,进行了一系列化验和检查,显示各方面均正常,血液中艾滋病毒核酸检测为零,CD4、CD8 细胞计数和比率均在正常范围。6 月底,医院为男婴进行了产后第二次全面体检。检查显示,男婴各项生长发育指标和实验室化验完全正常。

问题　**孕产期保健服务内容**

医疗保健机构应当开展母婴保健指导、孕产妇保健、胎儿保健和新生儿保健、为孕龄妇女和孕产妇提供有关避孕、节孕、生育、不育和生殖健康的咨询和医疗保健服务。通过系列保健服务,为产妇提供科学育儿、合理营养和母乳喂养的指导,同时提供对婴儿进行体格检查和预防接种,逐步开展新生儿疾病筛查、婴儿多发病和常见病等医疗保健服务。

（一）母婴保健指导

母婴保健指导，是指对孕育健康后代以及严重遗传性疾病和碘缺乏病的发病原因、治疗和预防方法提供医学意见。

1. 孕产妇保健

孕产妇保健主要包括：①为孕产妇建立保健手册（卡），定期进行产前检查。②为孕产妇提供卫生、营养、心理等方面的医学指导和咨询。③对高危孕妇进行重点监护、随访和医疗保健服务。④为孕产妇提供安全分娩技术服务。⑤定期进行产后访视，直到产妇科学喂养婴儿。⑥提供避孕咨询指导和技术服务。⑦对产妇及其家属进行生殖健康教育和科学育儿知识教育。⑧其他孕产期保健服务。

2. 胎儿保健　是指为胎儿生长发育提供监护，提供咨询和医学指导。

3. 新生儿保健　主要内容是：①按照国家有关规定开展新生儿先天性、遗传性代谢病筛查、诊断和检测。②对新生儿进行访视，建立儿童保健手册（卡），定期对其进行健康检查，提供有关预防疾病、合理用膳、促进智力发育等科学知识，做好婴儿多发病、常见病防治等医疗保健服务。③按照规定的程序和项目对婴儿进行预防接种。④推行母乳喂养。

（二）医学指导和医学意见

医疗保健机构发现孕产妇有下列严重疾病或者接触物理、化学、生物等有毒、有害因素，可能危及孕妇生命安全或者可能严重影响孕妇健康和胎儿正常发育的，应当对孕妇进行医学指导：①严重的妊娠并发症；②严重精神性疾病；③国务院卫生行政部门规定的严重影响生育的其他疾病。医生发现或者怀疑患严重遗传性疾病的育龄夫妻，应当提出医学意见，对限于医疗技术条件难以确诊的，应当向当事人说明情况并向上级转诊；育龄夫妇根据医师的医学意见可以自愿采取避孕、节育、不孕等相应的医学措施。

（三）产前诊断

产前诊断，是指对胎儿进行先天性缺陷和遗传性疾病的诊断。医疗机构发现孕妇有下列情形之一的，应当对其进行产前诊断：①羊水过多或过少；②胎儿发育异常或胎儿有可疑畸形；③孕早期接触过多可能导致胎儿先天缺陷的物质；④有遗传病家族史或曾经分娩过先天性严重缺陷的婴儿；⑤初产妇年龄超过 35 周岁的。

育过严重遗传性疾病或严重缺陷患儿的，再次妊娠前，夫妇双方应当按照国家有关规定到医疗保健机构进行医学检查。医疗保健机构应当向当事人介绍有关遗传性疾病的知识，给予咨询指导。对确诊患有医学上认为不宜生育的严重遗传性疾病的，医师应当向当事人说明情况，并提出医学意见。

（四）终止妊娠

经产前检查和产前诊断，医师发现胎儿有下列严重缺陷或者孕妇患有严重疾病和严重遗传性疾病的,应当向夫妻双方说明情况,并提出采取终止妊娠措施的医学意见:①无脑畸形、脑积水、脊柱裂、脑脊膜膨出等;②内脏膨出或内脏外翻;③四肢短小畸形;④其他严重的胎儿畸形。需施行终止妊娠的,应当经本人同意,并签署意见,本人无行为能力的,应当经其他监护人同意,并签署意见。根据规定,监护人包括:配偶、父母、成年子女、其他近亲属;关系密切的其他亲属,朋友愿意承担监护责任,经精神病人的所在单位或者住所地的居民委员会、村民委员会同意的也可以担任监护人。没有上述人可以担任监护人的,有精神病人的所在单位或者住所地的居民委员会、村民委员会或者民政部门担任监护人。依法实行终止妊娠或者结扎手术的,接受免费服务。

（五）新生儿出生医学证明

医疗保健机构和从事家庭接生的人员应当按照国务院卫生行政部门的规定,出具统一制发的新生儿出生医学证明。有产妇和婴儿死亡及新生儿出生缺陷的,应当向卫生行政部门报告。

（六）严禁采用技术手段对胎儿进行性别鉴定

严禁采用技术手段对胎儿进行性别鉴定。对怀疑胎儿可能有遗传病,需要进行性别鉴定的,由省级卫生行政部门制定的医疗保健机构按照卫生部的规定进行鉴定。

【工作任务 4】

宁波天一阁收藏的唐代《医疾令》中记载当时的临床分科已有大小方脉科、疮肿科、伤折科、产科、眼科、口齿科、针科、灸科等 13 科之多。还有更"细枝末节"的,如《医疾令》中还规定,妇女生产有专门经过培训的女医,即妇科医生,并规定要求年龄在 20 至 30 岁之间的女性担任。这在现存的其他唐代史料中是未见记载的。

问题 1 **医疗保健机构**

医疗保健机构,是指依据《母婴保健法》开展母婴保健业务的各级妇幼保健机构以及其他开展母婴保健技术服务的机构。

《母婴保健法》规定,医疗保健机构依法开展婚前医学检查、遗传病诊断、产前诊断以及施行结扎手术和终止妊娠手术的,必须符合国务院卫生行政部门规定的条件和技术标准,并经县级以上地方人民政府卫生行政部门许可。

1. 医疗保健机构开展婚前医学检查,应当具备以下条件:分别设置专用的男、女婚前医学检查室,配备常规检查和专科检查设备;设置婚前生殖健康宣传教育室;具有符合条件的进行男、女婚前医学检查的医师,并经设区的市级以上卫生行政部门许可,取得母婴保健技术服务执业许可证。

2. 医疗保健机构和其他开展母婴保健技术服务的机构开展助产技术服务、结扎手术和中止妊娠手术,必须经县级卫生行政部门许可,并取得相应的合格证书。

3. 医疗保健机构开展遗传病诊断和产前诊断,不须经省级卫生行政部门许可,取得相应的合格证书。母婴保健技术服务执业许可证的有效期为3年。

问题2　母婴保健人员

从事母婴保健工作的执业医师应当依照《母婴保健法》的规定取得相应的资格。在医疗保健机构从事母婴保健技术服务的人员以及从事家庭接生的人员,应当参加卫生行政部门组织的母婴保健法知识培训和业务培训,凡符合卫生行政部门规定的技术人员标准,经考核并取得卫生行政部门颁发的母婴保健技术考核合格证和家庭接生技术合格证书后方可从事母婴保健技术工作:①从事遗传病诊断和产前诊断的人员,须经省级人民政府卫生行政部门许可;②从事婚前医学检查的人员,须经设区的市级人民政府卫生行政部门许可;③从事助产技术服务、结扎手术和终止妊娠手术的人员以及从事家庭接生的人员,须经县级人民政府卫生行政部门许可。以上各许可证的有效期为3年。

问题3　母婴保健管理

国家发展母婴保健事业,提供必要条件和物质帮助,使母亲和儿童获得医疗保健服务;各级人民政府领导母婴保健工作。各级人民政府必须采取措施,加强对母婴保健工作的领导和管理,包括:

1. 进一步完善母婴保健三级网络　为母婴保健机构提供必需的医疗设施和交通工具,提供配套资金;积极发展母婴保健领域的教育和科学研究,培养一支思想素质好、技术水平高的专业队伍,同时注意对基层母婴保健工作的培训,以确保母亲和婴儿获得优质的保健服务。

2. 创造良好的母婴生存环境　采取积极措施,治理污染,保护环境,重点防治因环境因素所致的严重危害孕妇、胎儿、新生儿健康的地方性高发性疾病。

3. 执行母婴保健工作的许可制度　政府有关部门在各自的职责范围内要配合卫生行政部门做好母婴保健工作,促进母婴保健事业的发展。

问题4　母婴保健工作管理机构及其职责

(一)国务院卫生行政部门及其职责

国家卫生和计划生育委员会主管全国母婴保健工作,并对母婴保健工作实施监督管理。其主要职责是:执行《母婴保健法》及其实施办法;制定《母婴保健法》配套规章及技术规范,并负责解释;按照分级分类指导原则制定全国母婴保健工作发展规划和实施步骤;组织推广母婴保健适宜技术并进行评价;对母婴保健工作进行监督管理。

（二）县级以上卫生行政部门及其职责

县级以上人民政府卫生行政部门管理本行政区域内的母婴保健工作,并实施监督。其主要职责是:按照国务院卫生行政部门规定的条件和技术标准,对婚前医学检查、遗传病诊断、产前结扎手术和终止妊娠手术单位进行审批和注册;对从事婚前医学检查、遗传病诊断、产前诊断、结扎手术和终止妊娠手术的人员以及从事家庭接生的人员进行考核,病颁发相应的证书;对《母婴保健法》及其实施办法的执行情况进行监督检查;依照《母婴保健法》及其实施办法进行行政处罚。

（三）母婴保健监督员职责

县级以上地方行政人民政府卫生行政部门根据需要可以设立母婴保健监督员。母婴保健监督员从卫生行政部门和妇幼保健院中聘任,由省级卫生行政部门审核,同级卫生行政部门发证。其主要职责:监督检查《母婴保健法》及其实施办法的执行情况;对违反《母婴保健法》及其实施办法的单位和个人提出处罚意见;提出改进母婴保健工作的建议;完成卫生行政部门交给的其他监督检查任务。

【工作任务 5】

2006 年 4 月 6 日上午,林某带着已超过预产期的妻子赵某来某诊所要求接生。内科医师单某在赵某是高龄产妇、超过预产期的情况下仍将赵某留在诊所内观察、准备接生。当日下午 2 时许,赵某出现昏迷等病危症状,被送到附近大医院进行抢救,经抢救无效于当天下午 4 时许死亡,经鉴定系羊水栓塞猝死。

问题 法律责任

（一）行政责任

医疗保健机构或者人员未取得母婴保健技术许可,擅自从事婚前医学检查、遗传病诊断、产前诊断、终止妊娠手术和医学技术鉴定或者出具有关医学证明的,又卫生行政部门给予警告、责令停止违法行为,没收违法所得;违法所得 5000 元以上的,并处违法所得 3 倍以上 5 倍以下的罚款;没收违法所得或者违法所得不足5000元的,并处 5000 元以上 2 万元以下的罚款。

从事母婴保健技术服务的人员出具有关虚假医学证明文件的,依法给予行政处分;有下列情形之一的,由原发证部门撤销相应的母婴保健技术执业资格或者医师执业证书:①因延误诊治,造成严重后果的;②给当事人身心健康造成严重后果的;③造成其他严重后果的。

违反《母婴保健法》规定进行胎儿性别鉴定的,由卫生行政部门给予警告、责令停止违法行为;对医疗保健机构直接负责的主管人员和其他直接责任人员,依法给予行政处罚。进行胎儿性别鉴定两次以上的或者以营利为目的进行胎儿性别鉴定的,由原发证机关撤销相应的母婴保健技术执业资格或者医师执业证书。

（二）民事责任

母婴保健工作人员在诊疗护理过程中,因诊疗护理过失,造成病员死亡、残废、组织器官损伤导致功能障碍的,应根据有关法律规定,承担相应的民事责任。

（三）刑事责任

取得相应合格证书的从事母婴保健工作人员由于严重不负责任,造成就诊人死亡或者严重损害就诊人身体健康的,依照《刑法》第335条医疗事故罪追究刑事责任。

未取得国家颁发的有关合格证书,包括取得合法行医资质而未取得《母婴保健法》规定的合格证书者和非法行医者,实施终止妊娠手术或者采取其他办法终止妊娠,致人死亡、残疾、丧失或者基本丧失劳动能力的,依照《刑法》第336条非法节育手术罪的有关规定追究刑事责任。

【延伸阅读】

自从2003年10月1日新《婚姻登记条例》开始实施,考虑到人性化和尊重隐私,取消了"凭婚前医学检查证明办理婚姻登记"的要求。但有数据表明,该规定实施后各地的婚检率迅速下跌,出生缺陷儿比例迅速上升,性病等传染病患者人数有所增加。对此,现在不少地方都在开始尝试推行婚检的福利化,公民婚检由政府支付费用,并通过积极的宣传提高社会大众对婚检的重要性的认识水平。

【拓展练习】

结合本项目,谈谈对婚前保健和孕产期保健法律规定的认识。

项目 11　血液管理的法律规定

【岗位技能要求】

本项目主要针对血液管理、疾病防控等岗位,具体技能要求:

1. 能够熟练分析无偿献血的法律界定。

2. 能够清楚分析临床用血、血站管理和解血液制品管理的法律规定。

3. 能够简单分析违反血液管理规定的法律责任。

【工作任务 1】

2008 年 10 月 9 日,小董三个月前意外怀孕,因为已经有了一个男孩,就到当地医院人工流产,在取胎盘的过程中小董大出血。由于小董是 RH 阴性 O 型血,属于罕见的稀有血型,当地医院难以救治。9 日上午 11 时许,小董被紧急转到山东某医院抢救。医院在验明小董的血型后,因其血型稀有,医院并无此类血液,遂向省血液中心求援。省血液中心在下午 1 点多接到医院的供血请求后,立即从冷冻库中取了仅有的 4 个单位(800 ml)的 RH 阴性 O 型血进行解冻,考虑到患者需血量较大,同时又组织了稀有血型志愿者进行采集。到下午两点多,7 个单位(1400 ml)的血液采集完毕。但按照法律规定,对采集的血液检验合格后才能使用,而这个过程至少需要 3 个小时,同时血液解冻也需要几个小时的时间。

由于出血过多而供血不及时,小董的病情加重,下午 3:35 和 3:50,出现两次心脏骤停,下午 4:05 又出现心跳异常。患者家属表示"不要等血液化验了,我们愿意承担输血后的一切后果,只要能救她的命……"。但医院方面称,必须要等到血液检验完毕才能输血。

下午 5:20,4 个单位(800 ml)的解冻血终于被送到病房,然而还没等到志愿者献出的 7 个单位(1400 ml)的血送来,小董已经抢救无效死亡。

问题 1　　我国血液管理立法情况

献血法是调整保证临床用血需要和安全,保障献血者和用血者身体健康活动中产生的各种社会关系的法律规范的总称。我国的无偿献血制度始于 20 世纪 70 年代后期,但由于历史原因发展缓慢。为了规范公民献血工作,1978 年,国务院批转了卫生部《关于加强输血工作的请示报告》,1996 年,国务院发布了《血液制品管理条例》,卫生部颁发了《全国血站工作条例》、《关于加强输血工作管理的若干规定》、《采血机构和血液管理办法》以及《血站基本标准》等,一些省、自治区、直辖市也制定了地方性法规或规章。1997 年 12 月 29 日,八届全国人大常委会第 29 次会议通过了《中华人民共和国献血法》(以下简称《献血法》),自 1998 年 10 月 1 日起施行。1998 年 9 月,卫生部根据献血法发布了《血站管理办法(暂行)》、《医疗机构临床用血管理办法(试行)》、《临床输血技术规范》等规章。1999 年,卫生部、中国红十字会总会颁布了《全国无偿献血表彰奖励办法》。《献血法》和配套法规的颁布实施,标志着我国血液管理进入到一个崭新的阶段。

问题 2   无偿献血的法律规定

(一)无偿献血的对象

提倡 18～55 周岁的健康公民自愿献血。提倡个人、家庭、亲友、单位及社会互助献血。鼓励国家工作人员、现役军人和高等学校在校学生率先献血,为树立社会新风尚作表率。

(二)无偿献血工作的组织与管理

无偿献血制度的推行是一项长期的工程,是社会的移风易俗,需要全社会的共同努力。《献血法》规定,地方各级人民政府领导本行政区域内的献血工作,统一规划并负责组织、协调有关部门共同做好献血工作。县级以上各级人民政府卫生行政部门监督管理献血工作,各级卫生行政部门要严格执行政策法规,建立监督制约机制,加大实施力度,狠抓血源管理,杜绝医疗单位私自采血和血液采供中的买卖行为,并配合公安部门对扰乱供血秩序的非法采供血行为予以坚决打击。

各级红十字会依法参与、推动献血工作。各级人民政府采取措施广泛宣传献血的意义,普及献血的科学知识,开展预防和控制经血液途径传播的疾病的教育。

新闻媒介应当开展献血的社会公益性宣传,向群众广泛宣传无偿献血的意义,营造舆论声势,通过各种形式,动员社会各界力量,进一步加强和促进广大人民对无偿献血的认识,提高全中的参与意识。

国家机关、军队、社会团体、企业事业组织、居民委员会、村民委员会,应当动员和组织本单位或者本居住区的适龄公民参加献血。

(三)采血与供血

血站是采集、提供临床用血的机构,是不以营利为目的的公益性组织。设立血站向公民采集血液,必须经国务院卫生行政部门或者省、自治区、直辖市人民政府卫生行政部门批准。血站应当为献血者提供各种安全、卫生、便利的条件。

血站对献血者必须免费进行必要的健康检查;身体状况不符合献血条件的,血站应当向其说明情况,不得采集血液。献血者的身体健康条件由国务院卫生行政部门规定。血站对献血者每次采集血液量一般为 200 ml,最多不得超过 400 ml,两次采集间隔期不少于 6 个月。

血站采集血液必须严格遵守有关操作规程和制度,采血必须由具有采血资格的医务人员进行,一次性采血器材用后必须销毁,确保献血者的身体健康。

血站应当根据国务院卫生行政部门制定的标准,保证血液质量。血站对采集的血液必须进行检测;未经检测或者检测不合格的血液,不得向医疗机构提供。

【工作任务 2】

2004 年 4 月初,王某因上消化道出血需要输血,输血前,医院对王某进行血液全套检查并采血送检,化验结果显示,血清梅毒抗体(TPHA)为阴性。此后,医院把 5 人所献的 A 型血经配血后输给了王某。2005 年 4 月 3 日,王某出院。同月 24 日重新入住该医院。2005 年 12 月,王某需要再次输血,输血前被告知,他的血清梅毒螺旋抗体(ELISE)为阳性。后经复查,其梅毒抗体仍旧为阳性。

为此,王某的妻子金某曾多次与医院交涉,要求澄清事实真相。医院调查后于 2006 年 2 月 21 日作出一份书面分析意见,认为"该病人是以前就有梅毒感染或接触可能,并非成分输血所致"。王某和妻子不同意此意见,将医院告上法庭。

法院审理后认为,在本案一审举证期间,医院没有提供相关证据,可直接推定是医院的输血不当行为导致王某血液中梅毒抗体呈阳性,应当承担损害赔偿责任。根据有关法律规定,法院判决医院向王某夫妇书面赔礼道歉,并赔偿王某夫妇精神损害抚慰金 6 万元。

问题 1　临床用血实行无偿献血制度

根据规定,目前我国血液管理将血液分为医疗临床用血和血液制品生产用血两部分分别进行管理。医疗临床用血实行无偿献血制度。

血液是指用于临床的全血、成分血。无偿献血的血液必须用于临床,不得买卖。献血者无偿提供临床用血,不允许任何单位和个人利用公民无偿捐献的血液谋取私利。

问题 2　临床用血的包装、储存、运输

临床用血的包装、储存、运输,必须符合国家规定的卫生标准和要求。如血袋的包装未标明采血日期或有效期就将影响临床使用的疗效,严重者可能将直接导致患者死亡。所以对于临床用血的包装、储存、运输等方面必须严格要求,以保证临床用血的质量以及输血者的身体安全。根据《采供血机构和血液管理办法》及《血站基本标准》对临床用血的包装、储存作了明确规定,采供血机构采集血液必须使用有生产单位名称和批准文号的采血器材,发出的血液必须标有供血者姓名、血型、品种、采血日期、有效期、采供血机构的名称及其许可证号。新鲜冰冻血浆储存温度 $-20\ ℃$ 以下,冰冻红细胞 $-70\ ℃$ 以下,血小板储存温度 $20\sim24\ ℃$。

问题 3   临床用血的核查和使用

医疗机构对临床用血必须进行核查,不得将不符合国家规定的血液用于临床。核查的主要内容应包括:

1. 确认病人的资料,包括病人姓名、住院号、病房病床号等,可通过询问病人或病人亲属的方式进行确认。确认病人的资料还包括核对病历、核对血型配型标签以及定血单,以确认血液(血液成分)的血型和病人是否相符。

2. 核查血液(血液成分)外包装上国家规定内容,核对血液的有效期限。

3. 核对后应在病人病历中记录输血日期、输血时间、输注的血液(血液成分)的单位数、输注的血液(血液成分)的编号,以备查对。

4. 在病人病历上的签字。

医疗机构临床用血应当制定用血计划,遵循合理、科学的原则,不得浪费和滥用血液。为了最大限度地发挥血液的功效,《献血法》建议根据国际上惯用的做法,即采取成分输血,也就是首先将采集的血液进行分离,分别储存,然后针对不同患者的不同需要输入血液的不同成分。

由于血液从采集、检验、分离、储存、运输到使用需要一定的时间,根据血液自身的特性、医疗机构对其进行存储也是有限的。所以为了保障公民临床急救用血的需要,国家提倡并指导择期手术的患者自身储血,动员家庭、亲友、所在单位以及社会互助献血。所谓自身储血主要是针对可以择期手术的患者而言的,这种患者在手术前先将自己的血液提前抽取出储存起来,待手术时将自己提前献出的血液再输回给自己,这样既有利于身体的恢复,又可以保证用血的安全。

另外,为了保证应急用血,医疗机构可以临时采集血液,其出发点必须是患者的生命健康,具体地说,医疗机构应急用血须采血时应当符合下列情况:

1. 边远地区的医疗机构和所在地无血站(或中心血库)。

2. 危及病人生命体征,急需输血,而其他治疗措施所不能替代。

3. 必须严格做好血液质量检测工作,确保血液质量。

【工作任务 3】

1999 年 9 月 17 日,孕妇水某在某县中医院剖宫产分娩,该院在没有上岗资质的妇产科医生的情况下找来外科医生倪某手术,倪某在手术中失误造成水某的子宫切口延撕约 2 cm,血管破裂。由于失血过多,院方进行输血,但检验医生把水某本为 AB 型的血型又检验成 A 型,输入了 A 型血 600 ml。水某情况十分危险,后又转入到该县人民医院急救,但该县人民医院的验血化验结果完全不同,未引起在场所有包括县中医院的医生的注意,临床医生又给开了 400 ml 的 B 型血,当时水某两条腿上分别输着 A 和 B 两种血。最终水某死去。法医鉴定为溶血性休克死亡。

　　违反《中华人民共和国献血法》的法律责任

　　有下列行为之一的,由县级以上地方人民政府卫生行政部门予以取缔,没收违法所得,可以并处 10 万元以下的罚款;构成犯罪的,依法追究刑事责任:①非法采集血液的;②血站、医疗机构出售无偿献血的血液的;③非法组织他人出卖血液的。

　　血站违反有关操作规程和制度采集血液,由县级以上地方人民政府卫生行政部门责令改正;给献血者健康造成损害的,应当依法赔偿,对直接负责的主管人员和其他直接责任人员,依法给予行政处分;构成犯罪的,依法追究刑事责任。

　　临床用血的包装、储存、运输,不符合国家规定的卫生标准和要求的,由县级以上地方人民政府卫生行政部门责令改正,给予警告,可以并处 1 万元以下的罚款。血站违反《献血法》的规定,向医疗机构提供不符合国家规定标准的血液的,由县级以上人民政府卫生行政部门责令改正;情节严重,造成经血液途径传播的疾病传播或者有传播严重危险的,限期整顿,对直接负责的主管人员和其他直接责任人员,依法给予行政处分;构成犯罪的,依法追究刑事责任。

　　医疗机构的医务人员违反规定,将不符合国家规定标准的血液用于患者的,由县级以上地方人民政府卫生行政部门责令改正;给患者健康造成损害的,应当依法赔偿,对直接负责的主管人员和其他直接责任人员,依法给予行政处分;构成犯罪的,依法追究刑事责任。卫生行政部门及其工作人员在献血、用血的监督管理工作中,玩忽职守,造成严重后果,构成犯罪的,依法追究刑事责任;尚不构成犯罪的,依法给予行政处分。

【延伸阅读】

　　献血活动在世界经历了一个有偿到无偿的过程。1946 年,红十字会与红新月会首先倡导无偿献血。1948 年召开的第 17 次红十字会国际委员会议明确提出医疗用血应该来自无偿献血者,而患者也应该是无偿的使用血液,即采用无偿献血免费输血的原则。1975 年,第 28 届世界卫生年会要求成员国在自愿无偿献血的基础上促进各国血液服务的发展,并颁布有效的法律指导规范本国工作。1981 年马尼拉第 24 届国际红十字会法会通过的《献血与输血的道德规范》明确指出,血液的捐献在任何情况下都必须是自愿的,不允许给献血者任何压力,不得给献血者以任何的经济好处,要始终鼓励自愿无偿献血,要时刻关心献血者的健康和安全,以保证受血者得到有效的治疗。

【拓展练习】

结合本项目,谈谈对无偿献血制度的认识。

项目 12 药师执业的法律规定

【岗位技能要求】

本项目主要针对药师管理、药品生产经营管理等岗位,具体技能要求:

1. 能够熟练分析执业药师的法律界定。
2. 能够清楚分析执业药师的获得途径。
3. 能够清楚分析执业药师的职责。
4. 能够清楚分析违反药师执业管理的法律责任。

【工作任务】

某市药监局对通过药品经营质量管理规范(GSP)认证的药店进行重点检查,加强了对药师资格证的审核。在审核过程中,该局会同当地人事部门,要求药店所聘药师在送审其资格证时须同时提交专业技术职务呈报表和人事部门公布职称的文件。但有些药店的药师迟迟不能提供该局要求提交的材料,还有个别药店的药师提供的资格证经人事部门确认属于假证。经确认属于假证的,执法人员责令药店更换人员,聘请有药师资格证的人员上岗。

问题 1　执业药师的法律界定

(一)药师的概念

"药师"在《执业药师注册管理暂行办法》中的解释为:"经全国统一考试合格,取得执业药师资格证书,并经注册登记,在药品生产、经营、使用单位执业的药学技术人员。"执业药师则指依法经资格认定,准予在药事单位主要是药房执业的药师。

(二)药师的类别

药师的类别根据划分的依据,可以分为:

1. 根据所学专业可分为:西药师、中药师、临床药师。
2. 根据职称职务可分为:药师、主管药师、副主任药师、主任药师。
3. 根据工作单位可分为:药房药师(包括医院药房药师和社会药房药师)、药品生产企业药师、药品批发公司药师、药物科研单位药师、药检所药师、药品监督管理部门药师。
4. 根据是否拥有药房所有权可分为:开业药师、被聘任药师。
5. 根据是否依法注册可分为:执业药师、药师。

问题 2 **执业药师的获得途径**

（一）执业药师资格考试

执业药师资格考试属于职业资格准入考试,实行全国统一大纲、统一命题、统一组织的考试制度。

参加考试的人员在学历和从事药学、中药工作的时间应符合以下要求之一:

1. 取得药学、中药学或相关专业博士学位者。

2. 取得药学、中药学或相关专业第二学士学位、研究生毕业的或取得硕士学位从事专业工作满一年者。

3. 取得药学、中药学或相关专业大学本科学历,从事专业工作满 3 年者。

4. 取得药学、中药学或相关专业的大专学历,从事专业工作满 5 年者。

5. 取得药学、中药学或相关专业的中专学历,从事专业工作满 7 年者。

国家执业药师资格考试以两年为一个周期。参加全部科目考试的人员须在连续两个考试年度内通过全部科目的考试,而参加部分免试科目的人员须在一个考试年度内通过应试科目。执业药师资格考试合格者发给执业药师资格证书,该证书在全国范围内有效。

（二）执业药师注册

执业药师实行注册制度。国务院食品药品监督管理部门为全国执业药师注册管理机构,省级药品监督管理部门为本辖区执业药师注册机构。申请人必须同时具备以下条件:

1. 取得执业药师资格证书。

2. 遵纪守法,遵守职业道德。

3. 身体健康,能坚持在执业药师岗位工作。

4. 经执业单位同意。

有下列情况之一者不予注册:

1. 不具有完全民事行为之一者。

2. 因受刑事处罚,自处罚执行完毕之日到申请之日不满 2 年的。

3. 受过取消执业药师资格处分不满 2 年的。

4. 国家规定不宜从事执业药师业务的其他情形的。

执业药师注册有效期为 3 年,有效期满前 3 个月,持证者须到原注册机构申请办理再次注册。再次注册必须填写执业药师再次注册申请表,并提交相应材料。

（三）再次注册

再次注册执业药师注册有效期为 3 年,有效期满前 3 个月,持证者须到原注册机构申请办理再次注册。再次注册必须填写执业药师再次注册申请表,并提交以下材料:执业药师资格证书和执业药师注册证;执业单位考核材料;执业药师继续教育登记证书;县级(含)以上医院出具的本人6个月内的健康体检表和执业药师继续教育学分证明。

（四）变更注册

变更注册执业药师在同一执业地区变更执业单位或范围的,须到原执业药师注册机构办理变更注册手续,填写执业药师变更注册登记表,并提交以下材料:执业药师资格证书和执业药师注册证、新执业单位合法开业的证明复印件。

执业药师变更执业地区的,须到原执业药师注册机构办理变更注册手续,填写执业药师变更注册登记表,并向新执业地区的执业药师注册机构重新申请注册。新的执业药师注册机构在办理执业注册手续时,应收回原执业药师注册证,并发给新的执业药师注册证。

（五）注销注册

有下列情况之一的,予以注销注册:

1. 死亡或被宣告失踪的。

2. 受刑事处罚的。

3. 被吊销执业药师资格证书的。

4. 受开除行政处分的。

5. 因健康或其他原因不能从事执业药师业务的。

问题3 **执业药师的工作职责**

1. 执业药师必须遵守职业道德,忠于职守,以对药品质量负责、保证人民用药安全有效为基本准则。

2. 执业药师必须严格执行《药品管理法》及国家有关药品研究、生产、经营、使用的各项法规及政策。执业药师对违反《药品管理法》及有关法规的行为或决定,有责任提出劝告、制止、拒绝执行并向上级报告。

3. 执业药师在执业范围内负责对药品质量的监督和管理,参与制定、实施药品全面质量管理及对本单位违反规定的处理。

4. 执业药师负责处方的审核及监督调配,提供用药咨询与信息,指导合理用药,开展治疗药物的监测及药品疗效的评价等临床药学工作

问题4 **违反药师执业管理的法律责任**

（一）《执业药师资格制度暂行规定》中对违法执业药师的相关罚则

1. 对未按规定配备执业药师的单位,应限期配备,逾期将追究单位负责人的责任。

2. 对已在需由执业药师担任的岗位工作,但尚未通过执业药师资格考试的人员,要进行强化培训,限期达到要求。对经过培训仍不能通过执业药师资格考试者,必须调离岗位。

3. 对涂改、伪造或以虚假和不正当手段获取执业药师资格证书或执业药师注册证的人员,发证机构应收回证书,取消其执业药师资格,注销注册,并对直接责任者根据有关规定给予行政处分,直至送交有关部门追究法律责任。

4. 对执业药师违反本规定有关条款的,所在单位须如实上报,由药品监督管理部门根据情况给予处分。注册机构对执业药师所受处分,应及时记录在其执业药师资格证书中的备注执业情况记录栏内。

5. 执业药师在执业期间违反《药品管理法》及其他法律法规构成犯罪的,由司法机关依法追究其刑事责任。

(二)《执业药师注册管理暂行办法》中相关的罚则

1. 执业药师注册机构工作人员,在注册工作中玩忽职守、滥用职权、徇私舞弊,由所在单位给予行政处分;构成犯罪的,依法追究刑事责任。

2. 凡以骗取、转让、借用、伪造执业药师资格证书、执业药师注册证等不正当手段进行注册人员,由执业药师注册机构收缴注册证并注销注册;构成犯罪的,依法追究其刑事责任。

3. 当执业药师在执业期间,违反《执业药师资格制度暂行规定》有关条款的,由所在地药品监督管理局根据情况给予处分。注册机构对执业药师所受处分及时记录在其执业药师资格证书中的备注执业情况记录栏目内。

【延伸阅读】

美国药剂师通过资格考试取得。其资格考试命题机构按资格考试科目分两个层次,一是美国药剂师协会,负责制定代表国家水平全美药剂师专业与实践技能操作的考试大纲和命题,二是各州药剂师专业委员会负责药剂师相关法律、法规的命题。资格考试由州政府统一组织。代表国家水平的专业与技能考试,每年举行 3 次。州法律、法规知识考试每年举行 2 次。考试采取单科计算方法,5 年为一周期,考试成绩全部合格者,由州药剂师主管部门统一登记注册。

美国药剂师报考对象及条件,必须是美联邦法、州法承认的 75 所(五年制)药学高等院校毕业并在药剂师指导下见习半年期满取得结业证的人员,方可报名参加所在州的药剂师资格考试,取得药剂师资格者终身有效。每隔三年在州政府重新登记一次。如果州与州流动转换,发生重新申报参加通过该州相应法律法规知识的考试,由相关资格主管部门重新认定。

美国政府十分重视医药事业的均衡发展,早已实现医药分业。随着医疗水平和药品标准化生产质量的不断提高,药剂师作为国民医疗保健这一特殊职业,已与人们日常生活越来越密切,无论是医师处方治疗用药,还是预防保健用药,人们都要去咨询药剂师,以求得正确合理使用。现在医院或药店药剂师对每个病人求治的用药情况都有电脑档案,并且越来越多地参与医疗。因此,美国的百种职业民意测验中,药剂师已成为社会最受尊重的职业之一。

目前,美国拥有约 16 万人的药剂师队伍,成立有美国药剂师协会,现为美国最大的专业协会之一。协会每年 3 月定期召开一次全体大会,除负责制定每年药剂师资格国家水平考试范围命题工作,同时还制定药剂师知识更新计划,收集整理医药信息,组织出版刊物和学术交流活动。此外还有一个重要职责,即代表行业协会定期向联邦政府反映专业教育情况以及与其他行业协调管理等立法草案。

【拓展练习】

结合本项目,谈谈对药师执业考试制度的认识。

项目 13　医药企业管理的法律规定

【岗位技能要求】

本项目主要针对医药经营生产企业管理、药政管理等岗位,具体技能要求:

1. 能够清楚分析开办医药企业的法定条件及程序。

2. 能够熟练分析 GMP 与 GSP 的主要内容。

3. 能够清楚分析违反医药企业管理的法律责任。

【工作任务】

2006 年 10 月 16 日,国家食品药品监督管理局召开新闻发布会,通报"欣弗"不良事件处理情况。据透露,国家食品药品监督管理局和安徽省有关部门,已对在"欣弗"不良事件中负有相关责任的单位和个人作出严肃处理。

安徽华源生物药业有限公司在生产克林霉素磷酸酯葡萄糖注射液(欣弗)过程中,违反规定生产,未按批准的工艺参数灭菌,降低灭菌温度,缩短灭菌时间,增加灭菌柜装载量,影响了灭菌效果,给公众健康和生命安全带来了严重威胁,并造成了恶劣的社会影响。药品监管部门根据《药品管理法》有关规定,对安徽华源生产的克林霉素磷酸酯葡萄糖注射液(欣弗)药品按劣药论处,并作出处理决定:①由安徽省食品药品监管局没收该企业违法所得,并处 2 倍罚款;②责成安徽省食品药品监管局监督该企业停产整顿,收回该企业的大容量注射剂《药品 GMP 证书》;③由国家食品药品监管局撤销该企业克林霉素磷酸酯葡萄糖注射液(欣弗)药品的批准文号,委托安徽省食品药品监管局收回批件;④对安徽华源召回的"欣弗"药品,由安徽省药品监管部门依法监督销毁。

问题 1　**开办医药企业的法定条件及程序**

(一)开办药品生产企业的基本条件

1. 人员条件　必须具有依法经过资格认定的药学技术人员、工程技术人员及相应的技术工人,依法经过资格认定是指国家有关部门依照《执业药师法》或其他相关法律的规定对药学技术人员、工程技术人员及相应技术工人进行资格认定,符合法定条件的人员才有资格从事药品生产,这是开办药品生产企业必不可少的条件。

2. 厂房、设施和卫生环境条件　必须具有与其药品生产相适应的厂房、设施和卫生环境。药品生产必须具备相应的硬件条件,厂址的选择必须适当,厂房、生产车间的设计,洁净空气洁净级别必须与所生产的药品、剂型相适应,厂区环境必须符合要求,达到空气清新、远离污染排放源的要求等。

3. 生产质量控制条件　应当具有能对所生产药品进行质量管理和质量检验的机构、人员以及必要的仪器设备。药品生产企业应当具备质量控制的能力,必须能够利用自身的条件对药品生产中的质量管理方面所出现的问题做出正确的判断和处理。

4. 规章制度条件　必须具有保证药品质量的规章制度,即具备相应的软件条件。药品生产企业必须制订保证药品质量的各项规章制度,包括技术标准、产品标准和卫生标准等,并且做到实施标准时都要有相应的原始记录和凭证。

（二）开办药品生产企业的程序

申办人应当向拟办企业所在地省、自治区、直辖市人民政府药品监督管理部门提出申请。省、自治区、直辖市人民政府药品监督管理部门应当自收到申请之日起30个工作日内,按照国家发布的药品行业发展规划和产业政策进行审查,并做出是否同意筹建的决定;申办人完成拟办企业筹建后,应当向原审批部门申请验收。原审批部门应当自收到申请之日起30个工作日内,依据规定的开办条件组织验收;验收合格的,发给药品生产许可证。申办人凭药品生产许可证到工商行政管理部门依法办理登记注册。

药品生产企业变更药品生产许可证许可事项的,应当在许可事项发生变更30日前,向原发证机关申请药品生产许可证变更登记;未经批准,不得变更许可事项。原发证机关应当自收到申请之日起15个工作日内做出决定。申请人凭变更后的药品生产许可证到工商行政管理部门依法办理变更登记手续。药品生产许可证有效期届满,需要继续生产药品的,持证企业应当在许可证有效期届满前6个月,按照国务院药品监督管理部门的规定申请换发药品生产许可证。

问题2　**GMP 与 GSP 的主要内容**

（一）药品生产质量管理规范(good manufacture practices for drugs,GMP)

GMP 目前已在世界上大多数国家立法,成为正式的法律规范,约束着世界上大多数的制药企业的生产行为。药品生产过程十分复杂,涉及许多学科和专业,从原料到成品的生产过程中,要涉及许多的技术细节和管理规范,其中任何一个环节的疏忽,都可能导致药品质量不符合要求,就可能生产出不合格药品。因此,GMP 的内涵其实就是必须对药品生产全过程中进行全面质量管理与控制,达到保证药品的质量目的,而不是仅仅把检验作为评判药品合格与否的唯一手段。

GMP 的内容涉及药品生产的方方面面,总体内容包括组织机构与人员、厂房与设施、设备、卫生管理、文件管理、物料控制、验证、生产控制、质量控制、产品销售管理和投诉与不良反应报告等等。从专业化管理的角度来区分,GMP 可以分为质量控制系统和质量保证系统两大方面:一是对原材料、中间产品、成品进行系统质量控制,即质量控制系统;另一方面是对可能影响药品质量的,生产过程中易产生的人为差错和污染等问题进行系统的严格管理,以保证药品质量,可称为质量保证系统。从硬件和软件的角度来分,GMP 可分为硬件系统和软件系统。硬件系统主要包括对人员、厂房、设施、设备等的目标要求,主要是企业资本资金的投入。软件系统主要包括组织机构、组织工作、生产工艺、记录、制度、方法、文件化程序、培训等等,主要是企业智力为主的投入产出。

中国 GMP 主要内容有:

GMP 是药品生产和质量管理的基本准则,适用于药品制剂生产的全过程、原料药生产中影响成品质量的关键工序。其中,影响成品质量的关键工序是指原料药的"精制、烘干、包装"工序。

1. 组织机构和人员　药品生产企业应建立生产和质量管理机构。各级机构和人员职责应明确,并配备一定数量的与药品生产相适应的具有专业知识、生产经验及组织能力的管理人员和技术人员。

药品生产企业人员素质的原则性要求是:企业主管药品生产管理和质量管理负责人应具有医药或相关专业大专以上学历,药品生产管理部门和质量管理部门负责人不得互相兼任。要重视人员的专业技术培训,对从事药品生产的各级人员应按药品生产质量管理规范的要求进行培训和考核。

2. 厂房和设施　药品生产企业必须有整洁的生产环境;厂区的地面、路面及运输等不应对药品的生产造成污染;生产、行政、生活和辅助区的总体布局应合理,不得互相妨碍。

厂房应按生产工艺流程及所要求的空气洁净级别进行合理布局。同一厂房内以及相邻厂房之间的生产操作不得相互妨碍。厂房应有防尘及捕尘设施及防止昆虫和其他动物进入的设施。

生产区和储存区应有与生产规模相适应的面积和空间用以安置设备、物料,便于生产操作,存放物料、中间产品、待验品和成品,应最大限度地减少差错和交叉污染。

洁净室(区)的表面应平整光滑、无裂缝、接口严密、无颗粒物脱落,并能耐受清洗和消毒,墙壁与地面的交界处宜成弧形或采取其他相应措施,以减少灰尘积聚和便于清洁。

药品生产洁净室(区)内各种管道、灯具、风口以及其他公用设施。在设计和安装时应考虑使用中避免出现不易清洁的部位。

洁净室(区)应根据生产要求提供足够的照明。对照度有特殊要求的生产部位可设置局部照明。厂房应有应急照明设施。

进入洁净室（区）的空气必须净化，并根据生产工艺要求，划分空气洁净级别。洁净室（区）内空气的微生物和尘粒数应定期监测，监测结果应记录存档。药品生产洁净室（区）的空气洁净度划分为四个级别，即 100 级、10000 级、100000 级和 300000 级。

洁净室（区）的窗户、天棚及进入室内的管道、风口、灯具与墙壁或天棚的连接部位均应密封。空气洁净级别不同的相邻房间之间的静压差应大于 5 Pa，洁净室（区）与室外大气的静压差应大于 10 Pa，并应有指示压差的装置。洁净室（区）的温度和相对湿度应与药品生产工艺要求相适应。无特殊要求时温度应控制在 18～26 ℃，相对湿度控制在 45%～65%。

生产青霉素类等高致敏性药品必须使用独立的厂房与设施，分装室应保持相对负压，排至室外的废气应经净化处理并符合要求，排风口应远离其他空气净化系统的进风口；生产内酰胺结构类药品必须使用专用设备和独立的空气净化系统，并与其他药品生产区域严格分开。

避孕药品的生产厂房应与其他药品生产厂房分开，并装有独立的专用空气净化系统。生产激素类、抗肿瘤类化学药品应避免与其他药品使用同一设备和空气净化系统。放射性药品的生产、包装和储存应使用专用的、安全的设备，生产区排出的空气不应循环使用。

生产用菌毒种与非生产用菌毒种，生产用细胞与非生产用细胞，强毒与弱毒、死毒与活毒、脱毒前与脱毒后的制品和活疫苗与灭活疫苗，人血液制品，预防制品等的加工或分装不得同时在同一生产厂房内进行，其储存要严格分开。

中药材的炮制操作应有良好的通风、除烟、除尘、降温设施。

3. 设备　设备的设计、选型、安装应符合生产要求，便于生产操作和维修、保养和灭菌，并能防止差错和减少污染。与药品直接接触的设备表面应光洁、平整、易清洗或消毒、耐腐蚀，不与药品发生化学变化或吸附药品。与设备连接的主要固定管道应标明管内物料名称、流向。纯化水、注射用水的制备、储存和分配应能防止微生物的滋生和污染。储罐和输送管道所用材料应无毒、耐腐蚀。管道的设计和安装应避免死角、盲管。储罐和管道要规定清洗、灭菌周期。注射用水储罐的通气口应安装不脱落纤维的疏水性除菌滤器。注射用水的储存应在规定温度的范围内，水处理及其配套系统的设计、安装和维护应能确保供水达到设定的质量标准。用于生产和检验的仪器、仪表、量具、衡器等，其适用范围和精密度应符合生产和检验要求，有明显的合格标志，并定期校验。生产设备应有明显的状态标志，并定期维修、保养和验证。设备安装、维修、保养的操作不得影响产品的质量。不合格的设备应搬出生产区，未搬出前应有明显标志。

4. 物料　药品生产所用物料的购入、储存、发放、使用均应制定管理制度。

药品生产所用的物料,应符合药品标准、包装材料标准、生物制品规程或其他有关标准,不得对药品的质量产生不良影响。进口原料药应有口岸药品检验所的药品检验报告。药品生产所用物料应从符合规定的单位购进,并按规定入库。

待验、合格、不合格物料要严格管理,不合格的物料要专区存放。有易于识别的明显标志,并按有关规定及时处理。

对温度、湿度或其他条件有特殊要求的物料、中间产品和成品,应按规定条件储存。

麻醉药品、精神药品、毒性药品、放射性药品及易燃、易爆和其他危险品的验收、储存、保管要严格执行国家有关的规定。菌毒种的验收、储存、保管、使用、销毁应执行国家有关医学微生物菌种保管的规定。物料应按规定的使用期限储存。无规定使用期限的,其储存一般不超过 3 年,期满后复验。

药品的标签、使用说明书必须与药品监督管理部门批准的内容、式样、文字相一致。标签、使用说明书需经企业质量管理部门校对无误后印制、发放、使用。药品的标签、使用说明书应由专人保管、领用。

5. 卫生　药品生产企业应有防止污染的卫生措施,制定各项卫生管理制度,并由专人负责。

药品生产车间、工序、岗位均应按生产和空气洁净度等级的要求制定厂房、设备、容器等清洁规程。

生产区不得存放非生产物品和个人杂物。生产中的废弃物应及时处理。更衣室、浴室及厕所的设置不得对洁净室(区)产生不良影响。进入洁净室(区)的人员不得化妆和佩戴饰物,不得裸手直接接触药品。洁净室(区)应定期消毒。使用的消毒剂不得对设备、物料和成品产生污染。

药品生产人员应有健康档案,直接接触药品的生产人员每年至少体检一次,传染病、皮肤病房者和体表有伤口者不得从事直接接触药品的生产。

6. 验证　验证是证明任何程序、生产过程、设备、物料、活动或系统确实能达到预期结果得有文件证明的一系列活动。药品生产验证应包括厂房、设施及设备安装确认、运行确认、性能确认和产品验证。

产品的生产工艺及关键设施、设备应按验证方案进行验证。当影响产品质量的主要因素,如工艺、质量控制方法、主要原辅料、主要生产设备等发生改变时,以及生产一定周期后,应进行再验证。

应根据验证对象提出验证项目、制定验证方案,并组织实施。验证工作完成后应写出验证报告,由验证工作负责人审核、批准。验证过程中的数据和分析内容应以文件形式归档保存。验证文件应包括验证方案、验证报告、评价和建议、批准人等。

7. 文件　药品生产企业应有生产管理、质量管理的各项制度和记录。

厂房、设施和设备的使用、维护、保养、检修等制度和记录。物料验收、生产操作、检验、发放、成品销售和用户投诉等制度和记录。不合格品管理、物料退库和报废、紧急情况处理等制度和记录。环境、厂房、设备、人员等卫生管理制度和记录。GMP 和专业技术培训等制度和记录。

产品生产管理文件主要有：生产工艺规程、岗位操作法或标准操作规程、批生产记录。

标准操作规程的内容包括：题目、编号、制定人及制定日期、审核人及审核日期批准人及批准日期、颁发部门、生效日期、分发部门、标题及正文。

批生产记录内容包括：产品名称、生产批号、生产日期、操作者、复核者的签名，有关操作与设备、相关生产阶段的产品数量、物料平衡的计算、生产过程的控制记录及特殊问题记录。

产品质量管理文件主要有：①药品的申请和审批文件；②物料、中间产品和成品质量标准及其检验操作规程；③产品质量稳定性考察；④批检验记录。

药品生产企业制定文件的要求是生产企业应建立文件的起草、修订、审查、批准、撤销、印制及保管的管理制度。分发、使用的文件应为批准的现行文本。已撤销和过时的文件除留档备查外，不得在工作现场出现。

制定生产管理文件和质量管理文件的要求：①文件的标题应能清楚地说明文件的性质；②各类文件应有便于识别其文本、类别的系统编码和日期；③文件使用的语言应确切、易懂；④填写数据对应有足够的空格；⑤文件制定、审查和批准的责任应明确，并由责任人签名。

8. 生产管理　生产工艺规程、岗位操作法和标准操作规程不得任意更改。如需更改时，应按制定时的程序办理修订、审批手续。每批产品应按产量和数量的物料平衡进行检查，如有显著差异，必须查明原因，在得出合理解释，确认无潜在质量事故后，方可按正常产品处理。

在规定限度内具有同一性质和质量，并在同一连续生产周期中生产出来的一定数量的药品为一批。每批药品均应编制生产批号。批生产记录应字迹清晰、内容真实、数据完整，并由操作人及复核人签名。记录应保持整洁，不得撕毁和任意涂改；更改时，在更改处签名，并使原数据仍可辨认。批生产记录应按批号归档，保存至药品有效期后 1 年。未规定有效期的药品，其批生产记录至少保存 3 年。

为防止药品被污染和混淆，生产操作应采取以下措施：①生产前应确认无上次生产遗留物；②应防止尘埃的产生和扩散；③不同产品品种、规格的生产操作不得在同一生产操作间同时进行；有数条包装线同时进行包装时，应采取隔离或其他有效防止污染或混淆的设施；④生产过程中应防止物料及产品所产生的气体、蒸汽、喷洒物或生物体等引起的交叉污染；⑤每一生产操作间或生产用设备、容器应有所生产的产品或物料名称、批号、数量等状态标志；⑥拣选后药材的洗涤应使用流动水，用过的水不得用于洗涤其他药材。不同药性的药材不得在一起洗涤。洗涤后的药材及切制和炮制品不宜露天干燥。药材及其中间产品的灭菌方法应以不改变药材的药效、质量为原则。直接入药的药材粉末，配料前应做微生物检查。

根据产品工艺规程选用工艺用水。工艺用水应符合质量标准，并定期检验，检验应有记录。应根据验证结果，规定检验周期。

产品应有批包装记录。批包装记录的内容应包括：①待包装产品的名称、批号、规格；②印有批号的标签和使用说明书以及产品合格证；③待包装产品和包装材料的领取数量及发放人、领用人、核对人签名；④已包装产品的数量；⑤前次包装操作的清场记录（副本）及本次包装清场记录（正本）；⑥本次包装操作完成后的检验核对结果、核对人签名；⑦生产操作负责人签名。

每批药品的每一生产阶段完成后必须由生产操作人员清场，填写清场记录。清场记录内容包括：工序、品名、生产批号、清场日期、检查项目及结果、清场负责人及复查人签名。清场记录应纳入批生产记录。

9. **质量管理**　药品生产企业的质量管理部门应负责药品生产全过程的质量管理和检验，受企业负责人直接领导。质量管理部门应配备一定数量的质量管理和检验人员，并备有与药品生产规模、品种、检验要求相适应的场所、仪器、设备。

质量管理部门的主要职责：①制定和修订物料、中间产品和成品的内控标准和检验操作规程，制定取样和留样制度；②制定检验用设备、仪器、试剂、试液、标准品（或对照品）、滴定液、培养基、实验动物等管理办法；③决定物料和中间产品的使用；④审核成品发放前批生产记录，决定成品发放；⑤审核不合格品处理程序；⑥对物料、中间产品和成品进行取样、检验、留样，并出具检验报告；⑦监测洁净室（区）的尘粒数和微生物数；⑧评价原料、中间产品及成品的质量稳定性，为确定物料储存期、药品有效期提供数据；⑨制定质量管理和检验人员的职责。

质量审核：药品放行前应由质量管理部门对有关记录进行审核。审核内容应包括：配料、称重过程中的复核情况；各生产工序检查记录；清场记录；中间产品质量检验结果；偏差处理；成品检验结果等。符合要求并有审核人员签字后方可放行。

质量评估：质量管理部门应会同有关部门对主要物料供应商质量体系进行评估。

10. **产品销售与收回**　每批成品均应有销售记录。根据销售记录能追查每批药品的售出情况，必要时应能及时全部追回。销售记录内容应包括：品名、剂型、批号、规格、数量、收货单位和地址、发货日期。

销售记录应保存至药品有效期后 1 年。未规定有效期的药品,其销售记录应保存 3 年。

药品生产企业应建立药品退货和收回的书面程序,并有记录。药品退货和收回记录内容应包括:品名、批号、规格、数量、退货和收回单位及地址、退货和收回原因及日期、处理意见。

因质量原因退货和收回的药品制剂,应在质量管理部门监督下销毁,涉及其他批号时,应同时处理。缺陷产品的召回同时应遵循 2007 年 12 月生效的《药品召回管理办法》的相关规定。

11. 投诉与不良反应报告   企业应建立药品不良反应监测报告制度,指定专门机构或人员负责管理。对用户的药品质量投诉和药品不良反应应详细记录和调查处理。对药品不良反应应及时向当地药品监督管理部门报告。药品生产出现重大质量问题时,应及时向当地药品监督管理部门报告。

12. 自检   药品生产企业应定期组织自检。自检应按预定的程序,对人员、厂房、设备、文件、生产、质量控制、药品销售、用户投诉和产品收回的处理等项目定期进行检查,以证实

与规范要求的一致性,自检应有记录。自检完成后应形成自检报告,内容包括自检的结果、评价的结论以及改进措施和建议。

(二) 药品质量管理规范(good supplying practice,GSP)

根据《药品管理法》第 16 条的规定:药品经营企业必须按照国务院药品监督管理部门依法制定的《药品经营质量管理规范》经营药品。药品监督管理部门按照规定对药品经营企业是否符合《药品经营质量管理规范》的要求进行认证;GSP 标准为国家强制性标准,对认证合格的,发给认证证书。

GSP 主要是针对药品经营企业药品的购进、储运和销售等环节实行质量管理,建立包括组织结构、职责制度、过程管理和设施设备等方面的质量体系,并使之有效运行。由于药品经营企业分为批发和零售两种,GSP 针对企业的不同情况分别予以了相关规定。对于批发企业,要求企业应设置专门的质量管理机构包括与经营规模相适应的药品检验部门和验收、养护等组织,行使质量管理职能。企业负责人中应有具有药学专业技术职称的人员,负责质量管理工作。企业质量管理机构的负责人,应是执业药师或具有相应的药学专业技术职称,其他从事药品质量工作的人员都应具有药学或相关专业的学历,或者具有药学专业技术职称,并定时接受培训,考核合格方能上岗。在设施设备方面 GSP 进一步具体化了《药品管理法》的规定外,如仓库应划分待验库(区)、合格品库(区)、发货库(区)、不合格品库(区)、退货库(区)等专用场所,经营中药饮片还应划分零货称取专库(区)。仓库设备应

包括：保持药品与地面之间有一定距离的设备，避光、通风和排水的设备，检测和调节温、湿度的设备，防尘、防潮、防霉、防污染以及防虫、防鼠、防鸟的设备，照明设备，适宜拆零及拼箱发货的工作场所和包装物料等的储存场所和设备等等。在进货、验收、储存和养护方面，GSP 重点着眼于日常工作规范的完善和执行，强调防患于未然，进行事前管理，保证在每个环节都将影响药品质量的可能降到最低。在出库与运输方面，GSP 规定，药品出库应进行复核和质量检查。麻醉药品、一类精神药品、医疗用毒性药品应建立双人核对制度。药品出库还应做好药品质量跟踪记录，以保证能快速、准确地进行质量跟踪。记录应保存至超过药品有效期一年，但不得少于三年。销售和售后服务方面，GSP 对销售记录、发票、药品质量投诉及药品追回等问题也都做出了详细规定。

　　零售企业与批发企业相比，少了检验、储存、养护和运输等环节，增加了药品的陈列和柜台销售两个方面。在陈列方面，GSP 规定药品应按剂型或用途以及储存要求分类陈列和储存：①药品与非药品、内服药与外用药应分开存放，易串味的药品与一般药品应分开存放。②药品应根据其温、湿度要求，按照规定的储存条件存放。③处方药与非处方药应分柜摆放。④特殊管理的药品应按照国家的有关规定存放。⑤危险品不应陈列。如因需要必须陈列时，只能陈列代用品或空包装。危险品的储存应按国家有关规定管理和存放。⑥拆零药品应集中存放于拆零专柜，并保留原包装的标签。⑦中药饮片装斗前应做质量复核，不得错斗、串斗，防止混药。饮片装斗前应写正名正字。柜台销售应注意销售药品时，处方要经执业药师或具有药师以上（含药师和中药师）职称的人员审核后方可调配和销售。对处方所列药品不得擅自更改或代用。对有配伍禁忌或超剂量的处方，应当拒绝调配、销售，必要时，需经原处方医生更正或重新签字方可调配和销售。审核、调配或销售人员均应在处方上签字或盖章，处方按有关规定保存备查。

　　我国 GSP 的历程从 1984 年《医药商品质量管理规范（试行）》的颁布开始。1992 年，该版 GSP 经修订由原国家医药管理局正式发布实施，使 GSP 正式成为实行医药行业管理的部门规章；20 世纪 90 年代后期，我国大部分省区都开始了以"合格"或"达标"为特征的 GSP 推行工作，仅在 1998 年，全国就有 20 多个省（市、区）近 400 家药品经营企业达到了 GSP 合格标准；有 160 家药品经营企业被授予了 GSP 达标企业的称号。在医药行业推行 GSP 的同时，中医药行业管理和卫生行政管理部门也结合自身职能特点，将 GSP 作为有效的管理手段。GSP 已成为医药经营领域内质量管理工作的统一标准。

　　自 20 世纪 80 年代初发布第一部 GSP，到 1998 年国家药品监督管理体制改革的完成，经过十几年的不断探索和实践，推行 GSP 工作取得了令人瞩目的成就。2001 年 GSP 正式列入我国《药品管理法》，被赋予了法律地位。这意味着医药经营企业的市场准入标准的提高,标志着监督实施 GSP 工作开始步入了法治化的正轨。

问题3　违反医药企业管理的法律责任

(一)违反药品生产管理规范的法律责任

1. 行政责任

(1)生产主体违法的行政责任:未取得药品生产许可证生产药品的,依法予以取缔,没收违法生产、销售的药品和违法所得,并处违法生产、销售的药品(包括已售出的和未售出的药品,下同)货值金额 2 倍以上 5 倍以下的罚款。

药品生产企业变更药品生产许可事项,应当办理变更登记手续而未办理的,由原发证部门给予警告,责令限期补办变更登记手续;逾期不补办的,宣布其药品生产许可证无效。

提供虚假的证明、文件资料样品或者采取其他欺骗手段取得药品生产许可证或者药品批准证明文件的,吊销药品生产许可证,或者撤销药品批准证明文件,5年内不受理其申请,并处 1 万元以上 3 万元以下的罚款。

(2)违反药品生产法定要求的行政责任:生产假药的,没收违法生产的药品和违法所得,并处违法生产药品货值金额 2 倍以上 5 倍以下的罚款;有药品批准证明文件的予以撤销,并责令停产、停业整顿;情节严重的,吊销药品生产许可证。

生产劣药的,没收违法生产的药品和违法所得,并处违法生产、销售药品货值金额 1 倍以上 3 倍以下的罚款;情节严重的,责令停产、停业整顿或者撤销药品批准证明文件、吊销药品生产许可证。

从事生产假药及生产劣药情节严重的企业或者其他单位,其直接负责的主管人员和其他直接责任人员 10 年内不得从事药品生产活动。对生产者专门用于生产假药、劣药的原辅材料、包装材料、生产设备,予以没收。

(3)违反药品生产质量管理规范的行政责任:药品的生产企业未按照规定实施《药品生产质量管理规范》的,给予警告,责令限期改正;逾期不改正的,责令停产、停业整顿,并处 5000 元以上 2 万元以下的罚款;情节严重的,吊销药品生产许可证。

开办药品生产企业、药品生产企业新建药品生产车间、新增生产剂型,在国务院药品监督管理部门规定的时间内未通过《药品生产质量管理规范》认证,仍进行药品生产的,给予警告,责令限期改正;逾期不改正的,责令停产、停业整顿,并处 5000元以上 2 万元以下的罚款;情节严重的,吊销药品生产许可证。

(4)违反药品委托生产法律规定的行政责任:擅自委托或者接受委托生产药品的,对委托方和受托方均依照生产、销售假药的法律责任给予处罚。

2. 民事责任　药品的生产企业违反药品管理法的规定,给药品使用者造成损害的,依照我国民事相关法律的规定承担民事赔偿责任。

(二)违反药品经营管理的法律责任

1. 无证经营的法律责任　《药品管理法》第73条规定:未取得药品生产许可证、药品经营许可证或者医疗机构制剂许可证生产药品、经营药品的,依法予以取缔,没收违法生产、销售的药品和违法所得,并处违法生产、销售的药品(包括已售出的和未售出的药品,下同)货值金额2倍以上5倍以下的罚款;构成犯罪的,依法追究刑事责任。

属于无证经营的情形有:

(1)未经批准,擅自在城乡集市贸易市场设点销售药品或者在城乡集市贸易市场设点销售的药品超出批准经营的药品范围的,依照《药品管理法》第73条的规定给予处罚。

(2)个人设置的门诊部、诊所等医疗机构向患者提供的药品超出规定的范围和品种的,依照《药品管理法》第73条的规定给予处罚。

(3)药品生产企业、药品经营企业和医疗机构变更药品生产经营许可事项,应当办理变更登记手续而未办理的,由原发证部门给予警告,责令限期补办变更登记手续;逾期不补办的,宣布其药品生产许可证、药品经营许可证和医疗机构制剂许可证无效;仍从事药品生产经营活动的,依照《药品管理法》第73条的规定给予处罚。

根据《药品流通监督管理办法》的相关规定,药品流通领域17种违法行为被设置了行政处罚,这有力地规范了药品的流通秩序。

2. 销售假药、劣药的法律责任

(1)生产、销售假药的,没收违法生产、销售的药品和违法所得,并处违法生产、销售药品货值金额2倍以上5倍以下的罚款;有药品批准证明文件的予以撤销,并责令停产、停业整顿;情节严重的,吊销药品生产许可证、药品经营许可证或者医疗机构制剂许可证;构成犯罪的,依法追究刑事责任。

(2)生产、销售劣药的,没收违法生产、销售的药品和违法所得,并处违法生产、销售药品货值金额1倍以上3倍以下的罚款;情节严重的,责令停产、停业整顿或者撤销药品批准证明文件、吊销药品生产许可证、药品经营许可证或者医疗机构制剂许可证;构成犯罪的,依法追究刑事责任。

(3)从事生产、销售假药及生产、销售劣药情节严重的企业或者其他单位,其直接负责的主管人员和其他直接责任人员十年内不得从事药品生产、经营活动。

(4)知道或者应当知道属于假劣药品而为其提供运输、保管、仓储等便利条件的,没收全部运输、保管、仓储的收入,并处违法收入50%以上3倍以下的罚款;构成犯罪的,依法追究刑事责任。

（5）药品经营企业、医疗机构未违反《药品管理法》及其实施条例的有关规定，并有充分证据证明其不知道所销售或者使用的药品是假药、劣药的，应当没收其销售或者使用的假药、劣药和违法所得；但是，可以免除其他行政处罚。

3. 未按规定实施 GSP 规范的法律责任

（1）药品的生产企业、经营企业、药物非临床安全性评价研究机构、药物临床试验机构未按照规定实施《药品生产质量管理规范》、《药品经营质量管理规范》、药物非临床研究质量管理规范、药物临床试验质量管理规范的，给予警告，责令限期改正；逾期不改正的，责令停产、停业整顿，并处 5000 元以上 2 万元以下的罚款；情节严重的，吊销药品生产许可证、药品经营许可证和药物临床试验机构的资格。

（2）开办药品经营企业，在国务院药品监督管理部门规定的时间内未通过《药品经营质量管理规范》认证，仍进行药品经营的。

4. 从无证企业购进药品的法律责任　药品的生产企业、经营企业或者医疗机构从无药品生产许可证、药品经营许可证的企业购进药品的，责令改正，没收违法购进的药品，并处违法购进药品货值金额 2 倍以上 5 倍以下的罚款；有违法所得的，没收违法所得；情节严重的，吊销药品生产许可证、药品经营许可证或者医疗机构执业许可证书。

5. 药品销售过程中给予、收受回扣的法律责任

（1）药品的生产企业、经营企业、医疗机构在药品购销中暗中给予、收受回扣或者其他利益的，药品的生产企业、经营企业或者其代理人给予使用其药品的医疗机构的负责人、药品采购人员、医师等有关人员以财物或者其他利益的，由工商行政管理部门处 1 万元以上 20 万元以下的罚款，有违法所得的，予以没收；情节严重的，由工商行政管理部门吊销药品生产企业、药品经营企业的营业执照，并通知药品监督管理部门，由药品监督管理部门吊销其药品生产许可证、药品经营许可证；构成犯罪的，依法追究刑事责任。

（2）药品的生产企业、经营企业的负责人、采购人员等有关人员在药品购销中收受其他生产企业、经营企业或者其代理人给予的财物或者其他利益的，依法给予处分，没收违法所得；构成商业贿赂犯罪的，依法追究刑事责任。

6. 从重处罚的情形

（1）违反《药品管理法》和实施条例的规定，有下列行为之一的，由药品监督管理部门在《药品管理法》和实施条例规定的处罚幅度内从重处罚：以麻醉药品、精神药品、医疗用毒性药品、放射性药品冒充其他药品，或者以其他药品冒充上述药品的；生产、销售以孕产妇、婴幼儿及儿童为主要使用对象的假药、劣药的；生产、销售的生物制品、血液制品属于假药、劣药的；生产、销售、使用假药、劣药，造成人员伤害后果的；生产、销售、使用假药、劣药，经处理后重犯的；拒绝、逃避监督检查，或者伪造、销毁、隐匿有关证据材料的，或者擅自动用查封、扣押物品的；其他违法行为的法律责任。

（2）伪造、变造、买卖、出租、出借许可证或者药品批准证明文件的,没收违法所得,并处违法所得 1 倍以上 3 倍以下的罚款;没有违法所得的,处 2 万元以上 10 万元以下的罚款;情节严重的,并吊销卖方、出租方、出借方的药品生产许可证、药品经营许可证、医疗机构制剂许可证或者撤销药品批准证明文件;构成犯罪的,依法追究刑事责任。

（3）违反规定,提供虚假的证明、文件资料样品或者采取其他欺骗手段取得药品生产许可证、药品经营许可证、医疗机构制剂许可证或者药品批准证明文件的,吊销药品生产许可证、药品经营许可证、医疗机构制剂许可证或者撤销药品批准证明文件,5 年内不受理其申请,并处 1 万元以上 3 万元以下的罚款。

（4）药品经营企业没有真实完整的购销记录,责令改正,给予警告;情节严重的,吊销药品经营许可证。

（5）药品的生产企业、经营企业、医疗机构违反规定,给药品使用者造成损害的,依法承担民事赔偿责任。

【延伸阅读】

（一）中国台湾地区"《药事法》"对"药品生产企业"等名词术语的定义

药品法应明确药品生产企业和经营企业等名词术语的确切含义。我国台湾"《药事法》"对相应名词术语的定义就有很好的借鉴意义,"《药事法》"第十六条规定:"本法所称药品制造者,系指经营药品之制造、加工与其产品批发、输出及自用原料输入之业者。前项药品制造者,得兼营自制产品之零售业务。"第十五条规定,"本法所称药品贩卖业者,系指下列各款规定之业者:经营西药批发、零售、输入及输出之业者;经营业中药批发、零售、调剂、输入及输出之业者。"

（二）美国 FDCA 对药品生产准入的法律控制

美国药品对药品生产准入的控制主要是通过新药评审（NDA）和仿制药评审（ANDA）的结果来实现的。美国《食品、药品和化妆品法》（FDCA）规定制药企业经过 FDA 药品审评与研究中心（CDER）注册即可成立,无须行政许可,但是企业生产药品的行为却受到准入控制,企业必须使自己生产的药品通过 CDER 的 NDA 或 ANDA 审评才能使生产行为合法化,NDA 和 ANDA 程序均包括对企业生产现场进行 GMP 考核内容,也就是 GMP 检查是药品审评制度的一部分。通过注册,美国食品和药物管理局（Food and Drug Administration,FDA）掌握并公开了制药企业的基本情况,便于对其进行有效的管理与监督,保护了消费者和其他市场主体的利益,通过药品评审,确保上市药品的质量和安全。

【拓展练习】

结合本项目,谈谈医药生产经营企业如何进行依法管理。

项目 14   医疗机构药事管理的法律规定

【工作任务】

某中医医院具有医疗机构制剂许可证,但在未获得批准文号的情况下,于 2002 年 8 月开始,利用其现有的设备、包装材料、原辅料,在配置合法制剂的同时,擅自配置使用胃复冲剂、除湿丸、生化颗粒、补肾复坤丸等九种制剂,2002 年 10 月被药监部门在检查时发现。根据院方提供的价格,查获的非法制剂货值金额为 8527.52 元。

院方辩解,由于体制上的原因,他们曾将上述制剂提交药监部门审批,但因制剂审批工作暂停而搁置。另外,所配制剂与纯粹的假药不同,疗效较好,临床无不良反应。

药监部门处理:没收违法配制制剂的九种制剂和使用所得,并处理违法配制制剂货值金额 8 527.52 元 2 倍的罚款,同时责令停止配制上述九种制剂,进行整改。之所以处以 2 倍罚款,是考虑该中医医院违法情节并不严重,而且此前向药监部门提交过制剂审判材料,所配制制剂有一定疗效,与纯粹的假药应有所区别,基于同样的理由,也不宜吊销其医疗机构制剂许可证。

问题 1   **医疗机构药事管理的法律界定**

医疗机构药事管理是指医疗机构内以医院药学为基础,以临床药学为核心,促进临床科学、合理用药的药学技术服务和相关的药品管理工作。医疗机构药事管理的内容主要包括药品供应与管理、药品调剂管理、医院制剂管理、医院药物质量控制、临床药学管理、药物信息与研究管理、药物经济学和对医疗机构的人员管理等。相关的法律法规有《药品管理法》、《医疗机构管理条例》、《医疗用毒性药品管理办法》、《麻醉药品管理办法》、《精神药品管理办法》、《医疗器械监督管理条例》

等,特别是以 2002 年颁布的《医疗机构药事管理暂行规定》以及 2007 年施行的《处方管理办法》为核心,更加科学、规范的规定引导医疗机构的药事管理工作,保证了社会公众的用药安全。

问题 2　医疗机构药事管理组织和药学部门的组成

（一）医疗机构药事管理组织

药事管理委员会是医院药事管理具有权威性的管理组织,是医院药事管理的最高机构。根据规定二级以上的医疗单位要成立药事管理机构;二级以上单位应设药事委员会,其他医疗机构可成立药事管理组;药事管理委员会(组)设主任委员一名,副主任委员若干名;医药机构医疗业务主管负责人任主任委员,药学部门负责人任副主任委员;医疗机构药事管理委员会(组)应建立相应的工作制度,日常工作由药学部门负责。

（二）药学部门

医院药学指研究医院药品供应、药学技术、药事管理和临床用药的一门科学,是与医院临床工作接触的药学工作,它是以药剂学为中心开展的药事管理和药学技术工作,以临床医师和病人为服务对象,以供应药物和指导、参与临床安全、合理、有效的药物治疗为职责,以治疗效果为质量标准,在医院特定环境下的药学工作。

药剂科　是医院的一个重要职能部门,是提高医疗质量,保证病人用药安全有效的重要环节。药剂科具有专业技术性、经济管理性、信息指导性和监督检查性等特点。

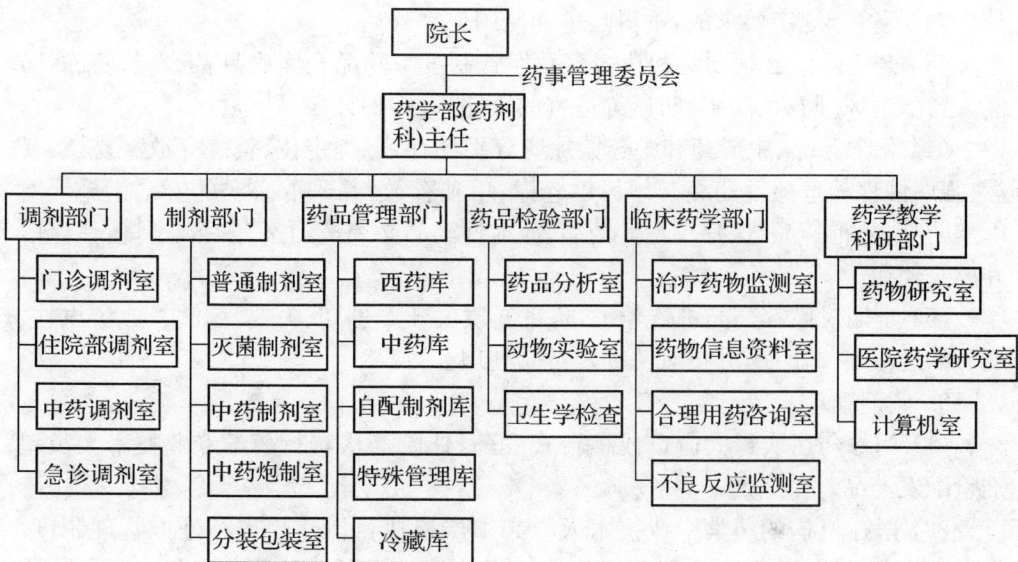

我国综合医院药学部门组织机构图

问题 3　医疗机构药事管理和制剂管理

（一）医疗机构药事管理

1. 药物临床应用管理

（1）药物临床应用是使用药物进行预防、诊断和治疗疾病的医疗过程。医师和药学专业技术人员在药物临床应用时须遵循安全、有效、经济的原则。医师应尊重患者对应用药物进行预防、诊断和治疗的知情权。

（2）医务人员在临床工作中如发现可能与用药有关的严重不良反应，在做好观察与记录的同时，应及时报告本机构药学部门和医疗管理部门，并按规定上报药品监督管理部门和卫生行政部门。而药学部门的药学技术人员在日常配合医生做好临床用药外更应做好药物的不良反应监测工作。

（3）在药物临床应用过程中，药学专业技术人员发现处方或医嘱所列药品违反治疗原则的应当向医生指出并应拒绝调配；发现滥用药物或药物滥用者应及时报告本机构药学部门和医疗管理部门，并按规定上报卫生行政部门或其他有关部门。

2. 药品供应与管理

（1）药学部门要掌握新药动态和市场信息，制定药品采购计划，在保证药品供应前提下，加速周转，减少库存。同时，做好药品成本核算和账务管理。

（2）医疗机构药品采购要实行公开招标采购或参加集中招标采购。药学部门要参与药品采购工作，建立并执行药品进货检查验收制度，验明药品合格证明和其他标志；不符合规定要求的，不得购进和使用。

（3）药学部门必须制定和执行药品保管制度。药品仓库应具备冷藏、防冻、防潮、避光、通风、防火、防虫、防鼠等适宜的仓储条件，保证药品质量。

（4）化学药品、中成药和中药饮片应分别储存、分类定位、整齐存放。易燃、易爆、强腐蚀性等危险性药品必须另设仓库，单独存放，并采取必要的安全措施。对麻醉药品、精神药品、医用毒性药品、放射性药品必须按国家有关规定进行管理，并监督使用。

（5）定期对库存药品进行养护，防止变质失效。过期、失效、淘汰、霉烂、虫蛀、变质的药品不得出库，并按有关规定及时处理。

3. 调剂管理

（1）门诊药房实行大窗口或柜台式发药，住院药房实行药学专业技术人员单剂量配发药品。

（2）医疗机构的药学专业技术人员必须严格执行操作规程和处方管理制度，认真审查和核对，确保发出药品的准确、无误。发出药品应注明患者姓名、用法、用量，并交代注意事项。对处方所列药品，不得擅自更改或者代用。对有配伍禁忌、超剂量的处方,药学专业技术人员应拒绝调配。必要时,经处方医师更正或者重新签字,方可调配。为保证患者用药安全,药品一经发出,除医院责任外,不得退换。

(3) 根据临床需要,可建立全肠道外营养和肿瘤化疗药物等静脉液体配制中心(室),实行集中配制和供应。

4. 药学研究管理

有条件的医疗机构应支持药学专业技术人员结合临床实际工作需要按照有关规定开展药学研究工作。医疗机构药学研究工作的主要内容是:

(1) 开展临床药学和临床药理研究。围绕合理用药、新药开发进行药效学、药物动力学、生物利用度以及药物安全性等研究;结合临床需要开展化学药品和中成药新制剂、新剂型的研究。

(2) 运用药物经济学的理论与方法,对医疗机构药物资源利用状况和药品应用情况进行综合评估和研究,合理配置和使用卫生资源。

(3) 开展医疗机构药事管理规范化、标准化的研究,完善各项管理制度,不断提高管理水平。

(4) 开展药学伦理学教育和研究,不断提高医务人员的职业道德水准。

(二) 医疗机构制剂管理

医疗机构的制剂管理是指医疗机构根据临床需要进行自制制剂的生产与使用的管理。医疗机构制剂管理是医疗机构药事管理的重要组成部分。

1. 人员资格的规定　医疗机构必须配备依法经过资格认定的药学技术人员。非药学技术人员不得直接从事药剂技术工作。医疗机构应由药学技术人员直接从事药剂技术工作,甚至包括调剂、制剂、采购、分发、保管等。随着医疗机构功能作用的变化,药剂技术工作将由保证临床实践和为病人直接服务转变为开展药学监护、临床治疗咨询、药物不良反应监测、药物经济学研究等,非药学技术人员未经过药学专业知识系统学习和上岗培训,且不具备相应技术资格和执业资格,只能从事一些辅助工作,不能直接从事药剂技术工作。

2. 审批规定　医疗机构配制制剂,须经所在地省、自治区、直辖市人民政府卫生行政部门审核同意,由省、自治区、直辖市人民政府药品监督管理部门批准,发给医疗机构制剂许可证。无医疗机构制剂许可证的,不得配制制剂。医疗机构制剂许可证应当标明有效期,到期重新审查发证。

医疗机构制剂是指医疗机构根据本单位临床和科研需要,依照规定的药品生产工艺规程配制的符合质量标准的药物制剂。配制制剂首先应当获得批准。医疗机构制剂许可证的申请程序是:必须先经省级卫生行政部门审核同意,再报省级药品监督管理部门批准。药品监督管理部门是医疗机构配制制剂的审批部门和监督管理部门,有责任对持证单位进行经常的质量监督检查,发现任何违反《药品管理法》的行为,有权依法责令整顿、停止配制制剂、吊销制剂批准文号或医疗机构制剂许可证。医疗机构制剂许可证是医疗机构配制制剂的资格证明,是对医疗机构药剂部门人员、设备、检验、规章制度的总结。没有该证照的医疗机构不得配制制剂。

3. 硬件要求 医疗机构配制制剂,必须具有能够保证制剂质量的设施、管理制度、检验仪器和卫生条件。医疗机构配制制剂必须具备相应的硬件和软件才能充分保证所配制剂的质量。医疗机构配制得制剂有其特殊性,如使用量不定、规模小、储存时间短、针对性强、临床必须等,是药品生产企业所无法代替的。

4. 使用规定 医疗机构配制的制剂,应当是本单位临床需要而市场上没有供应的品种,并须经所在地省、自治区、直辖市人民政府药品监督管理部门批准后方可配制。配制的制剂必须按照规定进行质量检验;合格的,凭医师处方在本医疗机构使用。特殊情况下,经国务院或者省、自治区、直辖市人民政府的药品监督管理部门批准,医疗机构配制的制剂可以在指定的医疗机构之间调剂使用。医疗机构配制的制剂,不得进行市场销售。

问题 4 违反医疗机构药事管理的法律责任

(一)医疗机构违反《药品管理法》有关规定的法律责任

1. 医疗机构未取得医疗机构制剂许可证而生产药品、经营药品的,依法予以取缔,没收违法生产、销售的药品和违法所得,并处违法生产、销售的药品(包括已售出的和未售出的药品,下同)货值金额2倍以上5倍以下的罚款;构成犯罪的,依法追究刑事责任。

2. 医疗机构生产、销售假药的,没收违法生产、销售的药品和违法所得,并处违法生产、销售药品货值金额2倍以上5倍以下的罚款;情节严重的,吊销医疗机构制剂许可证;构成犯罪的,依法追究刑事责任。

3. 医疗机构生产、销售劣药的,没收违法生产、销售的药品和违法所得,并处违法生产、销售药品货值金额1倍以上3倍以下的罚款;情节严重的,吊销医疗机构制剂许可证;构成犯罪的,依法追究刑事责任。

4. 医疗机构违反规定,从无药品生产许可证、药品经营许可证的企业购进药品的,责令改正,没收违法购进的药品,并处违法购进药品货值金额2倍以上5倍以下的罚款;有违法所得的,没收违法所得;情节严重的,吊销医疗机构执业许可证书。

5. 医疗机构伪造、变造、买卖、出租、出借医疗机构制剂许可证的,没收违法所得,并处违法所得1倍以上3倍以下的罚款;没有违法所得的,处2万元以上10万元以下的罚款;情节严重的,并吊销卖方、出租方、出借方的医疗机构制剂许可证;构成犯罪的,依法追究刑事责任。

6. 医疗机构违反本法规定,提供虚假的证明、文件资料样品或者采取其他欺骗手段取得医疗机构制剂许可证的,吊销医疗机构制剂许可证,五年内不受理其申请,并处 1 万元以上 3 万元以下的罚款。

7. 医疗机构将其配制的制剂在市场销售的,责令改正,没收违法销售的制剂,并处违法销售制剂货值金额 1 倍以上 3 倍以下的罚款;有违法所得的,没收违法所得。

8. 医疗机构在药品购销中暗中给予、收受回扣或者其他利益的,由工商行政管理部门处 1 万元以上 20 万元以下的罚款,有违法所得的,予以没收;构成犯罪的,依法追究刑事责任。

9. 医疗机构的负责人、药品采购人员、医师等有关人员收受药品生产企业、药品经营企业或者其代理人给予的财物或者其他利益的,由卫生行政部门或者本单位给予处分,没收违法所得;对违法行为情节严重的执业医师,由卫生行政部门吊销其执业证书;构成贿赂或商业贿赂犯罪的,依法追究刑事责任。

10. 医疗机构违反规定,给药品使用者造成损害的,依法承担赔偿责任。

(二) 医疗机构违反《药品管理法实施条例》相关规定的法律责任

1. 未经批准,医疗机构擅自使用其他医疗机构配制的制剂的,依照《药品管理法》第 80 条的规定给予处罚。

2. 个人设置的门诊部、诊所等医疗机构向患者提供的药品超出规定的范围和品种的,依照《药品管理法》第 73 条的规定给予处罚。

3. 医疗机构使用假药、劣药的,依照《药品管理法》第 74 条、第 75 条的规定给予处罚。

4. 擅自进行临床试验的,对承担药物临床试验的机构,依照《药品管理法》第 79 条的规定给予处罚。

5. 医疗机构不按照省、自治区、直辖市人民政府药品监督管理部门批准的标准配制制剂的,依照《药品管理法》第 75 条的规定给予处罚。

6. 医疗机构配制的制剂,其包装、标签、说明书违反《药品管理法》及实施条例规定的,依照《药品管理法》第 86 条的规定给予处罚。

7. 医疗机构变更药品生产经营许可事项,应当办理变更登记手续而未办理的,由原发证部门给予警告,责令限期补办变更登记手续;逾期不补办的,宣布其医疗机构制剂许可证无效;仍从事药品生产经营活动的,依照《药品管理法》第 73 条的规定给予处罚。

8. 医疗机构未违反《药品管理法》和实施条例的有关规定,并有充分证据证明其不知道所销售或者使用的药品是假药、劣药的,应当没收其销售或者使用的假药、劣药和违法所得;但是,可以免除其他行政处罚。

（三）《医疗机构管理条例》中有关法律责任的规定

1. 未取得医疗机构执业许可证擅自执业的,由县级以上人民政府卫生行政部门责令其停止执业活动,没收非法所得和药品、器械,并可以根据情节处以1万元以下的罚款。

2. 逾期不校验医疗机构执业许可证仍从事诊疗活动的,由县级以上人民政府卫生行政部门责令其限期补办校验手续;拒不校验的,吊销其《医疗机构执业许可证》。

3. 出卖、转让、出借医疗机构执业许可证的,由县级以上人民政府卫生行政部门没收非法所得,并可以处以5000元以下的罚款;情节严重的,吊销其医疗机构执业许可证。

4. 诊疗活动超出登记范围的,由县级以上人民政府卫生行政部门予以警告、责令其改正,并可以根据情节处以3000元以下的罚款;情节严重的,吊销其医疗机构执业许可证。

5. 使用非卫生技术人员从事医疗卫生技术工作的,由县级以上人民政府卫生行政部门责令其限期改正,并可以处以5000元以下的罚款;情节严重的,吊销其医疗机构执业许可证。

6. 出具虚假证明文件的,由县级以上人民政府卫生行政部门予以警告;对造成危害后果的,可以处以1000元以下的罚款;对直接责任人员由所在单位或者上级机关给予行政处分。

（四）医疗机构违反《麻醉药品和精神药品管理条例》、《医疗用毒性药品管理办法》有关规定的法律责任

1. 取得印鉴卡的医疗机构违反条例的规定,有下列情形之一:①未依规定购买、储存麻醉药品和一类精神药品的;②未依规定保存麻醉药品和精神药品专用处方或未依规定进行处方专册登记的;③未依规定报告麻醉药品、精神药品的进货、库存、使用数量;④紧急借用麻醉药品和一类精神药品后未备案的;⑤未依规定销毁麻醉药品的,由设区的市级卫生主管部门责令限期改正,给予警告;逾期不改正的,处5000元以上1万元以下罚款,情节严重的,吊销其印鉴卡并处分主管人员和责任人员。

2. 具有麻醉药品和一类精神药品处方资格的执业医师违反条例规定开具相关处方,或未按临床指导原则使用麻醉药品的,由其所在医疗机构取消其麻醉药品和一类精神药品处方资格,造成严重后果的,由原发证机关吊销其执业证书。

3. 未取得麻醉药品和一类精神药品处方资格的执业医师擅自开具麻醉药品和一类精神药品处方的,由县级以上卫生主管部门给予警告,暂停执业活动;造成严重后果的,吊销其执业证书;构成犯罪的,依法追究刑事责任。

4. 处方的调配人、核对人违反本条例的规定未对麻醉药品和一类精神药品处方进行核对,造成严重后果的,由原发证部门吊销其执业证书。

5. 医疗机构擅自生产、收购、经营毒性药品,由县级以上卫生主管部门没收其全部毒性药品,给予警告或按照非法所得的 5～10 倍罚款;情节严重、致人伤残或死亡,构成犯罪的,依法追究刑事责任。

（五）医疗机构违反《中医药条例》有关规定的法律责任

1. 医疗机构违反规定,有下列情形之一的,由县级以上地方人民政府负责中医药管理的部门责令限期改正;逾期不改正的,责令停业整顿,直至由原审批机关吊销其医疗机构执业许可证、取消其城镇职工基本医疗保险定点医疗机构资格,并对负有责任的主管人员和其他直接责任人员依法给予纪律处分:

（1）不符合中医医疗机构设置标准的。

（2）获得城镇职工基本医疗保险定点医疗机构资格,未按照规定向参保人员提供基本医疗服务的。

2. 未经批准擅自开办中医医疗机构或者未按照规定通过执业医师或者执业助理医师资格考试取得执业许可,从事中医医疗活动的,依照《执业医师法》和《医疗机构管理条例》的有关规定给予处罚。

3. 篡改经批准的中医医疗广告内容的,由原审批部门撤销广告批准文号,1 年内不受理该中医医疗机构的广告审批申请。

负责中医药管理的部门撤销中医医疗广告批准文号后,应当自做出行政处理决定之日起 5 个工作日内通知广告监督管理机关。广告监督管理机关应当自收到负责中医药管理的部门通知之日起 15 个工作日内,依照《广告法》的有关规定查处。

（六）医疗机构违反《医疗器械监督管理条例》有关规定的法律责任

1. 医疗机构违反规定,使用无产品注册证书、无合格证明、过期、失效、淘汰的医疗器械的,或者从无医疗器械生产企业许可证、医疗器械经营企业许可证的企业购进医疗器械的,由县级以上人民政府药品监督管理部门责令改正,给予警告,没收违法使用的产品和违法所得,违法所得 5000 元以上的,并处违法所得 2 倍以上5 倍以下的罚款;没有违法所得或者违法所得不足 5000 元的,并处 5000 元以上2 万元以下的罚款;对主管人员和其他直接责任人员依法给予纪律处分;构成犯罪的,依法追究刑事责任。

2. 医疗机构违反规定,重复使用一次性使用的医疗器械的,或者对应当销毁未进行销毁的,由县级以上人民政府药品监督管理部门责令改正,给予警告,可以处 5000 元以上 3 万元以下的罚款;情节严重的,可以对医疗机构处 3 万元以上 5 万元以下的罚款,对主管人员和其他直接责任人员依法给予纪律处分;构成犯罪的,依法追究刑事责任。

3. 承担医疗器械临床试用或者临床验证的医疗机构提供虚假报告的,由省级以上人民政府药品监督管理部门责令改正,给予警告,可以处 1 万元以上 3 万元以下罚款;情节严重的,撤销其临床试用或者临床验证资格,对主管人员和其他直接责任人员依法给予纪律处分;构成犯罪的,依法追究刑事责任。

【延伸阅读】

日本医疗机构药事管理

(一)组织与人员

日本医院药房是和临床科室并列的以治疗为主的医技科室,是医院组织结构中的二级直线职权机构,由副院长直接领导。医院药房一般由分管业务的副院长领导。

日本依照《药房法》对医院药师进行管理,医院药师资格是按照法律规定审定的,他们是受过高等药学(临床药学)专业教育,具有学位,并经国家登记注册的执业药师。日本医院药师只有行政职务不同称号,没有诸如我国分级职称区分。日本的非药师人员除技术人员外,按职位分为事务员、作业员等,但总数较少。

(二)标准化管理

日本医院药师协会自 20 世纪 70 年代以来,制定修订的标准化管理文件有多部,涉及范围不如美国的全面,但是具体、很容易操作。各大医院特别是教学医院,普遍制定了各项业务标准管理条例、办法。这些管理文件均收载于药学教育教材。

(三)调剂业务管理

日本大中型医院也广泛采用药品单位剂量配置系统、静脉注射液混合项目、药学服务中心化。

(四)医院处方集系统

日本大中医院普遍编制、推行处方集和系统管理。

(五)临床药学服务管理

日本医院药房临床药学非常重视药品情报服务和管理,制定了管理标准。

【拓展练习】

结合本项目,谈谈该案件对于医疗机构的依法管理有何警示意义。

项目 15　药品管理的法律规定

本项目主要针对医政、药政管理、药品生产经营企业管理等岗位,具体技能要求:

1. 能够熟练分析药品和药品不良反应的法律界定。
2. 能够熟练分析假药和劣药的法律规定。
3. 能够清楚分析违反药品管理的法律责任。

【工作任务】

2006 年 5 月 3 日,根据广东省食品药品监督管理局报告,发现部分患者使用了齐齐哈尔第二制药有限公司(以下简称齐二药)生产的"亮菌甲素注射液",出现了严重药物不良事件。据统计,仅广州中山大学附属第三医院就有 4 位患者因使用亮菌甲素注射液而死亡,6 位患者中毒,生命垂危,正在抢救中。国家食品药品监督管理局对此高度重视,立即责成黑龙江省食品药品监督管理局暂停了该企业亮菌甲素注射液的生产,封存了库存药品,并派出调查组分赴黑龙江、广东等地进行调查,随后又赴江苏追踪调查生产原料的问题。经过广东省药检所的反复检验和验证,初步查明引起患者死亡的原因是齐二药生产的亮菌甲素注射液中含有了该药中不应该含有的二甘醇,二甘醇在体内氧化成草酸而引起了肾脏损害从而导致患者死亡。

经过调查,国家食品药品监督管理局最终认定事情的起因是:江苏省泰兴市不法商人王桂平以中国地质矿业总公司泰兴化工总厂的名义,伪造药品生产许可证等证件,于 2005 年 10 月将工业原料二甘醇假冒药用辅料丙二醇,出售给齐二药。齐二药采购员钮忠仁违规购入假冒丙二醇,化验室主任陈桂芬等人严重违反操作规程,未将检测图谱与"药用标准丙二醇图谱"进行对比鉴别,并在发现检验样品相对密度值与标准严重不符的情况下,将其改为正常值,签发合格证,致使假的药用辅料投入生产,制造出含有二甘醇的亮菌甲素注射液并投放市场,而含有二甘醇的亮菌甲素注射液是导致病人急性肾衰竭的直接原因。广州中山三院和广东龙川县中医院使用此假药后,共有 11 名患者出现急性肾衰竭并死亡。

问题1 药品和药品不良反应的法律界定

（一）药品的法律界定

药品是用于预防、治疗、诊断人的疾病，有目的地调节人的生理功能并规定有适应证或者功能主治、用法和用量的物质，包括中药材、中药饮片、中成药、化学原料药及其制剂、抗生素、生化药品、放射性药品、血清、疫苗、血液制品和诊断药品等。

（二）药品不良反应的法律界定

药品不良反应是指合格药品在正常用法用量下出现的与用药目的无关的或意外的有害反应。该定义将药品不良反应限定为质量合格的药品，排除了错误用药、超剂量用药、病人不遵守医嘱及滥用药导致的药品不良反应或不良事件。

药品严重不良反应是指因服用药品引起以下损害情形之一的反应：

1. 引起死亡。

2. 致癌、致畸、致出生缺陷。

3. 对生命有危险并能够导致人体永久的或显著的伤残。

4. 对器官功能产生永久损伤。

5. 导致住院或住院时间延长。

问题2 假药和劣药的法律规定

（一）假药

我国《药品管理法》中第48条明确规定："禁止生产（包括配制，下同）、销售假药。"其中有下列情形之一的，为假药：①药品所含成分与国家药品标准规定的成分不符的；②以非药品冒充药品或者以他种药品冒充此种药品的。有下列情形之一的药品，按假药论处：①国务院药品监督管理部门规定禁止使用的；②依照本法必须批准而未经批准生产、进口，或者依照本法必须检验而未经检验即销售的；③变质的；④被污染的；⑤使用依照本法必须取得批准文号而未取得批准文号的原料药生产的；⑥所标明的适应证或者功能主治超出规定范围的。

药品所含成分是指该药品产生规定作用的有效成分或活性物质，是决定药品效果和质量的决定因素。不同的药物成分其理化性质、药效是不一样的，使用中的安全性也有不同。国家对于药品所含成分的审批有着十分严格的程序规定。药品生产的申请者必须如实报送研制方法、质量指标、药理及毒理试验结果等有关资料和样品。国务院药品监督管理部门组织药学、医学和其他技术人员，对药品进行审评，符合国家有关规定后才批准其生产、销售、使用。

已经通过审查批准并进行合法生产的药品，其质量标准中都有确定的技术指标和相关要求。这样规定的目的就在于要确保该药品的质量和在预防、治疗和诊断中的效能与安全性。作为国家强制实施的标准，其生产、销售者必须贯彻执行。

擅自改变国家药品标准中业已规定的药品所含成分的技术标准,致使药品所含成分与国家药品标准规定的成分不符的,就不能保证在使用中拥有确切的药效,更不可能保证使用者安全有效地用药,因此将其列为假药。每一种药品都有其确定的适应证或功能主治。非药品不具有药品特定的功效,如果被使用,轻者可延误病情,严重的危及使用者的生命安全。他种药品与被冒充的药品的一个重要区别就在于它们的适应证或功能主治以及服法用量、用药注意事项不同,以他种药品冒充此种药品不但不能达到预期目的,反而可能产生严重后果,这是十分危险的。以非药品冒充药品或以他种药品冒充此种药品的行为严重破坏了国家药品标准的实施,所以列为假药。

国务院药品监督管理部门规定禁止使用的药品,主要根据《药品管理法》第 38 条:"禁止进口疗效不确、不良反应大或者其他原因危害人体健康的药品"和第 42 条:"国务院药品监督管理部门对已经批准生产或者进口的药品,应当组织调查,对疗效不确定、不良反应大或者其他原因危害人体健康的药品,应当撤销批准文号或者进口药品注册证书。被撤销批准文号或者进口药品注册证书的药品禁止使用",予以明确。违反上述两方面禁止使用药品规定的,按假药论处。

药品未按规定的审批和检验程序,即:新药研制者,必须按照国务院药品监督管理部门的规定如实报送相关资料和样品,并经审查批准后进行临床试验,审查中将严格论证药品的治疗机理、毒副作用、不良反应等。在药物的非临床安全性评价及临床性试验通过规定标准后,方能获得药品批准文号并从事生产。获得批准文号和进口注册证书的药品也必须按照有关规定进行必要的检验。因为,这些药品的质量情况是不清楚的,它不但违反了法律规定,而且对使用者也是非常不安全的,因此必须按假药论处。

变质及被污染的药品,其理化性质、药效等都会发生变化,不能再起到药品标准所规定的作用。生产和销售变质及被污染的药品,可能会给使用者造成新的疾患甚至危害使用者的生命安全,因此,药品法规定对生产和销售变质及被污染药品的,按假药论处。

原料药是指在生产药品和调配处方中的有效成分和活性物质。"原料药"属于药品的范畴,因此,原料药的生产、使用,也必须按照药品审批的程序进行申报审批,也必须通过申报审批程序获得批准文号,方可使用。实践中发现,有些药品生产企业,已经获得了国家某药品的生产批准文号,但是企业为了减少生产成本,却未履行申报审批程序自己生产该药的原料药,或者购买其他企业生产的没有批准文号的原料药。这种擅自使用未取得批准文号的原料药从事药品生产的行为,不能确保其所生产的药品所含成分和其他标准内容符合国家药品标准的规定,不能保证其使用中的安全性,因此,使用必须取得批准文号而未取得批准文号的原料药生产的,按假药论处。

对标明适应证或者功能主治超出规定范围的、增加或变更适应证或功能主治的,其实质都是对原药品标准的改变。依照法律规定,应当重新按照新药申报审批程序进行审批。因为药品标准中规定的适应证或功能主治都是在经过大量科学实验(包括非临床试验及临床试验)的基础上,经过充分论证得出的结果。它们都是药品标准的重要组成部分。正确标明适应证或功能主治,也是贯彻执行药品标准的重要内容,只有正确的标明药品的适应证或功能主治,才能确保指导使用者正确安全有效地使用药品。对此种情形,按假药论处。

（二）劣药

《药品管理法》第49条是关于劣药的界定,"药品成分的含量不符合国家药品标准的,为劣药。""禁止生产、销售劣药。"有下列情形之一的药品,按劣药论处:①未标明有效期或者更改有效期的;②不注明或者更改生产批号的;③超过有效期的;④直接接触药品的包装材料和容器未经批准的;⑤擅自添加着色剂、防腐剂、香料、矫味剂及辅料的;⑥其他不符合药品标准规定的。

药品成分含量低于规定标准,使用者在使用后达不到应有的治疗作用;超出规定标准,则可能会造成使用者的超量服用,危害健康。生产、销售劣药,其危害性与假药极其相近,因此,也是重点打击的违法行为之一。

生产、销售劣药的行为表现具有多样性复杂化的特点。《药品管理法》归纳了常见的几种情形,并做出了按劣药论处的规定:

1. 药品有效期是指药品在一定的储存条件下,能够保持质量不变的期限。在药品的研发申报审核过程中,药品的理化性质尤其是稳定性的研究、实验数据上审核的一项非常重要的内容。药品有效期的长短与药品的稳定性密切相关。有些稳定性较差的药品,在储存中,药效降低,毒性增高,如果继续使用,就可能对健康造成危害,因此不能再作药用。因此,对药品必须制订有效期的规定。药品有效期限,是药品标准的重要组成部分。药品有效期的确定是在经过大量科学实验(非临床实验及临床试验等)基础上,根据每一药品稳定性的实际情况而做出的。它是药品标准的重要组成部分。未标明有效期或者更改有效期的;超过有效期的,均按劣药论处。药品未标明有效期,擅自更改作为药品标准重要事项的有效期的行为也属于违反药品标准的行为。因此,上述情况的药品均按劣药论处。

2. 药品生产批号的含义是指用于识别批的一组数字或字母加数字,可以追溯和审查该批药品生产的历史。在生产过程中,药品批号主要起标识作用。根据生产批号和相应的生产记录,可以追溯该批药品的原料来源、药品形成过程的历史;在药品形成成品后,根据销售记录,可以追溯药品的市场去向,药品进入市场后的质量状况;在需要的时候可以控制和回收该批药品。在我国,药品生产日期以生产批号为准,药品有效期的计算也是自生产批号确定的日期计算。因此,不注明或更改生产批号的行为,其结果等同于未标明有效期或更改有效期,须按劣药论处。

3. 直接接触药品的包装材料和容器能否污染容器内的药品以及能否影响该药品的稳定性至关重要。一些药品,尤其是药品制剂,剂型本身就是依附包装而存在的,如注射剂的玻璃瓶、胶塞等。由于药品包装材料、容器组分、选材、生产工艺方法的不同,有的组分可能被所接触的药品溶出或与药品互相产生化学作用,或被药液长期浸泡腐蚀脱片,有些甚至造成药品被污染,因而直接影响药品的质量。为提高直接接触药品的包装材料、容器的质量,确保药品的安全有效,根据《直接接触药品的包装材料和容器管理办法》的规定,直接接触药品的包装材料和容器必须经由药品监督管理部门在审批药品时一并审批,方可使用。药品生产企业如果使用未经批准的直接接触药品的包装材料和容器,其药品质量就无法得到保证,须按劣药论处。

4. 药品所含的各种成分,在审批过程中是经过充分的科学论证和大量试验检测而予以肯定的。生产药品所需的原料、辅料必须符合药检所的质量检验结果要求。所谓符合要求就是指必须符合经审定的标准。任何未经批准擅自添加着色剂、防腐剂、香料、矫味剂及辅料,都可能会改变药品理化性质和药效,改变药品标准,影响药品质量,甚至可能危害健康。因此对擅自添加着色剂、香料、矫味剂及辅料的行为,一律按劣药论处。

法律具有相对的稳定性,不可能进行经常性的修订;法律又有相对的局限,不可能把所有的违法行为全部罗列。《药品管理法》也不可能将所有的违反药品标准的行为一一列出。因此,为了保证今后处理新情况新问题也能有法可依,《药品管理法》也规定:其他不符合药品标准的,也按劣药论处。

问题 3 **违反药品管理的法律责任**

(一)违反药品标准管理的法律责任

《药品管理法》中诸多条款都对药品必须遵守药品标准管理制定了一些规定。与此对应,对违反药品标准管理的行为也必须承担相应的法律责任。

1. 在药品标识上所标明的适应证或者功能主治超出规定范围的,属于按假药论处的药品,应当按照《药品管理法》第 74 条规定的生产、销售假药的行为进行处罚。

《药品管理法》第 74 条规定:"生产、销售假药的,没收违法生产、销售的药品和违法所得,并处违法生产、销售药品货值金额 2 倍以上 5 倍以下的罚款;有药品批准证明文件的予以撤销,并责令停产、停业整顿;情节严重的,吊销药品生产许可证、药品经营许可证或者医疗机构制剂许可证;构成犯罪的,依法追究刑事责任。"

该条指出对生产、销售假药等违法行为规定的行政责任主要是行政处罚。对生产、销售假药的违法行为的处罚包括两个层次：一是对一般违法行为，没收违法药品和违法所得，并处罚款；有药品批准证明文件的予以撤销，并责令停产、停业整顿。二是对情节严重的违法行为，吊销许可证。其中，对一般违法行为的处罚可以并行适用。而吊销许可证只针对情节严重的违法行为。"情节严重"，一般是指制售假药屡教不改、获取违法所得数额较大等。

撤销药品批准证明文件和吊销许可证是特定的行政机关或者法定的其他组织依法撤销允许相对人从事某种活动的资格和权利的凭证，终止其继续从事该凭证所允许的活动的处罚形式。二者都属于许可证罚，撤销药品批准证明文件是针对有药品批准证明文件的企业生产、销售假药而给予的处罚。处罚对象特定化，无批准证明文件的违法主体不适用这一规定。吊销许可证是吊销违法主体的药品生产许可证、药品经营许可证、医疗机构制剂许可证，也是生产、销售假药的行为主体。

对于构成犯罪的行为，还应追究其刑事责任。《刑法》第141条规定的生产、销售假药罪，是指生产、销售者违反国家药品管理法规，明知是假药而生产、销售，足以严重危害人体健康的行为。它侵犯的客体是国家对药品监督管理制度和公民的健康权利。客观方面表现为行为人违反国家药品管理法规，生产、销售假药，足以严重危害人体健康的行为；主观方面是故意。《刑法》第140条规定的生产、销售伪劣产品罪，是指生产者、销售者违反国家产品质量管理法规，在生产、销售的产品中掺杂、掺假，以假充真，以次充好，或者以不合格产品冒充合格产品，数额较大的行为。数额较大是指销售金额在5万元以上，销售金额是指生产、销售伪劣产品的全部收益，包括成本和利润。可见，构成此罪的必要条件是销售金额5万元以上；主观方面是故意。

第140条与141条规定的罪名是有联系的。第140条规定的是广义的产品犯罪，第141条规定的是具体产品即药品的犯罪。第140条规定的犯罪必须具备一个条件，即销售金额达5万元以上。第141条规定的犯罪必须具备的一个条件是足以严重危害人体健康的行为。如果生产、销售假药的行为没有达到"足以严重危害人体健康"的程度，而销售假药金额却达到5万元以上的，按照第140条的规定定罪量刑。如果生产、销售假药既达到足以严重危害人体健康的程度，销售假药金额又达到5万元以上的，就依照处罚较重的规定定罪量刑。

2. 药品标识上没有标明药品的通用名称、成分、规格、有效期、用法、用量、禁忌、不良反应和注意事项以及其他不符合药品标准的，属于按劣药论处的药品，应当按照《药品管理法》第75条规定的生产、销售劣药的行为进行处罚。

药品管理法第75条规定："生产、销售劣药的，没收违法生产、销售的药品和违法所得，并处违法生产、销售药品货值金额1倍以上3倍以下的罚款；情节严重的，责令停产、停业整顿或者撤销药品批准证明文件、吊销药品生产许可证、药品经营许可证或者医疗机构制剂许可证;构成犯罪的,依法追究刑事责任。"

该条对生产、销售劣药等违法行为规定的法律责任有行政责任和刑事责任两种。

对生产、销售劣药的违法行为的处罚包括两个层次:一是对一般违法行为,没收违法药品和违法所得,并处罚款;二是对情节严重的违法行为,责令停产、停业整顿或者撤销药品批准证明文件、吊销许可证。"情节严重"一般是指制售劣药屡教不改、获取违法所得数额较大等。

责令停产、停业整顿与撤销药品批准证明文件、吊销许可证的处罚手段不能并行适用,而是由药品监督管理部门选择其一适用。

责令停产停业整顿、撤销药品批准证明文件和吊销许可证等行政处罚,也应当依法按照《行政处罚法》的规定公开进行听证会。

该条所规定的刑事责任主要是《刑法》第 140 条、第 142 条。《刑法》第 142 条规定的生产、销售劣药罪,是指违反国家药品管理法规,明知是劣药而进行生产、销售,对人体健康造成严重危害的行为。其犯罪客体包括国家对药品的监督管理制度和公民的健康权利;客观方面表现为行为人违反国家药品管理法规,生产、销售劣药,对人体健康造成严重危害的行为;主观方面是故意。

如果生产、销售劣药的行为没有对人体健康造成严重危害的,而生产、销售劣药金额却达到 5 万元以上的,按照第 140 条的规定定罪量刑。如果生产、销售劣药既对人体健康造成严重危害,销售劣药金额又达到 5 万元以上的,就依照处罚较重的 142 条的规定定罪量刑。

(二)违反药品不良反应管理的法律责任

省级以上药品监督管理部门对药品生产、经营企业和除医疗机构外的药品使用单位有下列情形之一的,视情节严重程度,予以责令改正、通报批评或警告,并可处以 1000 元以上 3 万元以下的罚款;情节严重并造成不良后果的,按照有关法律法规的规定进行处罚:

1. 无专职或兼职人员负责本单位药品不良反应监测工作的。
2. 未按要求报告药品不良反应的。
3. 发现药品不良反应匿而不报的。
4. 未按要求修订药品说明书的。
5. 隐瞒药品不良反应资料。

医疗卫生机构有以上行为之一的,由药品监督管理部门移交同级卫生主管部门进行处理。药品监督管理部门及其有关工作人员在药品不良反应监测管理工作中违反规定、延误不良反应报告、未采取有效措施控制严重药品不良反应重复发生并造成严重后果的,依照有关规定给予行政处分。

【延伸阅读】

1956 年德国上市了一种新药沙利度胺（又名反应停），可消除孕妇常有的呕吐、恶心、乏力和食欲缺乏等妊娠反应，十分畅销。但是到了 1962 年，仅在德国就出生了 8816 例海豹肢畸形儿，在日本也出现了 1002 例，到 1963 年止，全世界已出生 11000 多例。很快引起了全世界的关注，立即停用了此药，9 个月之后，再无海豹肢畸形儿出生。

这一件事震惊了全世界，使人们认识到即使一个被正式批准上市的药品，在正常用法用量下也会产生意外的有害反应。因此药品上市后，还应加强监测，以避免药品在大面积人群中使用所出现的药品不良反应和药害事件。也正是在反应停事件后，各国政府开始建立本国的药品不良反应报告和监测制度。

【拓展练习】

结合本项目，谈谈对药品不良反应的法律内涵的认识。

项目 16   医疗器械管理的法律规定

【岗位技能要求】

本项目主要针对医疗器械管理、医疗器械生产经营管理等岗位,具体技能要求:

1. 能够熟练分析医疗器械的法律界定。
2. 能够清楚分析医疗器械管理的相关规定。
3. 能够清楚分析违反医疗器械监管的法律责任。

【工作任务】

2003 年 3 月 26 日,某药品监督管理局稽查人员在武汉某大学附属医院检查发现,该医院正在使用的某进口品牌腹腔镜系统有问题,现场不能提供该产品的注册登记表,也未见该腹腔镜系统其他配套医疗器械的产品注册证。

经查,某内窥镜中国有限公司是一家注册地在香港的公司,该公司负责某进口内窥镜系统在中国的销售事宜,腹腔镜系统销售金额 83000 美元。该套腹腔镜系统在进口过程中只取得其中部分设备(产品货号:26006AA,26003AA,26003BA,价值 21750 美元)的进口产品注册证书。据不完全统计,该公司在湖北地区 21 家医疗机构共销售 26 套内窥镜系统,销售金额约 200 万美元(折合人民币约 1700 万元),其中销售未经注册的医疗器械设备金额约 150 万美元(折合人民币约 1200 万元)。

问题 1   医疗器械的法律界定

医疗器械是指单独或者组合使用于人体的仪器、设备、器具、材料或者其他物品,包括所需要的软件。医疗器械用于人体体表及体内的作用是不能用药理学、免疫学或代谢的手段获得,但可能有这些手段参与并起一定辅助作用。

医疗器械使用目的有:

1. 疾病的预防、诊断、治疗、监护或者缓解。
2. 损伤或残疾的诊断、治疗、监护、缓解或者补偿。
3. 解剖或生理过程的研究、替代或者调节。
4. 妊娠控制。

问题 2　医疗器械的管理

（一）医疗器械的管理

1. 医疗器械新产品　是指国内市场尚未出现过的或者安全性、有效性及产品机理未得到国内认可的全新的品种。国家鼓励研制医疗器械新产品。

第二类、第三类医疗器械新产品的临床试用，应当按照国务院药品监督管理部门的规定，经批准后进行。完成临床试用并通过国务院药品监督管理部门组织专家评审的医疗器械新产品，由国务院药品监督管理部门批准，并发给新产品证书。

2. 医疗器械产品生产注册制度　国家对医疗器械实行产品生产注册制度。

生产第一类医疗器械，由设区的市级人民政府药品监督管理部门审查批准，并发给产品生产注册证书。

生产第二类医疗器械，由省、自治区、直辖市人民政府药品监督管理部门审查批准，并发给产品生产注册证书。

生产第三类医疗器械，由国务院药品监督管理部门审查批准，并发给产品生产注册证书。生产第二类、第三类医疗器械，应当通过临床验证。

3. 从事临床试用或验证的医疗机构及其审批部门　省、自治区、直辖市人民政府药品监督管理部门负责审批本行政区域内的第二类医疗器械的临床试用或者临床验证，国务院药品监督管理部门负责审批第三类医疗器械的临床试用或者临床验证。

临床试用或者临床验证应当在省级以上人民政府药品监督管理部门指定的医疗机构进行，医疗机构进行临床试用或者临床验证，应当符合国务院药品监督管理部门的规定。

进行临床试用或者临床验证的医疗机构的资格，由国务院药品监督管理部门会同国务院卫生行政部门认定。

4. 医疗机构研制医疗器械的要求　医疗机构根据本单位的临床需要，可以研制医疗器械，在执业医师指导下在本单位使用。

医疗机构研制的第二类医疗器械，应当报省级以上人民政府药品监督管理部门审查批准；医疗机构研制的第三类医疗器械，应当报国务院药品监督管理部门审查批准。

5. 首次进口医疗器械的要求　首次进口的医疗器械，进口单位应当提供该医疗器械的说明书、质量标准、检验方法等有关资料和样品以及出口国（地区）批准生产、销售的证明文件，经国务院药品监督管理部门审批注册，领取进口注册证书后，方可向海关申请办理进口手续。

6. 医疗器械的申报注册　应当按照国务院药品监督管理部门的规定提交技术指标、检测报告和其他有关资料。

设区的市级人民政府药品监督管理部门应当自受理申请之日起 30 个工作日内,做出是否给予注册的决定;省、自治区、直辖市人民政府药品监督管理部门应当自受理申请之日起 60 个工作日内,做出是否给予注册的决定;国务院药品监督管理部门应当自受理申请之日起 90 个工作日内,做出是否给予注册的决定;不予注册的,应当书面说明理由。

医疗器械产品注册证书所列内容发生变化的,持证单位应当自发生变化之日起 30 日内,申请办理变更手续或者重新注册。

医疗器械产品注册证书有效期 4 年。持证单位应当在产品注册证书有效期届满前 6 个月内,申请重新注册。连续停产 2 年以上的,产品生产注册证书自行失效。

7. 生产医疗器械的有关要求　应当符合医疗器械国家标准;没有国家标准的,应当符合医疗器械行业标准。

医疗器械国家标准由国务院标准化行政主管部门会同国务院药品监督管理部门制定。医疗器械行业标准由国务院食品药品监督管理部门制定。

医疗器械的使用说明书、标签、包装应当符合国家有关标准或者规定。

医疗器械及其外包装上应当按照国务院药品监督管理部门的规定,标明产品注册证书编号。

生产和使用以提供具体量值为目的的医疗器械,应当符合计量法的规定。具体产品目录由国务院药品监督管理部门会同国务院计量行政管理部门制定并公布。

8. 医疗器械再评价及淘汰制度　国家对医疗器械实施再评价及淘汰制度。具体办法由国务院药品监督管理部门会同国务院有关部门制定。

(二)医疗器械生产经营和使用的管理

1. 医疗器械生产企业应当符合的条件　开办第一类医疗器械生产企业,应当具备与所生产产品相适应的生产条件,并应当在领取营业执照后 30 日内,填写第一类医疗器械生产企业登记表,向所在地省、自治区、直辖市药品监督管理部门书面告知。

开办第二类、第三类医疗器械生产企业必须具备以下条件:

(1)企业的生产、质量和技术负责人应当具有与所生产医疗器械相适应的专业能力,并掌握国家有关医疗器械监督管理的法律、法规和规章以及相关产品质量、技术的规定。质量负责人不得同时兼任生产负责人。

(2)企业内初级以上职称或者中专以上学历的技术人员占职工总数的比例应当与所生产产品的要求相适应。

(3)应当具有与所生产产品及生产规模相适应的生产设备,生产、仓储场地和环境。企业生产对环境和设备等有特殊要求的医疗器械的,应当符合国家标准、行业标准和国家有关规定。

(4)应当设立质量检验机构,并具备与所生产品种和生产规模相适应的质量检验能力。

(5)应当保存与医疗器械生产和经营有关的法律、法规、规章和有关技术标准。

开办第三类医疗器械生产企业,除应当符合上述五项条件外,还应当同时具备以下条件:

(1)质量管理体系要求的内审员不少于2名。

(2)专业中级以上职称或者大专以上学历的专职技术人员不少于2名。

2.申请医疗器械经营企业许可证应具备的条件:

(1)具有与其经营的医疗器械相适应的相对独立的经营场地及环境。

(2)具有与其经营的医疗器械相适应的质量检验人员。

(3)具有与其经营的医疗器械产品相适应的技术培训、维修等售后服务能力,或者约定由第三方提供技术支持。

(4)建立健全产品质量管理制度,包括采购、进货验收、仓储保管、出库复核、质量跟踪制度和不良事件的报告制度等。

(5)具有与经营规模相适应的储存条件,包括具有符合医疗器械产品特性要求的储存设施、设备。

医疗器械经营企业许可证有效期5年,有效期届满应当重新审查发证。

医疗器械生产企业在取得医疗器械产品生产注册证书后,方可生产医疗器械。

3.医疗器械生产企业和经营企业的申请受理 省、自治区、直辖市人民政府药品监督管理部门应当自受理医疗器械生产企业、经营企业许可证申请之日起30个工作日内做出是否发证的决定;不予发证的,应当书面说明理由,同时告知申请人享有依法申请行政复议或者提起行政诉讼的权利。认为符合要求的,应当做出准予核发医疗器械经营企业许可证的决定,并在做出决定之日起10日内向申请人颁发医疗器械经营企业许可证。

4.采购、经营和使用医疗器械的要求 医疗器械经营企业和医疗机构应当从取得医疗器械生产企业许可证的生产企业或者取得医疗器械经营企业许可证的经营企业购进合格的医疗器械,并验明产品合格证明。

医疗器械经营企业不得经营未经注册、无合格证明、过期、失效或者淘汰的医疗器械。

5.一次性使用的医疗器械的管理 医疗机构应从具有医疗器械生产企业许可证或医疗器械经营企业许可证的企业购进无菌器械。

医疗机构应建立一次性使用的医疗器械采购、验收制度,采购记录至少应包括:购进产品的企业名称、产品名称、型号规格、产品数量、生产批号、灭菌批号、产品有效期等。按照记录应能追查到每批一次性使用的医疗器械的进货来源。从生产或经营企业采购一次性使用的医疗器械,应按法律规定验明生产或经营企业销售人员出具的证明。

医疗机构应建立一次性使用的医疗器械使用后销毁制度。使用过的一次性使用的医疗器械必须按规定销毁,不得重复使用,使用过的,应当按照国家有关规定销毁,并作记录,其零部件不再具有使用功能,经消毒无害化处理,并做好记录。

医疗机构发现不合格的一次性使用的医疗器械,应立即停止使用、封存,并及时报告所在地药品监督管理部门,不得擅自处理。经验证为不合格的一次性使用的医疗器械,在所在地药品监督管理部门的监督下予以处理。

医疗机构使用的不合格的一次性使用的医疗器械,不能指明不合格品生产者的,视为使用无产品注册证的产品;不能指明不合格品供货者的,视为从无医疗器械经营企业许可证的企业购进产品。

医疗机构不得有下列行为:

(1)从非法渠道购进一次性使用的医疗器械。

(2)使用小包装已破损、标识不清的一次性使用的医疗器械。

(3)使用过期、已淘汰一次性使用的医疗器械。

(4)使用无医疗器械产品注册证、无医疗器械产品合格证的一次性使用的医疗器械。

医疗机构使用一次性使用的医疗器械发生严重不良事件时,应在事件发生后24 小时内,报告所在地省级药品监督管理部门和卫生行政部门。

6. 强制性安全认证制度 国家对部分第三类医疗器械实行强制性安全认证制度。具体产品目录由国务院药品监督管理部门会同国务院质量技术监督部门制定。

7. 医疗器械质量的事故报告和公告制度 具体办法由国务院药品监督管理部门会同国务院卫生行政部门、计划生育行政管理部门制定。

8. 医疗器械的广告管理 国家食品药品监督管理局和省、自治区、直辖市药品管理局或者同级医疗器械行政监督管理部门,在同级广告监督管理机关的指导下,对医疗器械广告进行审查。境外生产的医疗器械产品广告,以及利用重点媒介发布的医疗器械广告,需经国家食品药品监督管理局审查批准,并向广告发布地的省级医疗器械行政监督管理部门备案后,方可发布。其他医疗器械广告,需经生产者所在地的省级医疗器械行政监督管理部门审查批准,并向发布地的省级医疗器械行政监督管理部门备案后,方可发布。

下列医疗器械不得发布广告：

（1）未经国家食品药品监督管理局或省、自治区、直辖市药品监督管理局（或同级医药行政监督管理部门）批准进入市场的医疗器械。

（2）未经生产者所在国（地区）政府批准进入市场的境外生产的医疗器械。

（3）应当取得生产许可证而未取得生产许可证的生产者生产的医疗器械。

（4）扩大临床试用、试生产阶段的医疗器械。

（5）治疗艾滋病，改善和治疗性功能障碍的医疗器械。

医疗器械广告必须真实、科学、准确，不得进行虚假、不健康宣传。医疗器械广告应当与审查批准的产品市场准入说明书相符，不得任意扩大范围；不得含有表示功效的断言或者保证；不得含有"最高技术"、"最先进科学"等绝对化语言和表示；不得含有治愈率、有效率及获奖的内容；不得含有利用医疗科研单位、学术机构、医疗机构或者专家、医生、患者的名义、形象作证明的内容；不得含有直接显示疾病症状和病理的画面，不得令人感到已患某种疾病，不得使人误解不使用该医疗器械会患某种疾病或者加重病情；不得含有"无效退款"、"保险公司保险"等承诺；不得利用消费者缺乏医疗器械专业、技术知识和经验的弱点，以专业术语或者无法证实的演示误导消费者；推荐给个人使用的医疗器械，应当标明"请在医生指导下使用"。医疗器械广告的批准文号应当列为广告内容同时发布。

问题3　违反医疗器械监管的法律责任

（一）行政责任

1. 未取得医疗器械产品生产注册证书进行生产的，由县级以上人民政府药品监督管理部门责令停止生产，没收违法生产的产品和违法所得并处罚款，情节严重的，由省、自治区、直辖市人民政府药品监督管理部门吊销其医疗器械生产企业许可证。

2. 未取得医疗器械生产企业许可证生产第二类、第三类医疗器械的，由县级以上人民政府药品监督管理部门责令停止生产，没收违法生产的产品和违法所得，违法所得1万元以上的，并处违法所得3倍以上5倍以下的罚款；没有违法所得或者违法所得不足1万元的，并处1万元以上3万元以下的罚款。

3. 生产不符合医疗器械国家标准或者行业标准的医疗器械的，由县级以上人民政府药品监督管理部门予以警告，责令停止生产，没收违法生产的产品和违法所得，违法所得5000元以上的，并处违法所得2倍以上5倍以下的罚款；没有违法所得或者违法所得不足5000元的，并处5000元以上2万元以下的罚款；情节严重的，由原发证部门吊销产品生产注册证书。

4. 未取得医疗器械经营企业许可证经营第二类、第三类医疗器械的，由县级以上人民政府药品监督管理部门责令停止经营，没收违法经营的产品和违法所得，违法所得 5000 元以上的,并处违法所得 2 倍以上 5 倍以下的罚款;没有违法所得或者违法所得不足 5000 元的,并处 5000 元以上 2 万元以下的罚款。

5. 经营无产品注册证书、无合格证明、过期、失效、淘汰的医疗器械的,或者从无医疗器械生产企业许可证、医疗器械经营企业许可证的企业购进医疗器械的,由县级以上人民政府药品监督管理部门责令停止经营,没收违法经营的产品和违法所得,违法所得 5000 元以上的,并处违法所得 2 倍以上 5 倍以下的罚款;没有违法所得或者违法所得不足 5000 元的,并处 5000 元以上 2 万元以下的罚款;情节严重的,由原发证部门吊销医疗器械经营企业许可证。

6. 办理医疗器械注册申报时,提供虚假证明、文件资料、样品,或者采取其他欺骗手段,骗取医疗器械产品注册证书的,由原发证部门撤销产品注册证书,2 年内不受理其产品注册申请,并处 1 万元以上 3 万元以下的罚款;对已经进行生产的,并没收违法生产的产品和违法所得,违法所得 1 万元以上的,并处违法所得 3 倍以上 5 倍以下的罚款;没有违法所得或者违法所得不足 1 万元的,并处 1 万元以上 3 万元以下的罚款。

7. 违反有关医疗器械广告规定的,由工商行政管理部门依照国家有关法律、法规进行处理,尚不构成犯罪的,依法给予行政处分。

8. 医疗机构使用无产品注册证书、无合格证明、过期、失效、淘汰的医疗器械的,或者从无医疗器械生产企业许可证、医疗器械经营企业许可证的企业购进医疗器械的,由县级以上人民政府食品药品监督管理部门责令改正,给予警告,没收违法使用的产品和违法所得,违法所得 5000 元以上的,并处违法所得 2 倍以上 5 倍以下的罚款;没有违法所得或者违法所得不足 5000 元的,并处 5000 元以上 2 万元以下的罚款;对主管人员和其他直接责任人员依法给予纪律处分。

9. 医疗机构重复使用一次性使用的医疗器械的,或者对应当销毁未进行销毁的,由县级以上人民政府药品监督管理部门责令改正,给予警告,可以处 5000 元以上 3 万元以下的罚款;情节严重的,可以对医疗机构处 3 万元以上 5 万元以下的罚款,对主管人员和其他直接责任人员依法给予纪律处分。

10. 承担医疗器械临床试用或者临床验证的医疗机构提供虚假报告的,由省级以上人民政府药品监督管理部门责令改正,给予警告,可以处 1 万元以上 3 万元以下罚款;情节严重的,撤销其临床试用或者临床验证资格,对主管人员和其他直接责任人员依法给予纪律处分。

11. 医疗器械检测机构及其人员从事或者参与同检测有关的医疗器械的研制、生产、经营、技术咨询的,或者出具虚假检测报告的,由省级以上人民政府药品监督管理部门责令改正,给予警告,并处 1 万元以上 3 万元以下的罚款;情节严重的,由国务院药品监督管理部门撤销该检测机构的检测资格,对主管人员和其他直接责任人员依法给予纪律处分。

12. 医疗器械监督管理人员滥用职权、徇私舞弊、玩忽职守,尚不构成犯罪的,依法给予行政处分。

（二）刑事责任

1. 未取得医疗器械产品生产注册证书进行生产的,构成犯罪的,依法追究刑事责任。

2. 未取得医疗器械生产企业许可证生产第二类、第三类医疗器械的,构成犯罪的,依法追究刑事责任。

3. 生产不符合医疗器械国家标准或者行业标准的医疗器械的,构成犯罪的,依法追究刑事责任。

4. 未取得医疗器械经营企业许可证经营第二类、第三类医疗器械的,构成犯罪的,依法追究刑事责任。

5. 经营无产品注册证书、无合格证明、过期、失效、淘汰的医疗器械的,或者从无医疗器械生产企业许可证、医疗器械经营企业许可证的企业购进医疗器械的,构成犯罪的,依法追究刑事责任。

6. 办理医疗器械注册申报时,提供虚假证明、文件资料、样品,或者采取其他欺骗手段,骗取医疗器械产品注册证书的,构成犯罪的,依法追究刑事责任。

7. 医疗机构使用无产品注册证书、无合格证明、过期、失效,淘汰的医疗器械的,或者从无医疗器械生产企业许可证、医疗器械经营企业许可证的企业购进医疗器械的,构成犯罪的,依法追究刑事责任。

8. 医疗机构重复使用一次性使用的医疗器械的,或者对应当销毁而未进行销毁的,构成犯罪的,依法追究刑事责任。

9. 承担医疗器械临床试用或者临床验证的医疗机构提供虚假报告的,构成犯罪的,依法追究刑事责任。

10. 医疗器械检测机构及其人员从事或者参与同检测有关的医疗器械的研制、生产、经营,技术咨询的,或者出具虚假报告的,构成犯罪的,依法追究刑事责任。

11. 医疗器械监督管理人员滥用职权、徇私舞弊、玩忽职守,构成犯罪的,依法追究刑事责任。

12. 违反医疗器械广告规定的,由工商行政部门依有关法律、法规进行处理,构成犯罪的,依法追究刑事责任。

【延伸阅读】

美国医疗器械监管至今已有 100 多年的历史,而其监管部门美国食品药品管理局（FDA）也已从 1862 年美国农业部的一个化学办公室发展成为世界上重要的食品、药品、医疗器械监管机构。由于美国最早立法管理医疗器械,其创立的分类管理办法已被普遍接受,因此美国管理医疗器械的法规和模式在国际上有很大的影响力。

1976 年美国国会正式通过了《食品、药品和化妆品法》修正案,加强了对医疗器械进行监督和管理的力度,并确立了对医疗器械实行分类管理的办法。这是国际上第一个国家立法,并规定由政府行政部门对医疗器械进行监督管理。而在后续的 30 多年间,美国国会又先后通过了《医疗器械安全法案》(SMDA)、《乳腺 X 线设备质量标准法案》(MQSA)、《FDA 监管现代化法案》(FDAMA)、《医疗器械申报费用和现代化法案》(MDUFMA)、《医疗器械申报费用稳定法案》(MDUFSA)、《FDA 修正法案》(FDAAA)等一系列规定,在 1976 年修正案的基础上又增加了许多内容,始终确保法规与医疗器械发展相适应。

(一)组织机构设置

FDA 是美国人类和健康服务部(Department of Health & Human Services, DHHS)的下设机构之一。其组织架构类似于我国的海关系统,为垂直管理,由 FDA 总部和美国各大区、地区派驻机构组成,人员统一由 FDA 管理。截至目前, FDA 共有超过 10000 名雇员,其中近 2/3 的雇员在 FDA 总部工作,而其他 1/3 的雇员则在包括 5 个大区办公室和 20 个地区办公室在内的近 150 个办公室和实验室工作。

FDA 总部由生物制品评价研究中心(CBER)、器械和放射产品健康中心(CDRH)、药物评价研究中心(CDER)等部门组成。除血源筛查的医疗器械由生物制品评价研究中心(CBER)负责管理外,其余的医疗器械产品均由器械和放射产品健康中心(CDRH)负责管理。其中,器械和放射产品健康中心主要负责下列工作:

1. 对科研或者临床用途的医疗器械申请进行审查。

2. 收集、分析并处理医疗器械和放射性电子产品在使用中有关损伤和其他经验的信息。

3. 为放射性电子产品和医疗器械建立 GMP 以及功能标准,并组织实施。

4. 对医疗器械和放射性电子产品的符合性进行监管。

5. 为小规模医疗器械生产企业提供技术性及其他非经济性帮助。

CDRH 下设 6 个办公室,有器械评价办公室、科学及工程技术办公室、体外诊断试剂评价安全办公室、交流教育办公室、符合性办公室以及生物统计和监督办公室,约有雇员 1100 人,负责不同种类、不同方面医疗器械的管理。

(二)运作方式

在美国,医疗器械的上市前审批由 FDA 总部进行统一管理,虽然有一部分产品可由第三方机构进行审评,但最终的批准权都还是在 FDA 总部,大区办公室和地区办公室等地方派驻机构都没有上市前审批的权限。而地方派驻机构主要是在日常监管中发挥作用,他们在法律授予的职责范围内完成自己的工作,并协助FDA总部完成一些其他工作。

【拓展练习】

结合本任务,谈谈对医疗器械法律界定的认识。

项目 17　中医药管理的法律规定

【岗位技能要求】
本项目主要针对医政管理等岗位,具体技能要求:
1. 能够基本了解我国中医药政策法规和标准体系。
2. 能够清楚分析中医药知识产权保护的相关规定。
3. 能够清楚分析违反中医药管理的法律责任。

【工作任务】

1972 年,国家投资 11 万元成立了四川涪陵制药厂,主要生产中成药。1984 年,四川涪陵制药厂与上海医科大学附属某医院合作研制开发急支糖浆生产技术。1985 年,成功开发急支糖浆全部生产技术;同时又从该医院引进了补肾防喘片处方。1987 年,以 12.8 万元从该医院受让急支糖浆配方。1989 年,急支糖浆(非专利技术)受到市场认可,带来较好效益;同年,该医院未经涪陵制药厂许可,将急支糖浆(非专利技术)再次转让给绍兴某中药厂。

1991 年 3 月,制药厂因急支糖浆(非专利技术)侵权与该医院、绍兴某中药厂发生纠纷,并向法院提起诉讼;7 月以"含金荞麦的止咳的制备方法"、"藿香正气口服液制剂的制备方法"和"补肾防喘片"的制备方法向国家专利局申请三项发明专利(1995 年 7 月三件申请先后获得专利权)。1994 年,四川省高院判决涪陵制药厂胜诉。

1996 年,急支糖浆的销售收入为 1.5 亿元,税后利润 2000 万元。同年 11 月,设立四川太极实业股份有限公司。

1998 年,拥有专利权的三个品牌使公司连续 8 年实现产值利税翻番,急支糖浆销售突破 1 亿瓶,销售收入达 39070 万元,利润达 8077 万元。公司更名为四川太极集团有限公司。

问题 1　**我国中医药政策法规和标准体系概况**

国家制定的一系列有关中医药的方针政策,不仅为中医药事业发展提供了有力保障,也为中医药法制建设奠定了良好的基础。改革开放以来,随着我国法制建设进程的加快,中医药的法制建设也取得了较大进展。

1. 制定了一系列有关中医药的法律法规　1982 年《中华人民共和国宪法》第

21 条明确规定"国家发展医药卫生事业,发展现代医药和我国传统医药",这在国家基本大法中,确立了中医药等传统医药的法律地位,为中医药发展和法律制度建设提供了根本的法律依据。此后,我国制定了一系列有关中医药的法律法规,1984年颁布了《中华人民共和国药品管理法》,1998 年颁布了《中华人民共和国执业医师法》;在国家行政法规层面,1987 年颁布了《野生药材资源保护管理条例》,1992年颁布了《中药品种保护条例》,1994 年颁布了《医疗机构管理条例》,2002 年颁布了《医疗事故处理条例》,2003 年颁布了《中华人民共和国中医药条例》、《乡村医生从业管理条例》等。这些法律法规的颁布实施,使我国在中医医疗机构、人员、中药的准入与监督,以及中药品种与资源的保护等方面基本实现了立法管理。

此外,与中医药相关的《教育法》、《高等教育法》、《职业教育法》、《科学技术进步法》、《科学技术成果转化法》、《科学技术奖励条例》等法律法规的颁布实施,进一步丰富了中医药立法管理的内容,使中医药在教育、科研等方面的管理有了法律依据。

2. 颁布了一批专门的综合性中医药行政法规 2003 年 10 月 1 日施行的《中华人民共和国中医药条例》,是我国政府颁布的第一部专门的中医药行政法规,它将多年来党和国家对中医药工作的一系列方针、政策,通过国家行政法规的形式固定下来,全面概括了党的中医药政策,对保障和规范中医药事业发展作了较为全面的规定,是中医药事业发展的里程碑。《中医药条例》以扶持中医药事业的发展和规范对中医药管理为基本指导思想,明确了中医药及相关管理部门的职责;制定了一系列保障中医药发展的措施,要求逐步增加对中医药事业的投入,扶持中医医疗机构的发展,将中医药服务纳入医疗保险体系,保护和可持续利用中药材资源等;提出了要保持和发扬中医药特色和优势,注重在中医医疗服务、人才培养、科学研究、评审鉴定等活动中遵循中医药自身发展规律;进一步强化了中医药的规范管理,对中医医疗、教育机构设置审批和中医药从业人员资格准入,以及中医医疗广告的审批作了具体的规定。

与此同时,自 20 世纪 90 年代,地方中医药立法工作在各地陆续开展,目前全国已有云南、四川、浙江、河南、重庆、上海、北京等 24 个省、自治区、直辖市出台了地方中医药行政法规,为促进当地中医药事业发展提供了法制保障。各地的中医药立法工作结合本地区的实际情况,充分体现了党和政府保护、扶植发展中医药的一贯政策,确立了中医药继承与发展的指导原则,明确了中医药等传统医药在我国卫生事业中的地位和作用,对规范、保护和发展地方中医药起到了积极的推进作用。

3. 发布了数百项中医药部门规章、规范性文件和技术标准 随着中医药事业的发展,国家中医药管理部门独自或与其他部门共同制定和颁布了有关中医机构、医疗保健、人才培养、科学技术、对外交流与合作等方面的部门规章、规范性文件近200余项，对加强行业管理，规范行政行为，推进依法行政，促进事业发展起到了积极作用。

20世纪80年代我国就开始了中医药标准化建设工作，据初步统计，目前国家有关部门已颁布了中医药标准规范130余项，涉及医疗、教育、科研、中药、管理等各个方面。其中制定出《经穴部位》、《耳穴名称与部位》、《中医病症诊断疗效标准》、《中医临床诊疗术语》、《中医病证分类与代码》、《中药分类与代码》等多项国家和行业标准，还参与了《经穴部位》、《耳穴名称与部位》等国际标准的研究制定。这些中医药标准规范的实行，进一步规范了中医药行业管理，提高了中医药学术水平、推动中医药现代化、促进中医药走向世界。

上述一系列有关中医药法律法规、部门规章、规范性文件和技术标准的制定和实施，标志着我国中医药工作基本做到有法可依，中医药事业发展基本走上了法制化、规范化的轨道，基本建立和形成了保障和规范中医药发展的法律制度。

问题2　中医药知识产权保护的相关规定

中药品种保护制度是指国务院于1992年10月14日颁布的《中药品种保护条例》规定的一项行政管理措施。中药品种保护是对专利保护和新药保护的一种后续补充，其作用类似于某些发达国家对药品专利的补充保护证书，是对药品发明知识产权保护的一种延续和加强。通过中药品种保护，可以进一步规范药品市场，淘汰质量不好的劣质药品，使高质量的药品占有更大的市场份额，从而为企业赢得更多的经济利益。

国家鼓励研制开发临床有效的中药品种，对质量稳定、疗效确切的中药品种实行分级保护制度。所谓分级保护制度是指在我国境内经国家批准注册的中药品种，并且符合中药品种保护管理要求的中药品种，经国务院主管部门批准给予保护后，在其保护期内，只能由获得中药品种保护证书的企业生产其中药保护品种。

（一）中药保护品种等级的划分和审批

依照中药保护品种条例受保护的中药品种，必须是列入国家药品标准的品种。经国务院卫生行政部门认定，列为省、自治区、直辖市药品标准的品种，也可以申请保护。受保护的中药品种分为一、二级。

符合下列条件之一的中药品种，可以申请一级保护：

1. 对特定疾病有特殊疗效的。

2. 相当于国家一级保护野生药材物种的人工制成品。

3. 用于预防和治疗特殊疾病的。

符合下列条件之一的中药品种，可以申请二级保护：

1. 符合申请一级保护规定条件的品种或者已经解除一级保护的品种。

2. 对特定疾病有显著疗效的。

3. 从天然药物中提取的有效物质及特殊制剂。

国务院卫生行政部门批准的新药,按照国务院卫生行政部门规定的保护期给予保护;其中,符合申请一级、二级保护条件规定的,在国务院卫生行政部门批准的保护期限届满前 6 个月,可以重新依照中药品种保护条例的规定申请保护。

(二)申请办理中药品种保护的程序

1. 中药生产企业对其生产的符合规定的中药品种,可以向所在地省、自治区、直辖市中药生产经营主管部门提出申请,经中药生产经营主管部门签署意见后转送同级卫生行政部门,由省、自治区、直辖市卫生行政部门初审签署意见后,报国务院卫生行政部门。特殊情况下,中药生产企业也可以直接向国家中药生产经营主管部门提出申请,由国家中药生产经营主管部门签署意见后转送国务院卫生行政部门,或者直接向国务院卫生行政部门提出申请。

2. 国务院卫生行政部门委托国家中药品种保护审评委员会负责对申请保护的中药品种进行审评。国家中药品种保护审评委员会应当自接到申请报告书之日起 6 个月内做出审评结论。

3. 根据国家中药品种保护审评委员会的审评结论,由国务院卫生行政部门征求国家中药生产经营主管部门的意见后决定是否给予保护。批准保护的中药品种,由国务院卫生行政部门发给中药保护品种证书。

国务院卫生行政部门负责组织国家中药品种保护审评委员会,委员会成员由国务院卫生行政部门与国家中药生产经营主管部门协商后,聘请中医药方面的医疗、科研、检验及经营、管理专家担任。

申请中药品种保护的企业,应当按照国务院卫生行政部门的规定,向国家中药品种保护审评委员会提交完整的资料。

对批准保护的中药品种以及保护期满的中药品种,由国务院卫生行政部门在指定的专业报刊上予以公告。

(三)中药保护品种的保护期限

1. 中药一级保护品种分别为 30 年、20 年、10 年 中药一级保护品种的处方组成、工艺制法,在保护期限内由获得《中药保护品种证书》的生产企业和有关的药品生产经营主管部门、卫生行政部门及有关单位和个人负责保密,不得公开。负有保密责任的有关部门、企业和单位应当按照国家有关规定,建立必要的保密制度。违反规定,造成泄密的责任人员,由其所在单位或者上级机关给予行政处分;构成犯罪的,依法追究刑事责任。向国外转让中药一级保护品种的处方组成、工艺制法的,应当按照国家有关的保密规定办理。

中药一级保护品种因特殊情况需要延长保护期限的,由生产企业在该品种保护期满前 6 个月,依照规定的程序申报。延长的保护期限由国务院卫生行政部门根据国家中药品种保护审评委员会的审评结果确定;但是,每次延长的保护期限不得超过第一次批准的保护期限。

2. 中药二级保护品种为 7 年　中药二级保护品种在保护期满后可以延长 7 年。申请延长保护期的中药二级保护品种,应当在保护期满前 6 个月,由生产企业依照规定的程序申报。

被批准保护的中药品种,在保护期内限于获得中药保护品种证书的企业生产;但是,另有规定的除外。违反规定,擅自仿制中药保护品种的,由县级以上卫生行政部门以生产假药依法论处。伪造中药品种保护证书及有关证明文件进行生产、销售的,由县级以上卫生行政部门没收其全部有关药品及违法所得,并可以处以有关药品正品价格 3 倍以下罚款。上述行为构成犯罪的,由司法机关依法追究刑事责任。

国务院卫生行政部门批准保护的中药品种如果在批准前是由多家企业生产的,其中未申请中药保护品种证书的企业应当自公告发布之日起 6 个月内向国务院卫生行政部门申报,并依照规定提供有关资料,由国务院卫生行政部门指定药品检验机构对该申报品种进行同品种的质量检验。国务院卫生行政部门根据检验结果,可以采取以下措施:

(1) 对达到国家药品标准的,经征求国家中药生产经营主管部门意见后,补发中药保护品种证书。

(2) 对未达到国家药品标准的,依照药品管理的法律、行政法规的规定撤销该中药品种的批准文号。

对临床用药紧缺的中药保护品种,根据国家中药生产经营主管部门提出的仿制建议,经国务院卫生行政部门批准,由仿制企业所在地的省、自治区、直辖市卫生行政部门对生产同一中药保护品种的企业发放批准文号。该企业应当付给持有中药保护品种证书并转让该中药品种的处方组成、工艺制法的企业合理的使用费,其数额由双方商定;双方不能达成协议的,由国务院卫生行政部门裁决。

生产中药保护品种的企业及中药生产经营主管部门,应当根据省、自治区、直辖市卫生行政部门提出的要求,改进生产条件,提高品种质量。

中药保护品种在保护期内向国外申请注册的,须经国务院卫生行政部门批准。

(四) 中药保护品种申报资料

国家中药品种保护审评委员会 2003 年 2 月 8 日印发《中药保护品种申报资料项目要求及说明》规定了中药保护品种申报资料有以下五部分组成。

第一部分:证明性文件,包括:药品批准证明文件复印件;药品生产许可证及变更文件;药品 GMP 证书;对"改进意见与有关要求"实施情况综述;其他。

第二部分:药学资料,包括:现行国家药品标准;详细处方及制备工艺;修订、提高质量标准的研究资料;药品的原料、辅料标准;内包装材料标准;产品质量考核的有关资料及样品。

第三部分:安全性评价资料,包括:毒理学试验研究资料或文献资料;注射剂安全性试验资料;不良反应监测资料。

第四部分:临床试验资料,包括:临床试验单位资质证明;临床试验方案;临床试验。

第五部分:申报资料格式要求。

所有申报资料应参照《药品注册管理办法》要求整理书写,试验资料封面应写明验证项目,试验负责人并签字,试验单位名称并加盖公章,并注明各项试验研究工作的试验者、试验起止日期、原始资料的保存地点和联系人姓名、电话等,各试验研究负责人及单位应对所提供的研究资料真实性、可靠性负责。

问题 3　违反中医药管理的法律责任

(一)商标侵权行为的法律责任

药事知识产权管理的法律责任的种类有民事责任、行政责任和刑事责任三种,以下以商标侵权行为的法律责任为例说明。

商标侵权行为,是指侵犯他人注册商标专用权的行为。一般民事侵权行为的构成要件有:①侵权损害事实;②加害行为的违法性;③违法行为与损害结果之间的因果关系;④行为人主观上有过错。

一般情形下,商标侵权行为的构成要件有两个:一是损害行为,二是行为的违法性。

侵犯注册商标专用权的行为根据《商标法》第 52 条的规定包括有使用侵权;销售侵权;标识侵权;反向假冒侵权和其他侵权等。

《民法通则》第 118 条规定了侵犯知识产权的侵权行为。该条规定:公民、法人的著作权、专利权、商标专用权、发现权、发明权和其他科技成果权受到剽窃、篡改、假冒等侵害的,有权要求停止侵害、消除影响、赔偿损失。

1. 民事责任

(1)停止侵害:对于正在进行中的商标侵权行为,注册商标所有人可以诉请法院下达禁令,要求侵权人立即停止从事侵犯其注册商标专用权的行为,以维护自身的合法利益。

(2)消除影响:商标侵权行为很可能损及注册商标所有人的注册商标声誉。如侵权人在自己的劣质产品上擅自使用他人驰名的注册商标,这无疑会导致该驰名商标在消费者心目中的声誉下降,从而严重的损及商标注册人的利益。因此,对那些已有较佳声誉的注册商标而言,要求侵权人消除其侵权行为给注册商标声誉带来的负面影响尤为重要。一般而言,侵权人应当在其侵权行为造成影响的范围内以在报刊上刊登道歉声明等方式消除其侵权行为的不良影响,挽回被侵权的注册商标声誉。

(3)赔偿损失:注册商标所有人因商标侵权行为而遭受损失的,有权要求侵权人赔偿其损失。根据有关司法解释,在诉讼事务中,被侵权人可以按其所受到的实际损失额请求赔偿,也可以请求将侵权人在侵权期间因侵权所获利润(扣除成本之外的所利润)作为赔偿额。对这两种赔偿额的计算方法,被侵权人有选择权。

2. 行政责任　工商行政管理机关可以采取以下制裁措施:

(1)责令被侵权人立即停止侵权行为。

(2)没收、销毁侵权商品。

(3)没收、销毁专门用于制造侵权商品、伪造注册商标标识的工具。

(4)罚款。

在处理商标侵权行为时,工商行政管理机关根据当事人的请求,可以就侵犯注册商标专用权的赔偿数额进行调解。调解不成的,当事人可以向人民法院起诉。根据《商标法》第 56 条的规定,赔偿数额为侵权人在侵权期间因侵权所获得的利益或者被侵权人在被侵权期间因被侵权所受到的损失,包括被侵权人为制止侵权行为所支付的合理开支。

侵权人因侵权所得利益或者被侵权人因被侵权所受损失难以确定的,由人民法院根据侵权行为的情节判决给予 50 万元以下的赔偿。销售不知道是侵犯注册商标专用权的商品,能证明该商品是自己合法取得的并说明提供者的,不承担赔偿责任。

3. 刑事责任　对于情节严重、构成犯罪之商标侵权行为应当依法追究其刑事责任,通过给予行为人以严厉的刑事制裁来打击和预防商标侵权行为,保护注册商标专用权。

根据《商标法》第 59 条的规定,商标侵权行为中,未经商标注册人的许可,在同一种商品上使用与其注册商标相同的商标的;伪造、擅自制造他人注册商标标识或者销售伪造、擅自制造的注册商标标识的行为;销售明知是假冒注册商标的商品的行为构成侵犯商标权犯罪的,习惯上把这几种侵犯商标权的犯罪统称为假冒注册商标犯罪。

(二)《刑法》规定的多种侵犯知识产权罪

《刑法》第三章第七节专门规定了侵犯知识产权罪,该节从第 213 条至第 220 条共 8 个条款,涉及了商标、专利、著作权和商业秘密等知识产权范围的大部分内容。刑法专节规定对侵犯知识犯罪进行惩处,这在我国刑事立法上尚属首次,这不但表明了我国对打击侵犯知识产权犯罪的坚定决心和立场,也方便执法者掌握和执行法律,以及对广大人民群众学习法律,同侵犯知识产权的犯罪进行斗争都有很大的益处。

《刑法》第 213 条规定未经注册商标所有人许可,在同一种商品上使用与其注册商标相同的商标,情节严重的,处 3 年以下有期徒刑或者拘役,并处或者单处罚金;情节特别严重的,处 3 年以上 7 年以下有期徒刑,并处罚金。

第 214 条规定销售明知是假冒注册商标的商品,销售金额数额较大的,处 3 年以下有期徒刑或者拘役,并处或者单处罚金;销售金额数额巨大的,处 3 年以上 7 年以下有期徒刑,并处罚金。

第 215 条规定伪造、擅自制造他人注册商标标识或者销售伪造、擅自制造的注册商标标识,情节严重的,处 3 年以下有期徒刑、拘役或者管制,并处或者单处罚金;情节特别严重的,处 3 年以上 7 年以下有期徒刑,并处罚金。

第 216 条规定假冒他人专利,情节严重的,处 3 年以下有期徒刑或者拘役,并处或者单处罚金。

第 219 条规定实施法定侵犯商业秘密行为之一,给商业秘密的权利人造成重大损失的,处 3 年以下有期徒刑或者拘役,并处或者单处罚金;造成特别严重后果的,处 3 年以上 7 年以下有期徒刑,并处罚金。

第 220 条规定单位犯侵犯知识产权罪的,对单位判处罚金,并对其直接负责的主管人员和其他直接责任人员,依照刑法的规定处罚。

法律规定的侵犯商业秘密行为包括:

(1)以盗窃、利诱、胁迫或者其他不正当手段获取权利人的商业秘密的。

(2)披露、使用或允许他人使用以前项手段获取的权利人的商业秘密的。

(3)违反约定或者违反权利人有关保守商业秘密的要求,披露、使用或者允许他人使用其所掌握的商业秘密的。明知或者应知前款所列行为,获取、使用或者披露他人的商业秘密的,以侵犯商业秘密论。

【延伸阅读】

药品专利的类型包括了以下几种:

1. 发明　对产品方法及其改进提出的新的技术方案。

(1)产品发明:包括新化合物、已知化合物(首次发现其有医疗价值或发现其有第二医疗用途的)、药物组合物、微生物及其代谢物、制药设备及药物分析仪器、医疗器械等。

(2)方法发明:包括生产工艺、工作方法和用途发明。

2. 实用新型　对产品的形状、构造或其结合所提出的适于实用的新的技术方案,俗称"小发明"。

(1)必须是一种产品,而不是方法。

(2)必须具有一定的形态、构造,气态、液态产品不能申请。

例如：创可贴、纳米胰岛素制剂等。

3. 外观设计 外观设计是指对产品的形状、图案、色彩或其结合所作出的富于美感并适于工业上应用的新设计。

通过外观设计专利，可以保护使用该外观设计的产品如包装盒等不受他人仿制；同时，知名药品还可以通过保护与其相关的外观设计进而保护该药品本身，如新的盛放容器、富有美感和特色的说明书、容器等。

【拓展练习】

结合本任务，谈谈该案件对于法制环境下中医药产业的发展管理有何指导意义。

项目 18 化妆品卫生管理的法律规定

【工作任务】

福建省质监局某次对本地区流通领域的眼影、祛斑类化妆品进行专项抽查。抽查了 19 家企业生产的 20 批次眼影,合格 18 批次,产品抽样批次合格率 90%;抽查了 17 家企业生产的 20 批次祛斑类化妆品,合格 1 批次,产品抽样批次合格率仅为 5%。

抽查结果显示,眼影产品质量状况尚可,祛斑类化妆品质量状况很差,令人担忧。在两批次不合格眼影中,主要是铅含量超标,其中一批次铅含量达到 2170 mg/kg,远远超过国家标准限量值 40 mg/kg。在 19 批次不合格祛斑类化妆品中,主要是汞含量严重超标,有 15 批次的汞含量在 1000 mg/kg 以上,最高汞含量达 4.9×10^4 mg/kg,是国家标准限量值(≤1 mg/kg)的近 5 万倍。

问题 1 化妆品的概念

化妆品是以涂擦,喷洒或者其他类似的方法,散布于人体表面任何部位(皮肤、头发、指甲、口唇等),以达到清洁、消除不良气味、护肤、美容和修饰目的的日用化学工业产品。

化妆品按其剂型可以分为膏类、液状、粉状和固态化妆品,按其使用对象可分为男用、女用、儿童用和老年用化妆品,按其用途可分为护肤用、护发用、美容用和类药物化妆品。化妆品从卫生学的角度分析,有以下特点:

1. 可以终身使用　这是化妆品和药物最根本的区别。它不会影响人体的生理功能,不会引起人体的病理改变。

2. 容易被污染　化妆品在生产、储存以及使用的过程中容易被污染。

3. 选择作用强　化妆品的功效因人而异,使用不当,可能会达不到预期的效果。

4. 有副作用　由于化妆品是由多种化学物质混合而成,对人体而言,是一种异物,对皮肤具有一定的刺激作用,如化妆品中的焦油色素可使皮肤出现色素斑和小皱纹。

问题 2　化妆品卫生管理的法律规定

化妆品卫生法是调整生产,经营和使用化妆品活动中产生的各种社会关系的法律规范的总和。目前我国实施的有关法规、规章包括:①《化妆品卫生监督条例》;②《化妆品卫生监督条例实施细则》;③《化妆品生产企业卫生规范》;④《国家化妆品卫生标准》;⑤《化妆品通用标签》;⑥《化妆品广告管理办法》等。这些法规适用于一切在中华人民共和国领域内从事化妆品生产和经营的单位以及个人,包括外商投资企业的生产者和经营者,从而为我国化妆品生产和经营的监督管理提供了基本法律依据。

(一)化妆品卫生标准的法律规定

1. 一般要求

(1) 化妆品必须外观良好,不得有异臭。

(2) 化妆品不得对皮肤和黏膜产生刺激的损伤作用。

(3) 化妆品必须无感染性,使用安全。

2. 化妆品原料的规定

(1) 禁用物质:有 421 种,均为剧毒性物质。

(2) 限用物质:有 67 种限用原料、55 种防腐剂限用量、21 种紫外线吸收剂限用量,主要规定最大允许浓度、允许使用范围及限制条件、标签上的必要说明等。

(3) 暂用物质:有 157 种用于化妆品的暂用着色剂,对其允许使用范围及限制条件均作了明确的分类和规定。

3. 化妆品卫生质量的规定

(1) 微生物学质量要求:眼部、口唇、口黏膜用化妆品以及婴儿和儿童用化妆品,细菌总数不得大于 $500/ml$ 或 $500/g$,其他化妆品不得大于 $1000/ml$ 或 $1000/g$。粪大肠菌群、金黄色葡萄球菌、绿脓杆菌不得检出。

(2) 化妆品中所含有毒物质的限量为:汞 <1 ppm;铅 <40 ppm;砷 <10 ppm;甲醇 $<0.2\%$。

(二)化妆品生产的卫生监督

1. 实行卫生许可制度　国家对化妆品生产企业实行卫生许可制度。凡未取得化妆品生产企业卫生许可证的单位,不得从事化妆品生产。

2. 企业生产条件的要求

(1) 生产企业应建在清洁区域内,其生产车间距有毒有害污染源不少于 30 米。

(2) 生产企业厂房的建筑应当坚固、清洁,车间内天花板、墙壁、地面应当采用光洁建筑材料,应当具有良好的采光(或照明),并应当具有防止和消除鼠害和其他有害昆虫及其滋生条件的设施和措施。

（3）生产企业应当设有与产品品种、数量相适应的化妆品原料、加工、包装、储存等厂房或场所。

（4）生产车间应当有适合产品特点的相应的生产设施、工艺规程应当符合卫生要求。

（5）生产企业必须具有能对所生产的化妆品进行微生物检验的仪器设备和检验人员。

3. 原料材料的要求　生产化妆品所需的原料、辅料以及直接接触化妆品的容器和包装材料必须符合国家卫生标准；使用化妆品新原料，即在国内首次使用于化妆品生产的天然或人工原料，必须经国家卫生行政部门批准。

4. 产品的要求　企业生产的化妆品投放市场前，必须按照国家《化妆品卫生标准》对产品进行卫生质量检验，对质量合格的产品应当附有合格标记。未经检验或者不符合卫生标准的产品不得出厂。生产特殊用途的化妆品，必须经国家卫生行政部门批准，取得批准文号后方可生产。

5. 标签要求　化妆品标签上应注明产品名称、厂名，并注明生产企业卫生许可证编号，小包装或者说明书上应注明生产日期和有效使用期限；特殊用途的化妆品，还应当注明批准文号；对可能引起不良反应的化妆品，说明书上应注明使用方法、注意事项；化妆品标签、小包装或者说明书上不得注有适应证，不得宣传疗效，不得使用医疗术语。

6. 从业人员的卫生要求　化妆品生产企业负责本单位人员体检的组织工作，并组织应体检人员到县级以上医疗卫生机构体检。对患有痢疾、伤寒、甲型病毒性肝炎、戊型病毒性肝炎、活动性肺结核患者的管理，按国家《传染病防治法》有关规定执行；患有手癣、指甲癣、手部湿疹、发生于手部的银屑病或者鳞屑、渗出性皮肤病者，必须在治疗后经原体检单位检查证明痊愈，方可恢复原工作。

（三）化妆品经营的卫生监督

1. 化妆品经营单位和个人不得销售的化妆品

（1）未取得化妆品生产企业卫生许可证的企业所生产的化妆品。

（2）无质量合格标记的化妆品。

（3）标签、小包装或者说明书不符合产品出厂法定要求的化妆品。

（4）未取得批准文号的特殊用途的化妆品。

（5）超过使用期限的化妆品。

2. 进口化妆品的卫生管理　首次进口的化妆品，进口单位必须提供该化妆品的说明书、质量标准、检验方法等有关资料和样品，以及出口国（地区）批准生产的证明文件，经国务院食品药品监督管理部门批准，方可签订进口合同，经国家商检部门检验合格方准进口。

3. 化妆品的广告宣传 化妆品的生产企业和经营单位可以利用各种媒介发布化妆品的广告。化妆品广告内容必须真实、健康、科学、准确,不得以任何形式欺骗和误导消费者。化妆品广告禁止出现下列情况:①化妆品名称、制法、成分、效用或者性能有虚假夸大的;②使用他人名义保证或者以暗示方法使人误解其效用的;③宣传医疗作用的或者使用医疗术语的;④有贬低同类产品内容的;⑤使用最新创造、最新发明、纯天然制品、无副作用等绝对化语言的;⑥有涉及化妆品性能或者功能、销量等方面数据的;⑦违反其他法律、法规规定的。

(四)化妆品的卫生监督机构及其职责

国家实行化妆品卫生监督制度。由卫生行政部门承担化妆品卫生许可管理工作;拟订化妆品卫生许可规范;拟订化妆品卫生标准和技术规范;承担化妆品新原料使用、国产特殊用途化妆品生产和化妆品首次进口等的审批工作;依法承担有关化妆品安全性评审工作;承担化妆品卫生监督管理工作。

(五)法律责任

1. 行政责任 对以下行为给予行政处罚:①未取得化妆品生产企业卫生许可证而擅自生产化妆品的企业;②生产未取得批准文号的特殊用途的化妆品,或者使用化妆品禁用原料和未经批准的化妆品新原料;③进口或者销售不符合国家卫生标准的化妆品,④违反《化妆品卫生监督条例》其他有关规定的。

行政处罚由县以上卫生行政部门决定;有关违反广告管理的行政处罚,由工商行政管理部门决定;吊销化妆品生产企业卫生许可证由省级卫生行政部门决定;撤销特殊用途化妆品批准文号由国务院卫生行政部门决定。罚款及没收违法所得全部上交国库。没收的产品,由卫生行政部门监督处理。当事人对卫生行政部门的行政处罚决定不服的,可依据有关法律法规的规定,申请复议和提起诉讼。但对卫生行政部门所作出的没收产品及责令停产的处罚决定必须立即执行。

2. 民事责任 凡违反《化妆品卫生监督条例》,造成人体损伤或者发生中毒事故的,由有直接责任的生产企业和经营单位或者个人对受害者承担民事赔偿责任。

3. 刑事责任 凡化妆品生产企业、经营单位或是化妆品卫生监督员,违反有关规定,造成严重后果,构成犯罪的,由司法机关依法追究刑事责任。《刑法》第148条是生产、销售不符合卫生标准的化妆品罪的条款。该条款规定,生产不符合卫生标准的化妆品,或者销售明知不符合卫生标准的化妆品,造成严重后果的,处3年以下有期徒刑或者拘役,并处或者单处销售金额50%以上2倍以下罚金。单位犯生产、销售或者不符合卫生标准的化妆品罪的,对单位判处罚金,并对其直接负责的主管人员和其他直接责任人员,依照上述规定处罚。

【延伸阅读】

铅、汞能阻止黑色素形成,使用含有铅汞的化妆品,皮肤会立即变得白亮。但是,用一段时间后,皮肤发生重金属中毒现象,自由基异常增生,细胞结构改变,皮肤存不住水,迅速变干变脆变薄。而皮肤长期吸收汞会导致神经系统失调,视力减退,肾功能损坏,听力下降,皮肤黏膜敏感及可由母体进入胚胎,影响胚胎发育。按照国家规定,化妆品的汞含量不得超过 1 mg/kg,砷含量不得超过 10 mg/kg,铅含量不得高于 40 mg/kg。

【拓展练习】

结合本项目,谈谈如何对化妆品生产经营进行依法管理。

项目 19　人口与计划生育的法律规定

【岗位技能要求】

本项目主要针对计划生育服务与管理等岗位,具体技能要求:

1. 能够基本了解现行的计划生育政策。
2. 能够清楚分析计划生育措施与保障制度。
3. 计划生育技术服务的内容。
4. 能够清简单了解违反生育政策生育子女公民应承担的法律责任。

【工作任务 1】

自 20 世纪 70 年代初,我国政府充分认识到人口增长过快对经济和社会发展的不利影响,决定在全国城乡普遍推行计划生育,并将人口发展计划纳入国民经济社会发展规划之中,经过 30 年的努力,有效地控制了人口增长。1998 年以来,我国人口自然增长率已降到 1‰ 以下,但由于基数庞大,未来 15 年,年均人口自然增长仍在 1000 万左右。有关研究表明,我国资源所能支撑的最大人口容量为 15 亿～16 亿。在今后很长一段时间,必须有效地控制人口增长。因此,实行计划生育、控制人口数量、提高人口素质是我国的一项基本国策。

问题　　人口与计划生育法立法情况

1982 年 12 月通过的《中华人民共和国宪法》第 25 条规定"国家推行计划生育,使人口的增长同经济和社会的发展计划相适应"。第 49 条规定"夫妻双方有实行计划生育的义务"。2001 年 12 月 29 日第九届全国人民代表大会常务委员会第二十五次会议通过了《中华人民共和国人口与计划生育法》,并于 2002 年 9 月 1 日施行,标志着我国人口与计划生育法制建设进入了一个新的阶段,为进一步做好人口与计划生育工作,为计划生育事业长期、稳定、健康发展提供了重要保证。

(一)人口与计划生育工作的主要任务

人口与计划生育工作的主要任务控制人口数量,提高人口素质。控制人口数量是指控制人口过快增长,以形成与经济社会发展相适应的人口规模和人口环境,提高人口素质是指运用科学手段,努力减少出生缺陷的发生,提高出生人口素质,通过发展教育、科技、文化、卫生、体育等事业,提高国民的身体素质,科学文化素质和思想道德素质。

2013年3月14日,《国务院机构改革和职能改变方案》获表决通过,其中卫生部、国家人口和计划生育委员会不再保留,新组建国家卫生和计划生育委员会,同时将人口计生委研究拟订人口发展战略、规划及人口政策的职责划入国家发改委。机构调整体现了国家对计划生育工作的重视。

(二)人口与计划生育工作的基本方针

我国开展计划生育的基本方针是坚持以宣传教育为主,避孕为主,经常性工作为主。通过开展全民性的人口与计划生育基础知识教育和计划生育生殖健康科普知识教育,有针对性地提供有效的教育、信息咨询服务,提高广大群众实行计划生育的自觉性;依靠科技进步,及时向群众提供安全、有效、适宜的避孕节育措施和优质的计划生育、生殖保健服务,不断满足人民群众在计划生育、生殖保健领域日益增长的需求,为了帮助解决群众实行计划生育存在的实际困难,国家建立和完善计划生育利益导向机制,对实行计划生育的家庭给予必要的奖励,制定优惠政策,推动有关部门制定有利于计划生育的相关社会经济政策,通过多种途径,建立有利于计划生育的社会保障制度。

另外,计划生育工作与提高妇女地位之间有密切的联系。因此,国家把实行计划生育与促进男女平等,保护妇女合法权益,提高妇女地位有机结合,确立了开展计划生育的重要原则和发展方向。

(三)关于公民、法人和其他社会组织在人口与计划生育工作中的义务

在人口与计划生育工作中充分发挥各社会团体,非政府组织以及民间社会的作用特别重要。在我国协助政府做好人口与计划生育工作的社会团体主要包括工会、共产主义青年团和妇女联合会、中国计划生育协会、中国人口学会、中国人口主福利基金会、中国人口文化促进会,中国优生优育协会等社会团体以及其他群众组织。

(四)国家的现行生育政策

国家稳定现行生育政策,鼓励公民晚婚晚育,提倡一对夫妻生育一个子女,符合法律、法规规定条件的,可以要求安排生育第二个子女。具体办法由省、自治区、直辖市人民代表大会或者其常务委员会规定。少数民族也要实行计划生育,具体办法由省、自治区、直辖市人民代表大会或者其常务委员会规定。

【工作任务2】

刘某和李某为夫妻,李某怀孕后,因不想生育,担心丈夫李某反对,偷偷将胎儿打掉,后李某知道后以侵犯自己生育权为由将李某告上法院,法院审理后认为丈夫的生育权是基于妻子的生命健康权,且考虑到双方尚有再次生育的可能,驳回李某的诉求。

计划生育中的权利和义务

（一）公民的生育权

关于生育权利和义务的规定，是人口与计划生育法的核心。在我国，生育权第一次由法律确认是在 1992 年通过的《妇女权益保障法》。《妇女权益保障法》第 47 条规定，妇女有按照国家有关规定生育子女的权利，也有不生育的自由。

1. 公民生育权的含义

（1）公民有生育的权利，也有不生育的自由。

（2）人人享有法律上的平等生育权利。

（3）公民有实行计划生育的权利，即依法负责任地决定生育子女数量和选择生育时间，并获得这样做的信息和方法的权利，所谓负责的决定生育，即对子女未来生存和受教育负责，又对社会和他人负责。

（4）公民有依法收养的权利等。

2. 公民生育权具体内容

（1）生殖健康保健权利：包括获得科学知识和信息的权利，获得避孕节育、生殖保健技术服务、咨询、指导的权利，也包含了患不孕（育）症的育龄夫妻有获得咨询、指导与治疗的权利。

（2）男女平等权利：女性与男性在实行计划生育方面地位平等，双方都有要求实行计划生育的权利；女性与男性有同等参与权、决定权，而不仅仅是处于受支配地位。

（3）知情选择权利：国家推行避孕节育措施知情选择，采取有计划有条件的逐步实施的知情选择。即国家通过提供充分有效的计划生育和避孕方法的信息，介绍各种避孕方法的效果，优缺点和适应对象，使需要采取避孕措施的育龄群众在充分了解情况的基础上（包括避孕方法情况、本地提供服务的情况、育龄群众自身情况等），自主、自愿而负责任地作出决定，选择安全、有效、适宜的避孕措施。

（4）健康及安全保障权利：对于实行计划生育的公民及妇女怀孕生育期间应享有健康安全保障及劳动保护等权利。包括向育龄群众提供的避孕药品、工具应当安全、可靠；向育龄群众提供的节育技术服务，应当保障受术者的安全、健康；国家采取积极措施，向育龄群众提供有效的计划生育和生殖保健服务，努力避免非意愿妊娠，减少人工流产；采取各种措施，防止性病、艾滋病传播，并使患者得到及时有效治疗；努力降低孕产妇和新生儿死亡率；妇女怀孕生育期间、享有特殊的健康安全保障及劳动保护权等。

（二）计划生育的义务

1. 公民有实行计划生育的义务

（1）夫妻双方地位平等，双方都有要求实行计划生育的权利，也有实行计划生育的义务。

（2）夫妻有同等的参与权、决定权。

（3）夫妻要共同支持，平等协调，自觉执行计划生育法律、法规。

（4）生育控制的责任不仅在女性，男性应积极支持女性采取避孕措施，承担起采取避孕节育措施的责任。

2. 夫妻双方有实行计划生育中负有共同的责任。

3. 公民按照法律的规定依法规范生育行为的义务。

4. 公民有落实避孕节育措施，接受计划生育技术服务的义务。

5. 公民有协助政府开展人口与计划生育的义务。

6. 违反法律法规规定条件生育子女的公民，有依法缴纳社会抚养费的义务。

（三）实行计划生育的技术调节手段

1. 生育调节应以避孕为主要技术手段　以避孕为主，是计划生育工作的基本方针。坚持避孕为主，以公民个人来说，就是在有生育能力的年龄期间，自觉落实避孕措施，以避免非意愿妊娠。

2. 关于国家创造条件保障公民知情选择安全、有效、适宜的避孕节育措施和实施节育手术者安全问题

这里指出了国家、计划生育技术服务人员、公民的责任和村计划生育技术服务机构、人员的要求，包括以下几点：

（1）国家的责任：为了保证向公民提供的计划生育技术服务和药具的安全性、有效性，国家应对各种计划生育技术服务和药具制定质量技术标准。

（2）计划生育技术服务人员责任：为了保证指导公民选择适宜的避孕节育措施，技术服务人员，必须向育龄群众介绍常用的避孕节育方法的作用机理、适应证、禁忌证、优缺点、使用方法、注意事项、可能出现的副作用及处理方法等。

（3）公民责任：必须知道避孕节育方法，知道本地提供服务情况，知道自身身体健康情况。公民根据这些情况决定避孕措施。

（四）对实行计划生育的公民给予奖励和社会保障

国家对实行计划生育的夫妻按照规定给予奖励，是关于计划生育奖励的原则性规定。国家建立和健全基本养老保险，基本医疗保险，生育保险和社会福利等社会保障制度，保障计划生育工作的顺利开展。

【工作任务3】

据《河南商报》报道，一名任姓妇女在怀孕五个月时，婆婆怂恿她吃转胎丸，说确保能生男孩。2012年3月初，她怀胎十月分娩后，发现孩子既有男孩的性器，也

有女孩的性特征,分不出男女。医院诊断后认定孩子的染色体为女性,并判断这一结果跟吃"转胎丸"有关,让这位妈妈后悔不已。报道说,网上有不少人兜售所谓的"转胎丸",一名卖家称,他的药是家传秘方,已给很多人试过,都成功生下男孩。对此,河南省人民医院医学遗传研究所专家解释道,胎儿的性别从受精那一刻起已成定局。转胎丸不过是含有大量雄性激素,如在怀孕早期服用,会引起母体内分泌紊乱导致流产;而在晚期服用,即使能在一定程度上改变胎儿的体表特征(生殖器官),却改变不了已经确定的染色体基因。

问题 1　公民享有计划生育技术服务的权利

各级人民政府应当采取措施,保障公民享有计划生育技术服务,提高公民的生殖健康水平。计划生育技术服务,是指通过手术、药物、工具、仪器、信息和其他手段,有目的地调节人的生育行为,并围绕生育、节育、不育开展相关的生殖保健服务。包括:为满足人民群众在避孕节育及其他生殖保健方面的需求,向群众提供的宣传教育以及与生育、节育、不育相关的咨询、医学检查、诊断、治疗、手术、随访和出具有关医学证明等活动。计划生育技术服务的对象主要是健康的育龄人群。计划生育技术服务不仅包括技术方面的服务,也包括心理方面的服务;不仅包括临床工作,还包括群众工作。要达到的目的是,一方面围绕生育、节育和不育为育龄人群提供安全、有效、适宜的避孕节育药具和临床技术服务;另一方面提供咨询指导、术前宣传教育和术后随访等服务。通过面向群众、深入基层的生殖健康宣传服务,帮助每一个公民安全、健康地度过育龄期,不断提高公民的生殖健康水平。

问题 2　计划生育技术服务网络的构成

地方各级人民政府应当合理配置、综合利用卫生资源,建立、健全由计划生育技术服务机构和从事计划生育技术服务的医疗保健机构组成的计划生育技术服务网络,改善技术服务设施和条件,提高技术服务水平。

1. 计划生育技术服务网络的建立　由专门的计划生育技术服务机构和从事计划生育技术服务的医疗保健机构组成。1980 年以前,计划生育技术服务工作是由卫生部门管理,医疗保健部门承担的。1980 年以后,由于人口形势的严峻和实现计划生育工作目标的迫切需要,计划生育服务机构应运而生。

2. 计划生育技术服务网络的服务　在建立计划生育技术服务网络的时候,地方各级人民政府应当合理配置、综合利用卫生资源。计划生育技术服务机构的主要任务是为落实计划生育基本国策服务,其服务内容不仅包括避孕节育技术等临床医学服务,更强调进村入户、咨询、随访,同时还承担了宣传教育、药具发放等任务。

问题 3　计划生育技术服务的内容

从事计划生育技术服务,要严格按照执业许可证确定的范围开展服务,如果需要扩大服务项目,应根据国家有关法律法规,按照有关程序重新报批。计划生育技术服务机构应当针对育龄人群开展以下服务:

1. 开展人口与计划生育基础知识宣传教育　宣传教育的内容包括:马克思主义人口理论,基本国情和基本国策,可持续发展战略,科学、文明、进步的婚育观念,计划生育政策法规,婚育科普知识等。

2. 承担计划生育、生殖保健的咨询指导　内容包括:①生殖健康科普宣传、教育、咨询。计划生育的目的是为了控制人口数量,提高人口素质,改善人口结构,促进社会发展。人口素质包括人的身体素质即健康水平。生殖健康是人群健康状况的一个重要方面,提高群众的生殖健康水平是计划生育的重要目标之一。生殖健康科普宣传、教育、咨询的具体内容应涉及安全、满意、负责任地性生活,生育调节,母婴保健,优生优育等方面的知识。②提供避孕药具及相关的指导、咨询、随访。避孕药具是育龄人群为避免怀孕采用的药物和器具,是较常采用的一类避孕方法。我国广泛应用的主要避孕药具种类有:宫内节育器、皮下埋植剂,口服及注射用药、外用药、避孕套等。计划生育工作提倡"以避孕为主",不仅要普及避孕,提高避孕率,还要重视避孕效果,提高避孕成功率,既做到有计划的生育,又保障妇女的健康。③对已经施行避孕节育手术和输卵(精)管复通手术的,提供相关的咨询、随访。

3. 承担计划生育技术服务工作　指与计划生育技术服务相关的临床医疗服务。包括:①避孕节育的医学检查。避孕即避免受孕,节育即节制生育。节育的范围比较广,既包括永久性避孕,也包括终止妊娠。避孕和节育是控制人口增长,实现国家人口与计划生育目标的重要手段。避孕和节育的医学检查是指通过各种临床检查手段,对育龄妇女采取某种避孕节育措施的适应证和禁忌证、怀孕情况以及节育措施的有效性进行判断,目的是提高避孕节育措施的有效性、安全性,减少各种不良反应、节育手术并发症以及非意愿妊娠的发生。②计划生育手术并发症和药具不良反应的诊断、治疗。计划生育手术并发症是指因实施计划生育手术直接导致相关疾病、组织器官损伤、功能障碍或残疾、死亡的情况。计划生育药具不良反应是指计划生育避孕药具在质量检验合格、正常用法和用量情况下引起的与使用目的无关的有害反应。为了保障实行计划生育育龄群众的合法权益,开展计划生育手术和提供计划生育药具必须严格遵守有关技术规范,加强技术管理,尽量减少手术并发症和药具不良反应的发生。③施行避孕节育手术和输卵(精)管复通手术。避孕、节育手术包括放置、取出宫内节育器,皮下埋植术及取出术,输卵(精)管结扎术,人工终止妊娠术。必须严格执行技术常规,确保手术安全。

问题 4　避孕措施的服务

计划生育技术服务人员应当指导实行计划生育的公民选择安全、有效、适宜的避孕措施,对已生育子女的夫妻、提倡选择长效避孕措施。国家鼓励计划生育新技术、新药具的研究、应用和推广。

1.计划生育技术服务的原则　计划生育技术服务实行国家指导和个人自愿相结合的原则,这是我国计划生育技术服务工作的根本指导原则。国家指导是就是国家通过规范的渠道,帮助群众了解各种现行避孕节育方法的安全性、有效性、禁忌证、适应证以及自身的生理、心理特点。个人自愿就是在国家指导的基础上由群众自主选择适合自己的避孕节育方法。国家指导和个人自愿两者是统一的,只有国家指导没有个人自愿,计划生育技术服务工作就会失去群众基础;只有个人自愿没有国家指导,就无法保障群众得到安全、有效、适宜的技术服务,这包括两方面的内容:

(1)计划生育技术服务人员有义务指导实行计划生育的公民实行避孕方法的知情选择。避孕方法的知情选择,就是通过国家提供充分有效的计划生育和避孕方法的信息,介绍各种避孕方法的效果、优缺点,使需要采取避孕措施的育龄群众在充分了解情况的基础上,自主、自愿而且负责任地做出决定,选择安全、有效、适宜的避孕措施。

(2)计划生育技术服务人员,在指导公民选择避孕措施时,应当依据国家计划生育技术服务的有关规定,并充分考虑服务对象的健康状况,劳动强度及其所处的生理时期,指导公民选择安全、有效、适宜的避孕措施。

2.对已生育子女的夫妻知情选择避孕措施的提倡性规定　知情选择不是放任自流,提倡选择长效避孕措施。长效避孕措施包括放置宫内节育器、皮下埋植避孕剂,输卵(精)管结扎术等。长效避孕措施效果好,经济简便,对妇女的身心健康和育龄夫妻的生产、生活都有好处,计划生育技术服务人员在指导公民进行知情选择时,应广泛宣传,大力推广。

3.对研究、开发、推行计划生育新技术、新药具的规定　国家依靠科技进步,提高计划生育技术服务质量,发展计划生育事业,有利于育龄群众的身心健康。

【工作任务 4】

在汉口闹市一辆轿车里装有 B 超仪器专门非法鉴定胎儿性别,2012 年 3 月 29日,当一名孕妇钻进轿车后,执法人员当场查获了这台非法"B 超车",这已是负责操作 B 超的中年妇女胡某第三次被抓。武汉市人口计生委及武汉市公安局刑侦局随后介入,查明操作 B 超的中年妇女胡某今年 44 岁,武汉市硚口区人,卫校毕业后在武汉两家医院做过几个月的实习护士,期间学会 B 超操作,并未取得医师执业资格证;执法部门对孕妇王某进行教育后予以放行,胡某被刑事拘留。

问题 1 关于胎儿性别鉴定的法律规定

严禁利用超声技术和其他技术手段进行非医学需要的胎儿性别鉴定;严禁非医学需要的选择性别的人工终止妊娠。不能利用超声技术和其他技术手段(早期绒毛取材术、羊膜囊穿刺术、胎儿脐带血穿刺术、母血筛查等)进行非医学需要的胎儿性别鉴定,不能因为性别偏好的进行性别鉴定。

问题 2 与计划生育技术服务相关的法律责任

非法为他人施行计划生育手术,主要是指开展计划生育手术的机构未经计划生育行政部门或卫生部门批准,未获取相应的执业资格许可证书,不具备执业机构的资质、条件而施行计划生育手术的;计划生育技术服务机构和医疗、妇幼保健机关的工作人员,未取得医师、护士执业资格和计划生育技术服务执业许可证书的人员,即施行计划生育手术的,未经过地方计划生育法规规定的程序批准施行某些计划生育手术的,如摘取宫内节育器、施行输卵管、输精管复通术、正常妊娠而无正当理由施行终止妊娠术等。

利用超生技术和其他技术手段为他人进行非医学需要的胎儿性别鉴定或选择性引流产的,实施假节育手术,进行假医学鉴定,出具假计划生育证明的。对以上违法行为的处理,由计划生育行政部门或者卫生行政部门依据职权责令改正,给予警告,没收违法所得;违法所得 10000 元以上的,处违法所得 2 倍以上 6 倍以下罚款;没有违法所得或者违法所得不足 10000 元的,处 10000 元以上 30000 元以下的罚款;情节严重的,由原发证机关吊销执业证书;构成犯罪的,依法追究刑事责任。

问题 3 与计划生育证明有关的违法行为的法律规定

对伪造、变造、买卖计划生育证明的,由计划生育行政部门没收违法所得,对以不正当手段取得计划生育证明的给以取消。对伪造、变造、买卖计划生育证明违法行为的实施追究。违法所得 5000 元以上的,处违法所得 2 倍以上 10 倍以下的罚款;没有违法所得或违法所得不足 5000 元的,处 5000 元以上 20000 元以下的罚款;构成犯罪的,依法追究刑事责任。出具证明的单位有过错的,对直接负责的主管人员和其他直接责任人员依法给予相应的行政处分。

问题 4 对计划生育技术服务人员在施行计划生育诊疗、手术等环节中造成事故的处理

计划生育技术服务人员违章操作或者延误抢救、诊治,造成严重后果,按照《执业医师法》、《母婴保健法》、《母婴保健法实施办法》、《医疗事故处理条例》等法律法规的规定进行处理。

问题 5   对负有法定的协助管理计划生育义务，而又不履行协助管理义务者进行责任追究的规定

对不协助管理计划生育义务责任者由有关地方人民政府给予通报批评,对直接负责的主管人员和其他直接责任人员依法给予行政处分。

问题 6   公民违法生育后应当缴纳社会抚养费以及欠缴社会抚养费的处理

实行计划生育是公民的法定义务。公民违反法律、法规规定生育子女,也应当履行缴纳社会抚养费的义务。通过征收社会抚养费形式对违反法律法规规定生育子女的公民追究责任是社会主义市场经济条件下,国家推行计划生育的必要手段。公民违反国家有关法律法规规定多生育子女,客观上对经济和社会发展、资源利用、环境保护造成影响,加重了公共投入的负担。所以,法律规定对其征收社会抚养费,是对社会公共投入的一种补偿。

负有缴纳社会抚养费义务是国家工作人员的应依法给予行政处分。国家工作人员是指国家机关中从事公务的人员;国有公司、企业、事业单位、人民团体中从事公务人员;国家机关、国有公司、企业、事业单位委派到非国有公司、企业、事业单位、社会团体从事公务的人员;以及其他依照法律、法规从事公务的人员。负有缴纳社会抚养义务属其他人员的给予纪律处分。

问题 7   拒绝、阻碍计生工作人员依法执行公务的法律责任

对负有履行计划生育义务而拒绝履行或对执行公务的计划生育工作人员进行侮辱、诽谤、威胁、殴打等行为都要给予法律责任追究。对拒绝、阻碍计生工作人员依法执行公务行为的追究。情节轻微,尚未扰乱社会秩序、妨害公共安全的,由计划生育行政部门给予批评教育并予以制止;构成违反治安管理行为的,依照《治安管理处罚条例》依法给予处罚;构成犯罪的,依法追究刑事责任。

【延伸阅读】

2012 年,国家人口计生委发布《人口计生户外宣传环境调研报告》,对全国除西藏以外的 30 个省(自治区、直辖市)的人口计生户外宣传内容、形式、数量等问题进行深入分析,部分地区仍有"暴力"标语。在农村地区,计生标语常被视为政策法规的通俗"翻译"。

国家人口计生委宣传教育司司长张建说,计划生育初期,为了严格控制人口数

量,各地编了许多严厉的标语。如"一胎上环二胎扎,计外怀孕坚决刮"、"该扎不扎,房倒屋塌"、"逮着就扎、跑了就抓,上吊给绳、喝药给瓶"等。这些冷漠、强制甚至含有恐吓意味的标语口号,激起群众的反感和抵触情绪,引发了大量矛盾和纠纷。随着以人为本理念的确立,我国人口计生工作由"管理型"向"服务型"转变,计生标语逐渐由冷变热,由命令禁止转向倡导提示。

【拓展练习】
结合本项目,谈谈如何调整计划生育政策以适应我国目前人口状况发展。

项目 20　食品安全管理的法律规定

【岗位技能要求】

本项目主要针对食品安全监管和卫生检疫等岗位,具体技能要求:

1. 能够基本了解我国食品安全法律体系。

2. 能够清楚分析食品生产经营的相关法律规定。

3. 能够基本了解违反食品安全法的法律责任。

【工作任务 1】

三聚氰胺、塑化剂、"地沟油"……这些食品中的有害因素,带来健康风险,令人焦虑不安。国内外实践证明,食品安全不存在"零风险"。

2009 年 11 月卫生部组建成立了国家食品安全风险评估专家委员会,建立了专家委员会相关规章制度。先后出台《食品安全风险评估管理规定(试行)》、《食品安全风险监测管理规定(试行)》等系列管理制度。自《食品安全法》公布实施以来,食品安全风险监测体系初步建立,国家食品安全风险监测计划对全面掌握全国食品安全状况和开展针对性监管执法提供了重要依据。

2011 年,卫生部新公布 21 项食品安全标准,包括食品中真菌毒素限量、农药残留限量、复配食品添加剂、预包装食品标签和营养标签等基础标准,针对 6 种真菌毒素的 28 个限量标准、54 种农药的 118 个限量标准等安全使用作出了严格规定。根据监管工作需要,公布速冻面米制品、不锈钢制品等重点产品标准,制定、指定 216 项食品添加剂产品标准。修订公布食品添加剂使用标准,明确规定了 23 类、2314 种食品添加剂的使用范围、用量,依法撤销了 39 种食品添加剂。对行业提交的 3000 余种食品包装材料进行系统清理,公布了 107 项包装材料用树脂名单,公告禁止双酚 A 用于婴幼儿奶瓶生产。

问题 1　**食品安全管理立法**

食品是指各种供人食用或者饮用的成品和原料以及按照传统既是食品又是药品的物品,但是不包括以治疗为目的的物品。食品安全是指食品无毒、无害,符合应当有的营养要求,对人体健康不造成任何急性、亚急性或者慢性危害。

1982 年 11 月 19 日,五届全国人大常委会第二十五次会议通过了《中华人民共和国食品卫生法(试行)》,这是我国第一部食品卫生法律。为了更加适应当前食品卫生领域的新情况,使法律条款与法学理论和执法实践相一致,1995 年 10 月 30 日,八届全国人大常委会第十六次会议通过了经过修订的《中华人民共和国食品卫生法》;2009 年 2 月 28 日第十一届全国人民代表大会常务委员会第七次会议通过《中华人民共和国食品安全法》,自 2009 年 6 月 1 日起施行,标志着我国食品安全立法的进一步完善。

问题 2 食品安全风险监测和评估

（一）食品安全风险监测制度

国家建立食品安全风险监测制度,对食源性疾病、食品污染以及食品中的有害因素进行监测。国务院卫生行政部门会同国务院有关部门制定、实施国家食品安全风险监测计划。省、自治区、直辖市人民政府卫生行政部门根据国家食品安全风险监测计划,结合本行政区域的具体情况,组织制定、实施本行政区域的食品安全风险监测方案。

（二）食品安全风险评估制度

国家建立食品安全风险评估制度,对食品、食品添加剂中生物性、化学性和物理性危害进行风险评估。国务院卫生行政部门负责组织食品安全风险评估工作,成立由医学、农业、食品、营养等方面的专家组成的食品安全风险评估专家委员会进行食品安全风险评估。对农药、肥料、生长调节剂、兽药、饲料和饲料添加剂等的安全性评估,也应当有食品安全风险评估专家委员会的专家参加。

问题 3 食品安全标准的制定

食品安全标准是强制执行的标准,制定食品安全标准,应当以保障公众身体健康为宗旨,做到科学合理、安全。

（一）食品安全标准的内容

食品安全标准应当包括下列内容:

1. 食品、食品相关产品中的致病性微生物、农药残留、兽药残留、重金属、污染物质以及其他危害人体健康物质的限量规定。

2. 食品添加剂的品种、使用范围、用量。

3. 专供婴幼儿和其他特定人群的主辅食品的营养成分要求。

4. 对与食品安全、营养有关的标签、标识、说明书的要求。

5. 食品生产经营过程的卫生要求。

6. 与食品安全有关的质量要求。

7. 食品检验方法与规程。

8. 其他需要制定为食品安全标准的内容。

（二）食品安全标准的制定

1. 食品安全国家标准审评委员会 由医学、农业、食品、营养等方面的专家以及国务院有关部门的代表组成。食品安全国家标准应当经食品安全国家标准审评委员会审查通过,并应当供公众免费查阅。

2. 食品安全国家标准　由国务院卫生行政部门负责制定、公布,国务院标准化行政部门提供国家标准编号。食品中农药残留、兽药残留的限量规定及其检验方法与规程由国务院卫生行政部门和国务院农业行政部门制定。屠宰畜、禽的检验规程由国务院有关主管部门会同国务院卫生行政部门制定。有关产品国家标准涉及食品安全国家标准规定内容的,应当与食品安全国家标准相一致。

制定食品安全国家标准,应当依据食品安全风险评估结果并充分考虑食用农产品质量安全风险评估结果,参照相关的国际标准和国际食品安全风险评估结果,并广泛听取食品生产经营者和消费者的意见。

3. 食品安全地方标准和企业标准　没有食品安全国家标准的,可以制定食品安全地方标准。企业生产的食品没有食品安全国家标准或者地方标准的,应当制定企业标准,作为组织生产的依据。国家鼓励食品生产企业制定严于食品安全国家标准或者地方标准的企业标准。企业标准应当报省级卫生行政部门备案,在本企业内部适用。

【工作任务 2】

2004 年 4 月 30 日,"大头娃娃"事件曝光,安徽省阜阳市查处一家劣质奶粉厂。该厂生产的劣质奶粉几乎完全没有营养,致使 13 名婴儿死亡,近 200 名婴儿患上严重营养不良症。

2006 年 11 月 12 日,由河北某禽蛋加工厂生产的一些"红心咸鸭蛋"在北京被检测出含有致癌物质苏丹红。部分河北农户用添加了工业染料苏丹红的饲料喂养鸭子,导致蛋黄内含有苏丹红,以致全北京市范围内停售河北产"红心"咸鸭蛋。

2010 年 7 月,青海省一家乳制品厂的产品检测出三聚氰胺超标达 500 余倍,而原料来自河北等地。事件发生后,有关部门要求严肃查处,杜绝问题奶粉流入市场,彻底查清其来源与销路,坚决予以销毁,并依法追究当事人责任。

问题 1　食品生产经营的法律规定

(一)食品生产经营的安全要求

食品生产经营应当符合食品安全标准,并符合下列要求:

1. 具有与生产经营的食品品种、数量相适应的食品原料处理和食品加工、包装、储存等场所,保持该场所环境整洁,并与有毒、有害场所以及其他污染源保持规定的距离。

2. 具有与生产经营的食品品种、数量相适应的生产经营设备或者设施,有相应的消毒、更衣、盥洗、采光、照明、通风、防腐、防尘、防蝇、防鼠、防虫、洗涤以及处理废水、存放垃圾和废弃物的设备或者设施。

3. 有食品安全专业技术人员、管理人员和保证食品安全的规章制度。

4. 具有合理的设备布局和工艺流程,防止待加工食品与直接入口食品、原料与成品交叉污染,避免食品接触有毒物、不洁物。

5. 餐具、饮具和盛放直接入口食品的容器,使用前应当洗净、消毒,炊具、用具用后应当洗净,保持清洁。

6. 储存、运输和装卸食品的容器、工具和设备应当安全、无害,保持清洁,防止食品污染,并符合保证食品安全所需的温度等特殊要求,不得将食品与有毒、有害物品一同运输。

7. 直接入口的食品应当有小包装或者使用无毒、清洁的包装材料、餐具。

8. 食品生产经营人员应当保持个人卫生,生产经营食品时,应当将手洗净,穿戴清洁的工作衣、帽;销售无包装的直接入口食品时,应当使用无毒、清洁的售货工具。

9. 用水应当符合国家规定的生活饮用水卫生标准。

10. 使用的洗涤剂、消毒剂应当对人体安全、无害。

11. 法律、法规规定的其他要求。

（二）禁止生产经营的食品

1. 用非食品原料生产的食品或者添加食品添加剂以外的化学物质和其他可能危害人体健康物质的食品,或者用回收食品作为原料生产的食品。

2. 致病性微生物、农药残留、兽药残留、重金属、污染物质以及其他危害人体健康的物质含量超过食品安全标准限量的食品。

3. 营养成分不符合食品安全标准的专供婴幼儿和其他特定人群的主辅食品。

4. 腐败变质、油脂酸败、霉变生虫、污秽不洁、混有异物、掺假掺杂或者感官性状异常的食品。

5. 病死、毒死或者死因不明的禽、畜、兽、水产动物肉类及其制品。

6. 未经动物卫生监督机构检疫或者检疫不合格的肉类,或者未经检验或者检验不合格的肉类制品。

7. 被包装材料、容器、运输工具等污染的食品。

8. 超过保质期的食品。

9. 无标签的预包装食品。

10. 国家为防病等特殊需要明令禁止生产经营的食品。

11. 其他不符合食品安全标准或者要求的食品。

（三）食品生产经营实行许可制度

国家对食品生产经营实行许可制度。从事食品生产、食品流通、餐饮服务,应当依法取得食品生产许可、食品流通许可、餐饮服务许可。

取得食品生产许可的食品生产者在其生产场所销售其生产的食品,不需要取得食品流通的许可;取得餐饮服务许可的餐饮服务提供者在其餐饮服务场所出售其制作加工的食品,不需要取得食品生产和流通的许可;农民个人销售其自产的食用农产品,不需要取得食品流通的许可。

食品生产加工小作坊和食品摊贩从事食品生产经营活动,应当有符合规定的与其生产经营规模、条件相适应的食品安全要求,保证所生产经营的食品卫生、无毒、无害,有关部门应当对其加强监督管理。

（四）食品生产经营人员的卫生安全要求

食品生产经营者应当建立并执行从业人员健康管理制度。患有痢疾、伤寒、病毒性肝炎等消化道传染病的人员,以及患有活动性肺结核、化脓性或者渗出性皮肤病等有碍食品安全的疾病的人员,不得从事接触直接入口食品的工作。

食品生产经营人员每年应当进行健康检查,取得健康证明后方可参加工作。

（五）食品进货查验记录制度

食品生产者采购食品原料、食品添加剂、食品相关产品,应当查验供货者的许可证和产品合格证明文件。食品生产企业应当建立食品原料、食品添加剂、食品相关产品,如实记录食品原料、食品添加剂、食品相关产品的名称、规格、数量、供货者名称及联系方式、进货日期等内容。

食品经营者采购食品,应当查验供货者的许可证和食品合格的证明文件。食品经营企业应当建立食品进货查验记录制度,如实记录食品的名称、规格、数量、生产批号、保质期、供货者名称及联系方式、进货日期等内容。

食品进货查验记录应当真实,保存期限不得少于二年。

（六）食品出厂检验记录制

食品生产企业应当建立食品出厂检验记录制度,查验出厂食品的检验合格证和安全状况,并如实记录食品的名称、规格、数量、生产日期、生产批号、检验合格证号、购货者名称及联系方式、销售日期等内容。食品检验合格后方可出厂或者销售。

食品出厂检验记录应当真实,保存期限不得少于二年。

（七）食品添加剂的生产实行许可制度

食品添加剂是指为改善食品品质和色、香、味以及为防腐、保鲜和加工工艺的需要而加入食品中的人工合成或者天然物质。国家对食品添加剂的生产实行许可制度。申请食品添加剂生产许可的条件、程序,按照国家有关工业产品生产许可证管理的规定执行。

（八）食品召回制度

国家建立食品召回制度。食品生产者发现其生产的食品不符合食品安全标准，应当立即停止生产，召回已经上市销售的食品，通知相关生产经营者和消费者，并记录召回和通知情况。

食品经营者发现其经营的食品不符合食品安全标准，应当立即停止经营，通知相关生产经营者和消费者，并记录停止经营和通知情况。食品生产者认为应当召回的，应当立即召回。

食品生产者应当对召回的食品采取补救、无害化处理、销毁等措施，并将食品召回和处理情况向县级以上质量监督部门报告。

食品生产经营者未依照规定召回或者停止经营不符合食品安全标准的食品的，县级以上质量监督、工商行政管理、食品药品监督管理部门可以责令其召回或者停止经营。

问题 2　食品检验

食品检验机构按照国家有关认证认可的规定取得资质认定后，方可从事食品检验活动。但是，法律另有规定的除外。

食品检验由食品检验机构指定的检验人独立进行。检验人应当依照有关法律、法规的规定，并依照食品安全标准和检验规范对食品进行检验，尊重科学，恪守职业道德，保证出具的检验数据和结论客观、公正，不得出具虚假的检验报告。

食品检验实行食品检验机构与检验人负责制。食品检验报告应当加盖食品检验机构公章，并有检验人的签名或者盖章。食品检验机构和检验人对出具的食品检验报告负责。

食品安全监督管理部门对食品不得实施免检。

【工作任务3】

2007 年 8 月 14 日，总数为 7.26 吨某品牌的较大婴儿奶粉在从香港入境时，被深圳检验检疫局检验出阪岐肠杆菌超标，检疫局依法对该批不合格婴儿奶粉作出监督销毁的处理。

阪崎肠杆菌（*Enterobacter Sakazakii*）是肠杆菌科的一种，1980 年由黄色阴沟肠杆菌更名为阪崎肠杆菌。阪崎肠杆菌能引起严重的新生儿脑膜炎、小肠结肠炎和菌血症，死亡率高达 50% 以上。

问题　食品进出口

进口的食品、食品添加剂以及食品相关产品应当符合我国食品安全国家标准。进口的食品应当经出入境检验检疫机构检验合格后，海关凭出入境检验检疫机构签发的通关证明放行。

进口的预包装食品应当有中文标签、中文说明书。标签、说明书应当符合我国有关法律法规和食品安全国家标准的要求,载明食品的原产地以及境内代理商的名称、地址、联系方式。预包装食品没有中文标签、中文说明书或者标签、说明书不符合规定的,不得进口。

进口商应当建立食品进口和销售记录制度,如实记录食品的名称、规格、数量、生产日期、生产或者进口批号、保质期、出口商和购货者名称及联系方式、交货日期等内容。

【工作任务 4】

2008 年,浙江省工商局紧急叫停了一批涉嫌虚假宣传的保健食品广告,并予以立案查处。其中,杭州某生物科技有限公司生产的脂糖康片,北京某蜂产品有限公司生产的蜂胶,济南某生物技术有限公司生产的胶囊,沈阳某药业有限公司生产的胶囊等 9 个产品涉嫌虚假广告,被列入黑名单。此次被检测出来的 9 个虚假保健食品广告均是在宣传的产品功效、功能主治、适用人群等方面超出了药监部门的审批范围,或无中生有或夸大功效。如北京某蜂产品有限公司生产的蜂胶,国家批准的功能为"调节血脂、调节血糖、调节免疫",该广告的宣传内容为"05 年版药典中蜂胶对控制糖尿病并发症有明显的效果",核对 2005 年药典中并无此内容,属虚假信息。济南某生物技术有限公司生产的胶囊,国家批准功能为"调节血脂、延缓衰老",虚假宣传为"抗脑缺氧、抗心肌缺氧作用;对心脑血管疾病有预防作用;疏通血管,降低血液黏稠度,恢复血液畅通,缓解因血管堵塞造成的头晕、胸闷、气喘等症状;修复脑神经干细胞,恢复脑机能,提高心脏活力"。烟台某生物科技有限公司生产的活性肽,国家批准功能为"免疫调节",其虚假宣传内容为"活性肽使高血压……失眠等疾病受到挑战……活性肽让你很快甩掉药罐子……每天只需向舌下轻喷几下,许多久治不愈的顽症很快得到改善……活性肽能将(眼睛)飞蝇症治好……多病同治"。杭州某生物科技有限公司生产的脂糖康片,国家批准功能为"辅助降血脂、辅助降血糖",该广告的违法宣传内容为"能够提高机体细胞对胰岛素的敏感性,修复胰岛细胞,增强胰岛素活力。另一方面,它有效地一直抑制 α 糖苷酶活性"。深圳某保健食品有限公司生产的铁皮枫斗,国家批准功能为"免疫调节,延缓衰老(适宜人群为中老年人)",但其虚假宣传内容为"能有效调节阴阳,补五脏之虚,广泛适用于临床各类阴虚症状;适用于烟、酒、夜生活过度,易疲劳以及(患糖尿病、肿瘤、心血管、胃肝病等)免疫功能低下者"。

问题　食品广告内容

食品广告的内容应当真实合法,不得含有虚假、夸大的内容,不得涉及疾病预防、治疗功能。食品安全监督管理部门或者承担食品检验职责的机构、食品行业协会、消费者协会不得以广告或者其他形式向消费者推荐食品。社会团体或者其他组织、个人在虚假广告中向消费者推荐食品,使消费者的合法权益受到损害的,与食品生产经营者承担连带责任。

【工作任务5】

2008年7月始,全国各地陆续收治婴儿泌尿系统结石患者1000余人,由卫生部牵头,由农业、公安、质检、工商、食品药品监管等部门及相关专家组成的联合调查组经过调查,高度怀疑石家庄三鹿集团股份有限公司生产的三鹿牌婴幼儿配方奶粉受到三聚氰胺污染。9月11日,石家庄三鹿集团公司发出声明,经自检发现部分批次三鹿婴幼儿奶粉受三聚氰胺污染,公司决定立即对2008年8月6日以前生产的三鹿婴幼儿奶粉全部召回。卫生部还在全国范围内对可能由此造成的婴幼儿患病情况进行全面调查,同时紧急组织专家研究制定了诊疗方案。2009年1月22日,三鹿"三聚氰胺奶粉"案终审宣判。

问题1　食品安全事故处置

食品安全事故指食物中毒、食源性疾病、食品污染等源于食品,对人体健康有危害或者可能有危害的事故。

国务院组织制定国家食品安全事故应急预案。县级以上地方人民政府应当根据有关法律、法规的规定和上级人民政府的食品安全事故应急预案以及本地区的实际情况,制定本行政区域的食品安全事故应急预案,并报上一级人民政府备案。食品生产经营企业应当制定食品安全事故处置方案,定期检查本企业各项食品安全防范措施的落实情况,及时消除食品安全事故隐患。

(一)报告

1. 发生食品安全事故的单位应当立即予以处置,防止事故扩大。事故发生单位和接收病人进行治疗的单位应当及时向事故发生地县级卫生行政部门报告。

2. 农业行政、质量监督、工商行政管理、食品药品监督管理部门在日常监督管理中发现食品安全事故,或者接到有关食品安全事故的举报,应当立即向卫生行政部门通报。

发生重大食品安全事故的,接到报告的县级卫生行政部门应当按照规定向本级人民政府和上级人民政府卫生行政部门报告。县级人民政府和上级人民政府卫生行政部门应当按照规定上报。任何单位或者个人不得对食品安全事故隐瞒、谎报、缓报,不得毁灭有关证据。

(二)措施

县级以上卫生行政部门接到食品安全事故的报告后,应当立即会同有关农业行政、质量监督、工商行政管理、食品药品监督管理部门进行调查处理,并采取下列

措施,防止或者减轻社会危害:

1. 开展应急救援工作,对因食品安全事故导致人身伤害的人员,卫生行政部门应当立即组织救治。

2. 封存可能导致食品安全事故的食品及其原料,并立即进行检验;对确认属于被污染的食品及其原料,责令食品生产经营者依照规定予以召回、停止经营并销毁。

3. 封存被污染的食品用工具及用具,并责令进行清洗消毒。

4. 做好信息发布工作,依法对食品安全事故及其处理情况进行发布,并对可能产生的危害加以解释、说明。

发生食品安全事故,县级以上疾病预防控制机构应当协助卫生行政部门和有关部门对事故现场进行卫生处理,并对与食品安全事故有关的因素开展流行病学调查。调查食品安全事故,除了查明事故单位的责任,还应当查明负有监督管理和认证职责的监督管理部门、认证机构的工作人员失职、渎职情况。

（三）重大食品安全事故的处置

发生重大食品安全事故的,县级以上人民政府应当立即成立食品安全事故处置指挥机构,启动应急预案。设区的市级以上人民政府卫生行政部门应当立即会同有关部门进行事故责任调查,督促有关部门履行职责,向本级人民政府提出事故责任调查处理报告。重大食品安全事故涉及两个以上省、自治区、直辖市的,由国务院卫生行政部门组织事故责任调查。

问题 2　**食品安全的监督管理**

（一）监管部门的职责

县级以上地方人民政府组织本级卫生行政、农业行政、质量监督、工商行政管理、食品药品监督管理部门制定本行政区域的食品安全年度监督管理计划,并按照年度计划组织开展工作。

县级以上质量监督、工商行政管理、食品药品监督管理部门履行各自食品安全监督管理职责,有权采取下列措施:

1. 进入生产经营场所实施现场检查。

2. 对生产经营的食品进行抽样检验。

3. 查阅、复制有关合同、票据、账簿以及其他有关资料。

4. 查封、扣押有证据证明不符合食品安全标准的食品,违法使用的食品原料、食品添加剂、食品相关产品,以及用于违法生产经营或者被污染的工具、设备。

5. 查封违法从事食品生产经营活动的场所。

县级以上农业行政部门应当依照《农产品质量安全法》规定的职责,对食用农产品进行监督管理。

（二）监管部门的食品安全检查

县级以上质量监督、工商行政管理、食品药品监督管理部门对食品生产经营者进行监督检查,应当记录监督检查的情况和处理结果。监督检查记录经监督检查人员和食品生产经营者签字后归档。

县级以上质量监督、工商行政管理、食品药品监督管理部门应当建立食品生产经营者食品安全信用档案,记录许可颁发、日常监督检查结果、违法行为查处等情况;根据食品安全信用档案的记录,对有不良信用记录的食品生产经营者增加监督检查频次。

（三）食品安全信息统一公布制度

国家建立食品安全信息统一公布制度,下列信息由国务院卫生行政部门统一公布:

1. 国家食品安全总体情况。

2. 食品安全风险评估信息和食品安全风险警示信息。

3. 重大食品安全事故及其处理信息。

4. 其他重要的食品安全信息和国务院确定的需要统一公布的信息。

其中第二项、第三项规定的信息,其影响限于特定区域的,也可以由有关省、自治区、直辖市人民政府卫生行政部门公布。县级以上农业行政、质量监督、工商行政管理、食品药品监督管理部门依据各自职责公布食品安全日常监督管理信息。

问题 3　**法律责任**

1. 未经许可从事食品生产经营活动,或者未经许可生产食品添加剂的,由有关主管部门按照各自职责分工,没收违法所得、违法生产经营的食品、食品添加剂和用于违法生产经营的工具、设备、原料等物品;违法生产经营的食品、食品添加剂货值金额不足 10000 元的,并处 2000 元以上 50000 元以下罚款;货值金额 10000元以上的,并处货值金额 5 倍以上 10 倍以下罚款。

2. 有下列情形之一的,由有关主管部门按照各自职责分工,没收违法所得、违法生产经营的食品和用于违法生产经营的工具、设备、原料等物品;违法生产经营的食品货值金额不足 10000 元的,并处 2000 元以上 50000 元以下罚款;货值金额10000 元以上的,并处货值金额 5 倍以上 10 倍以下罚款;情节严重的,吊销许可证:

（1）用非食品原料生产食品或者在食品中添加食品添加剂以外的化学物质和其他可能危害人体健康的物质,或者用回收食品作为原料生产食品。

（2）生产经营致病性微生物、农药残留、兽药残留、重金属、污染物质以及其他危害人体健康的物质含量超过食品安全标准限量的食品。

（3）生产经营营养成分不符合食品安全标准的专供婴幼儿和其他特定人群的主辅食品。

（4）经营腐败变质、油脂酸败、霉变生虫、污秽不洁、混有异物、掺假掺杂或者感官性状异常的食品。

（5）经营病死、毒死或者死因不明的禽、畜、兽、水产动物肉类，或者生产经营病死、毒死或者死因不明的禽、畜、兽、水产动物肉类的制品。

（6）经营未经动物卫生监督机构检疫或者检疫不合格的肉类，或者生产经营未经检验或者检验不合格的肉类制品。

（7）经营超过保质期的食品。

（8）生产经营国家为防病等特殊需要明令禁止生产经营的食品。

（9）利用新的食品原料从事食品生产或者从事食品添加剂新品种、食品相关产品新品种生产，未经过安全性评估。

（10）食品生产经营者在有关主管部门责令其召回或者停止经营不符合食品安全标准的食品后，仍拒不召回或者停止经营的。

（11）进口不符合我国食品安全国家标准的食品。

（12）进口尚无食品安全国家标准的食品，或者首次进口食品添加剂新品种、食品相关产品新品种，未经过安全性评估。

（13）出口商未遵守规定出口食品。

3. 有下列情形之一的，由有关主管部门按照各自职责分工，没收违法所得、违法生产经营的食品和用于违法生产经营的工具、设备、原料等物品；违法生产经营的食品货值金额不足 10000 元的，并处 2000 元以上 50000 元以下罚款；货值金额 10000 元以上的，并处货值金额 2 倍以上 5 倍以下罚款；情节严重的，责令停产停业，直至吊销许可证：

（1）经营被包装材料、容器、运输工具等污染的食品。

（2）生产经营无标签的预包装食品、食品添加剂或者标签、说明书不符合规定的食品、食品添加剂。

（3）食品生产者采购、使用不符合食品安全标准的食品原料、食品添加剂、食品相关产品。

（4）食品生产经营者在食品中添加药品。

4. 违反本法规定，有下列情形之一的，由有关主管部门按照各自职责分工，责令改正，给予警告；拒不改正的，处 2000 元以上 20000 元以下罚款；情节严重的，责令停产停业，直至吊销许可证：

（1）未对采购的食品原料和生产的食品、食品添加剂、食品相关产品进行检验。

（2）未建立并遵守查验记录制度、出厂检验记录制度。

（3）制定食品安全企业标准未依照规定备案。

(4) 未按规定要求储存、销售食品或者清理库存食品。

(5) 进货时未查验许可证和相关证明文件。

(6) 生产的食品、食品添加剂的标签、说明书涉及疾病预防、治疗功能。

(7) 安排患有依法应禁止从事食品行业疾病的人员从事接触直接入口食品的工作。

(8) 进口商未建立并遵守食品进口和销售记录制度的。

5. 事故单位在发生食品安全事故后未进行处置、报告的,由有关主管部门按照各自职责分工,责令改正,给予警告;毁灭有关证据的,责令停产停业,并处 2000 元以上 10000 元以下罚款;造成严重后果的,由原发证部门吊销许可证。

6. 集中交易市场的开办者、柜台出租者、展销会的举办者允许未取得许可的食品经营者进入市场销售食品,或者未履行检查、报告等义务的,由有关主管部门按照各自职责分工,处 2000 元以上 50000 元以下罚款;造成严重后果的,责令停业,由原发证部门吊销许可证。

7. 违反本法规定,未按照要求进行食品运输的,由有关主管部门按照各自职责分工,责令改正,给予警告;拒不改正的,责令停产停业,并处 2000 元以上 50000 元以下罚款;情节严重的,由原发证部门吊销许可证。

8. 被吊销食品生产、流通或者餐饮服务许可证的单位,其直接负责的主管人员自处罚决定做出之日起五年内不得从事食品生产经营管理工作。食品生产经营者聘用不得从事食品生产经营管理工作的人员从事管理工作的,由原发证部门吊销许可证。

9. 食品检验机构、食品检验人员出具虚假检验报告的,由授予其资质的主管部门或者机构撤销该检验机构的检验资格;依法对检验机构直接负责的主管人员和食品检验人员给予撤职或者开除的处分。

受到刑事处罚或者开除处分的食品检验机构人员,自刑罚执行完毕或者处分决定做出之日起十年内不得从事食品检验工作。食品检验机构聘用不得从事食品检验工作的人员的,由授予其资质的主管部门或者机构撤销该检验机构的检验资格。

10. 在广告中对食品质量作虚假宣传,欺骗消费者的,依照《广告法》的规定给予处罚。

食品安全监督管理部门或者承担食品检验职责的机构、食品行业协会、消费者协会以广告或者其他形式向消费者推荐食品的,由有关主管部门没收违法所得,依法对直接负责的主管人员和其他直接责任人员给予记大过、降级或者撤职的处分。

11. 县级以上地方人民政府在食品安全监督管理中未履行职责,本行政区域出现重大食品安全事故、造成严重社会影响的,依法对直接负责的主管人员和其他直接责任人员给予记大过、降级、撤职或者开除的处分。

县级以上卫生行政、农业行政、质量监督、工商行政管理、食品药品监督管理部门或者其他有关行政部门不履行本法规定的职责或者滥用职权、玩忽职守、徇私舞弊的，依法对直接负责的主管人员和其他直接责任人员给予记大过或者降级的处分；造成严重后果的，给予撤职或者开除的处分；其主要负责人应当引咎辞职。

12. 造成人身、财产或者其他损害的，依法承担赔偿责任。生产不符合食品安全标准的食品或者销售明知是不符合食品安全标准的食品，消费者除要求赔偿损失外，还可以向生产者或者销售者要求支付价款 10 倍的赔偿金。

13. 违反法律法规的规定，应当承担民事赔偿责任和缴纳罚款、罚金，其财产不足以同时支付时，先承担民事赔偿责任，构成犯罪的，依法追究刑事责任。

【延伸阅读】

"药食同源"指食物即药物，它们之间并无绝对的分界线。根据卫生部发布的《关于进一步规范保健食品原料管理的通知》中，对药食同源物品、可用于保健食品的物品和保健食品禁用物品做出具体规定。三类物品名单如下：

（一）既是食品又是药品

丁香、八角茴香、刀豆、小茴香、小蓟、山药、山楂、马齿苋、乌梢蛇、乌梅、木瓜、火麻仁、代代花、玉竹、甘草、白芷、白果、白扁豆、白扁豆花、龙眼肉（桂圆）、决明子、百合、肉豆蔻、肉桂、余甘子、佛手、杏仁（甜、苦）、沙棘、牡蛎、芡实、花椒、赤小豆、阿胶、鸡内金、麦芽、昆布、枣（大枣、酸枣、黑枣）、罗汉果、郁李仁、金银花、青果、鱼腥草、姜（生姜、干姜）、枳椇子、枸杞子、栀子、砂仁、胖大海、茯苓、香橼、香薷、桃仁、桑叶、桑椹、橘红、桔梗、益智仁、荷叶、莱菔子、莲子、高良姜、淡竹叶、淡豆豉、菊花、菊苣、黄芥子、黄精、紫苏、紫苏籽、葛根、黑芝麻、黑胡椒、槐米、槐花、蒲公英、蜂蜜、榧子、酸枣仁、鲜白茅根、鲜芦根、蝮蛇、橘皮、薄荷、薏苡仁、薤白、覆盆子、藿香。

（二）可用于保健食品

人参、人参叶、人参果、三七、土茯苓、大蓟、女贞子、山茱萸、川牛膝、川贝母、川芎、马鹿胎、马鹿茸、马鹿骨、丹参、五加皮、五味子、升麻、天门冬、天麻、太子参、巴戟天、木香、木贼、牛蒡子、牛蒡根、车前子、车前草、北沙参、平贝母、玄参、生地黄、生何首乌、白及、白术、白芍、白豆蔻、石决明、石斛（需提供可使用证明）、地骨皮、当归、竹茹、红花、红景天、西洋参、吴茱萸、怀牛膝、杜仲、杜仲叶、沙苑子、牡丹皮、芦荟、苍术、补骨脂、诃子、赤芍、远志、麦门冬、龟甲、佩兰、侧柏叶、制大黄、制何首乌、刺五加、刺玫果、泽兰、泽泻、玫瑰花、玫瑰茄、知母、罗布麻、苦丁茶、金荞麦、金樱子、青皮、厚朴、厚朴花、姜黄、枳壳、枳实、柏子仁、珍珠、绞股蓝、胡芦巴、茜草、荜茇、韭菜子、首乌藤、香附、骨碎补、党参、桑白皮、桑枝、浙贝母、益母草、积雪草、淫羊藿、菟丝子、野菊花、银杏叶、黄芪、湖北贝母、番泻叶、蛤蚧、越橘、槐实、蒲黄、蒺藜、蜂胶、酸角、墨旱莲、熟大黄、熟地黄、鳖甲。

（三）保健食品禁用

八角莲、八里麻、千金子、土青木香、山莨菪、川乌、广防己、马桑叶、马钱子、六角莲、天仙子、巴豆、水银、长春花、甘遂、生天南星、生半夏、生白附子、生狼毒、白降丹、石蒜、关木通、农吉痢、夹竹桃、朱砂、米壳（罂粟壳）、红升丹、红豆杉、红茴香、红粉、羊角拗、羊踯躅、丽江山慈姑、京大戟、昆明山海棠、河豚、闹羊花、青娘虫、鱼藤、洋地黄、洋金花、牵牛子、砒石（白砒、红砒、砒霜）、草乌、香加皮（杠柳皮）、骆驼蓬、鬼臼、莽草、铁棒槌、铃兰、雪上一枝蒿、黄花夹竹桃、斑蝥、硫黄、雄黄、雷公藤、颠茄、藜芦、蟾酥。

【拓展练习】

结合本项目，请对当前我国面临的食品安全问题进行法律上的反思。

项目 21　传染病防治的法律规定

【岗位技能要求】

本项目主要针对医政管理和疾病防控等岗位,具体技能要求:

1. 能够熟练分析传染病的分类管理。
2. 能够清楚分析传染病的报告人制度以及报告时限。
3. 能够简单分析传染病的紧急控制措施以及疫区封锁。

【工作任务 1】

非典型性肺炎,泛指所有由某种未知的病原体引起的肺炎。这些病原体,有可能是冠状病毒、肺炎支原体、肺炎衣原体或军团杆菌引起的肺炎症状,也可泛指不是由细菌所引起的肺炎症状。2003 年 4 月起在我国广东省及香港地区所爆发的流行病严重急性呼吸道综合征(SARS)也正是由某种冠状病毒引起的,属于非典型性肺炎之一。该病在全球各地广泛扩散,有超过 8000 人染病,近 800 人死亡,其中我国(包括香港地区)的感染和死亡人数最多。

问题 1　传染病防治立法情况

传染病是指由病原性细菌、病毒、立克次体和原虫等引起的,能在人与人、动物与动物或人与动物之间相互传播的一类疾病。由于这类疾病具有传染性、流行性和反复性等特点。传染病防治法是调整预防、控制和消除传染病的发生与流行,保障人体健康活动中产生的各种社会关系的法律规范的总称。

为了加强传染病的管理,预防、控制和消除传染病的发生和流行,保障人体健康,1989 年 2 月 21 日,七届全国人大常委会第六次会议通过并颁布了《中华人民共和国传染病防治法》(以下简称为《传染病防治法》),同年 9 月 1 日起施行。1991 年12 月 6 日经国务院批准,卫生部发布了《中华人民共和国传染病防治法实施办法》。2004 年 8 月 28 日第十届全国人民代表大会常务委员会第十一次会议修订《中华人民共和国传染病防治法》,并于同年 12 月 1 日起施行。

问题 2　法定传染病的分类

根据传染病的危害程度和我国的实际情况,传染病防治法将全国发病率较高、流行面较大、危害较严重的 39 种急慢性传染病定为法定管理的传染病,并根据其对人类的危害程度及传播方式和速度的不同,分为甲、乙、丙三类,实行分类管理。分类管理既有利于把有限的卫生资源合理配置、有效投入,也有利于突出重点,争取最大效益。

(一)甲类传染病

甲类传染病为强制管理类传染病,包括鼠疫和霍乱。对此类传染病病人、病原携带者的隔离、治疗方式、对可疑染疫人的留验以及对疫点、疫区的处理,均可强制执行。

(二)乙类传染病

乙类传染病包括:传染性非典型肺炎、甲型 H1N1 流感、艾滋病、病毒性肝炎、脊髓灰质炎、人感染高致病性禽流感、麻疹、流行性出血热、狂犬病、流行性乙型脑炎、登革热、炭疽、细菌性和阿米巴性痢疾、肺结核、伤寒和副伤寒、流行性脑脊髓膜炎、百日咳、白喉、新生儿破伤风、猩红热、布鲁菌病、淋病、梅毒、钩端螺旋体病、血吸虫病、疟疾。

对乙类传染病中传染性非典型肺炎、炭疽中的肺炭疽和人感染高致病性禽流感,采取甲类传染病的预防、控制措施。其他乙类传染病和突发原因不明的传染病需要采取甲类传染病的预防、控制措施的,由国务院卫生行政部门及时报经国务院批准后予以公布、实施。

(三)丙类传染病

丙类传染病包括:手足口病、流行性感冒、流行性腮腺炎、风疹、急性出血性结膜炎、麻风病、流行性和地方性斑疹伤寒、黑热病、包虫病、丝虫病,除霍乱、细菌性和阿米巴性痢疾、伤寒和副伤寒以外的感染性腹泻病。

上述规定以外的其他传染病,根据其暴发、流行情况和危害程度,需要列入乙类、丙类传染病的,由国务院卫生行政部门决定并予以公布。省、自治区、直辖市人民政府对本行政区域内常见、多发的其他地方性传染病,可以根据情况决定按照乙类或者丙类传染病管理并予以公布,报国务院卫生行政部门备案。

【工作任务 2】

2006 年,南昌市疾病预防控制中心在多个区县成立"艾滋病高危行为干预工作队",深入出租屋、各娱乐场所宣传防艾知识,并专门为性服务工作者开培训班,教她们防艾知识和正确使用安全套。

> **问题 1** **传染病防控的主管部门及其职责**

根据传染病法的规定,各级人民政府领导传染病防治工作。县级以上人民政府制定传染病防治规划并组织实施,建立健全传染病防治的疾病预防控制、医疗救治和监督管理体系。

国务院卫生行政部门主管全国传染病防治及其监督管理工作。县级以上地方人民政府卫生行政部门负责本行政区域内的传染病防治及其监督管理工作。县级以上人民政府其他部门在各自的职责范围内负责传染病防治工作。

各级疾病预防控制机构承担传染病监测、预测、流行病学调查、疫情报告以及其他预防、控制工作。医疗机构承担与医疗救治有关的传染病防治工作和责任区域内的传染病预防工作。城市社区和农村基层医疗机构在疾病预防控制机构的指导下,承担城市社区、农村基层相应的传染病防治工作。

各级疾病预防控制机构作为防控传染病的最重要的机构,其具体职责如下:

1. 实施传染病预防控制规划、计划和方案。

2. 收集、分析和报告传染病监测信息,预测传染病的发生、流行趋势。

3. 开展对传染病疫情和突发公共卫生事件的流行病学调查、现场处理及其效果评价。

4. 开展传染病实验室检测、诊断、病原学鉴定。

5. 实施免疫规划,负责预防性生物制品的使用管理。

6. 开展健康教育、咨询,普及传染病防治知识。

7. 指导、培训下级疾病预防控制机构及其工作人员开展传染病监测工作。

8. 开展传染病防治应用性研究和卫生评价,提供技术咨询。

国家、省级疾病预防控制机构负责对传染病发生、流行以及分布进行监测,对重大传染病流行趋势进行预测,提出预防控制对策,参与并指导对暴发的疫情进行调查处理,开展传染病病原学鉴定,建立检测质量控制体系,开展应用性研究和卫生评价。

设区的市和县级疾病预防控制机构负责传染病预防控制规划、方案的落实,组织实施免疫、消毒、控制病媒生物的危害,普及传染病防治知识,负责本地区疫情和突发公共卫生事件监测、报告,开展流行病学调查和常见病原微生物检测。

问题 2 传染病防控的对象

在中华人民共和国领域内的一切单位和个人,必须接受疾病预防控制机构、医疗机构有关传染病的调查、检验、采集样本、隔离治疗等预防、控制措施,如实提供有关情况。疾病预防控制机构、医疗机构不得泄露涉及个人隐私的有关信息、资料。

问题 3 传染病的预防

传染病预防是传染病防治管理工作中一项极其重要的实施手段,是传染病防治法的重要内容,是贯彻国家对传染病实行"预防为主"原则的集中体现,主要有:

(一)加强卫生宣传教育,培训防治技能

普及传染病预防知识,提高我保健和防病能力,养成良好的卫生习惯,是预防传染病发生和传播的重要措施。传染病防治法将其作为一项法定的义务予以确定,要求各级政府应当组织有关部门,开展传染病预防知识和防治措施的卫生健康教育。卫生、教育、宣传等部门应当分工协作,承担具体的实施工作,全体公民有接受卫生健康教育的义务。传染病防治法同时规定,新闻媒体应当无偿开展传染病防治和公共卫生教育的公益宣传,各级各类学校应当对学生进行健康知识和传染病预防知识的教育。

而医学院校应当加强预防医学教育和科学研究,对在校学生以及其他与传染病防治相关人员进行预防医学教育和培训,为传染病防治工作提供技术支持。疾病预防控制机构、医疗机构也应定期对其工作人员进行传染病防治知识、技能的培训。

（二）消除各种传染病传播媒介

各级人民政府组织开展群众性卫生活动,进行预防传染病的健康教育,倡导文明健康的生活方式,提高公众对传染病的防治意识和应对能力,加强环境卫生建设,消除鼠害和蚊、蝇等病媒生物的危害。各级人民政府农业、水利、林业行政部门按照职责分工负责指导和组织消除农田、湖区、河流、牧场、林区的鼠害与血吸虫危害,以及其他传播传染病的动物和病媒生物的危害。铁路、交通、民用航空行政部门负责组织消除交通工具以及相关场所的鼠害和蚊、蝇等病媒生物的危害。

（三）改善公共卫生设施,保护水源

地方各级人民政府应当有计划地建设和改造公共卫生设施,改善饮用水卫生条件,对污水、污物、粪便进行无害化处置。

（四）实行有计划的预防接种制度

国家实行有计划的预防接种制度。国务院卫生行政部门和省、自治区、直辖市人民政府卫生行政部门,根据传染病预防、控制的需要,制定传染病预防接种规划并组织实施。用于预防接种的疫苗必须符合国家质量标准。

国家对儿童实行预防接种证制度。国家免疫规划项目的预防接种实行免费。医疗机构、疾病预防控制机构与儿童的监护人应当相互配合,保证儿童及时接受预防接种。

（五）建立传染病监测制度

国务院卫生行政部门制定国家传染病监测规划和方案。省、自治区、直辖市人民政府卫生行政部门根据国家传染病监测规划和方案,制定本行政区域的传染病监测计划和工作方案。各级疾病预防控制机构对传染病的发生、流行以及影响其发生、流行的因素,进行监测;对国外发生、国内尚未发生的传染病或者国内新发生的传染病,进行监测。

（六）建立传染病预警制度，制定防控预案

国务院卫生行政部门和省、自治区、直辖市人民政府根据传染病发生、流行趋势的预测，及时发出传染病预警，根据情况予以公布。

县级以上地方人民政府应当制定传染病预防、控制预案，报上一级人民政府备案。传染病预防、控制预案应当包括以下主要内容：

1. 传染病预防控制指挥部的组成和相关部门的职责。

2. 传染病的监测、信息收集、分析、报告、通报制度。

3. 疾病预防控制机构、医疗机构在发生传染病疫情时的任务与职责。

4. 传染病暴发、流行情况的分级以及相应的应急工作方案。

5. 传染病预防、疫点疫区现场控制，应急设施、设备、救治药品和医疗器械以及其他物资和技术的储备与调用。

地方人民政府和疾病预防控制机构接到国务院卫生行政部门或者省、自治区、直辖市人民政府发出的传染病预警后，应当按照传染病预防、控制预案，采取相应的预防、控制措施。

（七）防止医院及实验室感染

医疗机构必须严格执行国务院卫生行政部门规定的管理制度、操作规范，防止传染病的医源性感染和医院感染。医疗机构应当确定专门的部门或者人员，承担传染病疫情报告、本单位的传染病预防、控制以及责任区域内的传染病预防工作；承担医疗活动中与医院感染有关的危险因素监测、安全防护、消毒、隔离和医疗废物处置工作。疾病预防控制机构应当指定专门人员负责对医疗机构内传染病预防工作进行指导、考核，开展流行病学调查。

疾病预防控制机构、医疗机构的实验室和从事病原微生物实验的单位，应当符合国家规定的条件和技术标准，建立严格的监督管理制度，对传染病病原体样本按照规定的措施实行严格监督管理，严防传染病病原体的实验室感染和病原微生物的扩散。

（八）严格执行各项医疗和卫生制度

1. 健康检查制度 从事饮水、饮食、美容、保育等易使传染病扩散工作的从业人员，必须按照国家有关规定取得健康合格证后方可上岗。传染病病人、病原携带者和疑似传染病病人，在治愈前或者在排除传染病嫌疑前，不得从事法律、行政法规和国务院卫生行政部门规定禁止从事的易使该传染病扩散的工作。

2. 国家建立传染病菌种、毒种库 对传染病菌种、毒种和传染病检测样本的采集、保藏、携带、运输和使用实行分类管理，建立健全严格的管理制度。对可能导致甲类传染病传播的以及国务院卫生行政部门规定的菌种、毒种和传染病检测样本，确需采集、保藏、携带、运输和使用的，须经省级以上人民政府卫生行政部门批准。

《传染病防治法实施办法》对传染病的菌（毒）种分为以下三类，并据此分别实行严格的保藏、携带、运输和供应等方面的管理。

一类：鼠疫耶尔森菌、霍乱弧菌；天花病毒、艾滋病病毒。

二类：布氏菌、炭疽菌、麻风杆菌；肝炎病毒、狂犬病毒、出血热病毒、登革热病毒；斑疹伤寒立克次体。

三类：脑膜炎双球菌、链球菌、淋病双球菌、结核杆菌、百日咳嗜血杆菌、白喉棒状杆菌、沙门菌、志贺菌、破伤风梭状杆菌；钩端螺旋体、梅毒螺旋体；乙型脑炎病毒、脊髓灰质炎病毒、流感病毒、流行性腮腺炎病毒、麻疹病毒、风疹病毒。

3. 消毒管理制度　对被传染病病原体污染的污水、污物、场所和物品，有关单位和个人必须在疾病预防控制机构的指导下或者按照其提出的卫生要求，进行严格消毒处理；拒绝消毒处理的，由当地卫生行政部门或者疾病预防控制机构进行强制消毒处理。

4. 消毒产品和饮用水的卫生管理　用于传染病防治的消毒产品、饮用水供水单位供应的饮用水和涉及饮用水卫生安全的产品，应当符合国家卫生标准和卫生规范。饮用水供水单位从事生产或者供应活动，应当依法取得卫生许可证。

生产用于传染病防治的消毒产品的单位和生产用于传染病防治的消毒产品，应当经省级以上人民政府卫生行政部门审批具体办法由国务院制定。

（九）控制传染源，切断传播途径

对被传染病病原体污染的污水、污物、场所和物品，有关单位和个人必须在疾病预防控制机构的指导下或者按照其提出的卫生要求，进行严格消毒处理；拒绝消毒处理的，由当地卫生行政部门或者疾病预防控制机构进行强制消毒处理。

采供血机构、生物制品生产单位必须严格执行国家有关规定，保证血液、血液制品的质量。禁止非法采集血液或者组织他人出卖血液。疾病预防控制机构、医疗机构使用血液和血液制品，必须遵守国家有关规定，防止因输入血液、使用血液制品引起经血液传播疾病的发生。

（十）加强对人畜共患传染病的预防管理和自然疫源地的建设项目审批

县级以上人民政府农业、林业行政部门以及其他有关部门，依据各自的职责负责与人畜共传染病有关的动物传染病的防治管理工作。与人畜共患传染病有关的野生动物、家畜家禽，经检疫合格后，方可出售、运输。

在国家确认的自然疫源地计划兴建水利、交通、旅游、能源等大型建设项目的，应当事先由省级以上疾病预防控制机构对施工环境进行卫生调查。建设单位应当根据疾病预防控制机构的意见，采取必要的传染病预防、控制措施。施工期间，建设单位应当设专人负责工地上的卫生防疫工作。工程竣工后，疾病预防控制机构应当对可能发生的传染病进行监测。

(十一) 做好专业人员的防护和医疗保健

除计划免疫外,对从事传染病预防、医疗、科研、教学的人员,现场处理疫情的人员,以及在生产、工作中接触传染病病原体的其他人员,有关单位应根据国家规定,采取有效的防护和医疗保健措施。

【工作任务 3】

《湖北省传染性非典型肺炎防治管理暂行办法》第 19 条规定:严格执行传染性非典型肺炎疫情报告、公布和信息传递制度。建立省、市(含自治州,下同)、县、乡(镇)、村五级传染性非典型肺炎防治工作信息网络,并保证有关传染性非典型肺炎防治工作信息及时传递。任何单位和个人对传染性非典型肺炎疫情,不得瞒报、缓报、谎报或者授意他人瞒报、缓报、谎报。

问题 1　疫情报告

疾病预防控制机构、医疗机构和采供血机构及其执行职务的人员和个体医生为责任报告人,当发现传染病疫情或者发现其他传染病暴发、流行以及突发原因不明的传染病时,应当遵循疫情报告属地管理原则,按照国务院规定的或者国务院卫生行政部门规定的内容、程序、方式和时限报告。

城乡居民、机关团体、车站、码头、机场、饭店职工及其他人员为义务报告人,发现传染病病人或者疑似传染病病人时,应当及时向附近的疾病预防控制机构或者医疗机构报告。

问题 2　报告程序及要求

责任报告人在发现传染病病人、病原携带者、疑似传染病病人时,应依法认真填写疫情报告卡,向疾病预防控制机构报告疫情,并另做疫情登记备查。在报告疫情的同时还应尽快采取传染病防治措施,控制疫情传播。

责任报告人发现甲类传染病和乙类传染病中的艾滋病、肺炭疽的病人、病原携带者、疑似传染病病人时,城镇于 6 小时内,农村于 12 小时内,以最快通讯方式向发病地的疾病预防控制机构报告,并同时报出传染病报告卡。

责任报告人发现乙类传染病病人、病原携带者和疑似传染病病人时,城镇于 12 小时内,农村于 24 小时内向发病地的疾病预防控制机构报出传染病报告卡。

责任报告人在丙类传染病监测区内发现丙类传染病病人时 ,应当在 24 小时内向发病地的疾病预防控制机构报出传染病报告卡。

传染病暴发、流行时,责任报告人应当以最快的通讯方式向当地疾病预防控制机构报告疫情。接到疫情报告的疾病预防控制机构应当以最快通讯方式报告上级疾病预防控制机构和当地卫生行政部门,卫生行政部门接到报告后,应当立即报告当地政府。省级政府卫生行政部门接到发现甲类传染病和发生传染病暴发、流行的报告后,应当于 6 小时内报告国务院卫生行政部门。

港口、机场、铁路疾病预防控制机构以及国境卫生检疫机关发现甲类传染病病人、病原携带者、疑似传染病病人时,应当按照国家有关规定立即向国境口岸所在地的疾病预防控制机构或者所在地县级以上地方人民政府卫生行政部门报告并互相通报。

疾病预防控制机构应当主动收集、分析、调查、核实传染病疫情信息。接到甲类、乙类传染病疫情报告或者发现传染病暴发、流行时,应当立即报告当地卫生行政部门,由当地卫生行政部门立即报告当地人民政府,同时报告上级卫生行政部门和国务院卫生行政部门。

问题 3　　**传染病疫情信息公布制度**

国务院卫生行政部门定期公布全国传染病疫情信息。省、自治区、直辖市人民政府卫生行政部门定期公布本行政区域的传染病疫情信息。传染病暴发、流行时,国务院卫生行政部门负责向社会公布传染病疫情信息,并可以授权省、自治区、直辖市人民政府卫生行政部门向社会公布本行政区域的传染病疫情信息。

公布传染病疫情信息应当及时、准确。负有传染病疫情报告职责的人民政府有关部门、疾病预防控制机构、医疗机构、采供血机构及其工作人员,不得隐瞒、谎报、缓报传染病疫情。

问题 4　　**传染病疫情信息通报**

国务院卫生行政部门应当及时向国务院其他有关部门和各省、自治区、直辖市人民政府卫生行政部门通报全国传染病疫情以及监测、预警的相关信息。毗邻的以及相关的地方人民政府卫生行政部门,应当及时互相通报本行政区域的传染病疫情以及监测、预警的相关信息。县级以上人民政府有关部门发现传染病疫情时,应当及时向同级人民政府卫生行政部门通报。中国人民解放军卫生主管部门发现传染病疫情时,应当向国务院卫生行政部门通报。

动物防疫机构和疾病预防控制机构,应当及时互相通报动物间和人间发生的人畜共患传染病疫情以及相关信息。

【工作任务 4】

2003 年 5 月 7 日上午 8 时,广州某医院一位非典患者逃走了。这位病人一个多月前因感染非典住进该医院,经过治疗,5 月初已经痊愈,但根据规定她还必须留院观察两周。但她认为自己已经完全好了,多次提出出院的要求,但未得到批准。一时间医院、公安、街道和城管等部门出动近百人,对该患者进行搜索。根据患者入院时留下的住址,搜寻人员进行了地毯式搜索。但整整一个上午搜寻工作毫无进展。最终在知情人的帮助下,经过 24 小时的紧张工作,医护人员于 8 日凌晨将该患者带回了传染科的隔离病房。之后,医护人员又用了将近一天的时间对其活动区域进行全面消毒。

问题 **传染病的控制措施**

传染病的控制是指在传染病发生或暴发流行时,政府及有关部门为了防止传染病扩散和蔓延而采取的控制措施。对传染病疫情的处理由疾病预防控制机构和医疗机构实行分级分工管理。

（一）一般措施

国家和社会应当关心、帮助传染病病人、病原携带者和疑似传染病病人,使其得到及时救治。任何单位和个人不得歧视传染病病人、病原携带者和疑似传染病病人。

1. 医疗机构的措施　医疗机构发现甲类传染病时,应当及时采取下列措施:

（1）对病人、病原携带者,予以隔离治疗,隔离期限根据医学检查结果确定。

（2）对疑似病人,确诊前在指定场所单独隔离治疗。

（3）对医疗机构内的病人、病原携带者、疑似病人的密切接触者,在指定场所进行医学观察和采取其他必要的预防措施。

拒绝隔离治疗或者隔离期未满擅自脱离隔离治疗的,可以由公安机关协助医疗机构采取强制隔离治疗措施。

医疗机构发现乙类或者丙类传染病病人,应当根据病情采取必要的治疗和控制传播措施。

医疗机构对本单位内被传染病病原体污染的场所、物品以及医疗废物,必须依照法律法规的规定实施消毒和无害化处置。

2. 疾病预防控制机构的措施　疾病预防控制机构发现传染病疫情或者接到传染病疫情报告时,应当及时采取下列措施:

（1）对传染病疫情进行流行病学调查,根据调查情况提出划定疫点、疫区的建议,对被污染的场所进行卫生处理,对密切接触者,在指定场所进行医学观察和采取其他必要的预防措施,并向卫生行政部门提出疫情控制方案。

（2）传染病暴发、流行时,对疫点、疫区进行卫生处理,向卫生行政部门提出疫情控制方案,并按照卫生行政部门的要求采取措施。

（3）指导下级疾病预防控制机构实施传染病预防、控制措施,组织、指导有关单位对传染病疫情的处理。

3. 交通卫生检疫　发生甲类传染病时,为了防止该传染病通过交通工具及其乘运的人员、物资传播,可以实施交通卫生检疫,具体办法由国务院制定。

4. 隔离措施 对已经发生甲类传染病病例的场所或者该场所内的特定区域的人员,所在地的县级以上地方人民政府可以实施隔离措施,并同时向上一级人民政府报告;接到报告的上级人民政府应当即时作出是否批准的决定。上级人民政府作出不予批准决定的,实施隔离措施的人民政府应当立即解除隔离措施。

在隔离期间,实施隔离措施的人民政府应当对被隔离人员提供生活保障;被隔离人员有工作单位的,所在单位不得停止支付其隔离期间的工作报酬。

隔离措施的解除,由原决定机关决定并宣布。

5. 传染病病人的尸体和物品处理 患甲类传染病、炭疽死亡的,应当将尸体立即进行卫生处理,就近火化。患其他传染病死亡的,必要时,应当将尸体进行卫生处理后火化或者按照规定深埋。

为了查找传染病病因,医疗机构在必要时可以按照国务院卫生行政部门的规定,对传染病病人尸体或者疑似传染病病人尸体进行解剖查验,并应当告知死者家属。

发生传染病疫情时,疾病预防控制机构和省级以上人民政府卫生行政部门指派的其他与传染病有关的专业技术机构,可以进入传染病疫点、疫区进行调查、采集样本、技术分析和检验。

疫区中被传染病病原体污染或者可能被传染病病原体污染的物品,经消毒可以使用的,应当在当地疾病预防控制机构的指导下,进行消毒处理后,方可使用、出售和运输。

6. 药品、医疗器械的运输流通 传染病暴发、流行时,药品和医疗器械生产、供应单位应当及时生产、供应防治传染病的药品和医疗器械。铁路、交通、民用航空经营单位必须优先运送处理传染病疫情的人员以及防治传染病的药品和医疗器械。县级以上人民政府有关部门应当做好组织协调工作。

7. 人员、物资等的征调 传染病暴发、流行时,根据传染病疫情控制的需要,国务院有权在全国范围或者跨省、自治区、直辖市范围内,县级以上地方人民政府有权在本行政区域内紧急调集人员或者调用储备物资,临时征用房屋、交通工具以及相关设施、设备。

紧急调集人员的,应当按照规定给予合理报酬。临时征用房屋、交通工具以及相关设施、设备的,应当依法给予补偿;能返还的,应当及时返还。

(二)紧急措施

传染病暴发、流行时,县级以上地方人民政府应当立即组织力量,按照预防、控制预案进行防治,切断传染病的传播途径,必要时,报经上一级人民政府决定,可以采取下列紧急措施并予以公告:

(1)限制或者停止集市、影剧院演出或者其他人群聚集的活动。

（2）停工、停业、停课。

（3）封闭或者封存被传染病病原体污染的公共饮用水源、食品以及相关物品。

（4）控制或者扑杀染疫野生动物、家畜家禽。

（5）封闭可能造成传染病扩散的场所。

上级人民政府接到下级人民政府关于采取前款所列紧急措施的报告时，应当即时作出决定。紧急措施的解除，由原决定机关决定并宣布。

（三）疫区封锁

疫区是指传染病在人群中暴发、流行，其病原体向周围播散时所能波及的地区。甲类、乙类传染病暴发、流行时，县级以上地方人民政府报经上一级人民政府决定，可以宣布本行政区域部分或者全部为疫区；国务院可以决定并宣布跨省、自治区、直辖市的疫区。县级以上地方人民政府可以在疫区内可以对出入疫区的人员、物资和交通工具实施卫生检疫。

省、自治区、直辖市人民政府可以决定对本行政区域内的甲类传染病疫区实施封锁；但是，封锁大、中城市的疫区或者封锁跨省、自治区、直辖市的疫区，以及封锁疫区导致中断干线交通或者封锁国境的，由国务院决定。

疫区封锁的解除，由原决定机关决定并宣布。

（四）医疗救治

县级以上人民政府应当加强和完善传染病医疗救治服务网络的建设，指定具备传染病救治条件和能力的医疗机构承担传染病救治任务，或者根据传染病救治需要设置传染病医院。

医疗机构的基本标准、建筑设计和服务流程，应当符合预防传染病医院感染的要求。医疗机构应当按照规定对使用的医疗器械进行消毒；对按照规定一次使用的医疗器具，应当在使用后予以销毁。医疗机构应当按照国务院卫生行政部门规定的传染病诊断标准和治疗要求，采取相应措施，提高传染病医疗救治能力。

医疗机构应当对传染病病人或者疑似传染病病人提供医疗救护、现场救援和接诊治疗，书写病历记录以及其他有关资料，并妥善保管。

医疗机构应当实行传染病预检、分诊制度；对传染病病人、疑似传染病病人，应当引导至相对隔离的分诊点进行初诊。医疗机构不具备相应救治能力的，应当将患者及其病历记录复印件一并转至具备相应救治能力的医疗机构。

【工作任务 5】

2003 年 4 月，刘某在山西太原打工期间患上"非典"，太原方面要求其就地隔离治疗，但他不顾政府有关规定，于 4 月 19 日突然从被隔离治疗的医院逃出。太原警方紧急追踪，在从太原开往南阳的火车上将刘某截留，强制送往就近的市某传染病医院进行隔离治疗。但刘某仍不安心配合治疗，4 月 23 日夜间再次从隔离治疗医院破窗逃跑。当夜,警方根据掌握的情况,对刘某可能出现的地方进行布控、检查。4月24日晨7时,刚刚回家的刘某某,被警方强行送往某县人民医院进行隔离治疗。县卫生防疫站和县公安局共同调查认定,刘某逃离太原乘火车回家期间,在火车上恶意接触19人,在县里恶意接触20人。5月17日刘某康复出院后,随即被县公安局办案人员带上了警车。警方以其涉嫌妨害传染病防治罪,依法将其刑事拘留。

问题 **传染病防的法律责任**

(一)行政责任

1. 地方各级人民政府未依照规定履行报告职责,或者隐瞒、谎报、缓报传染病疫情,或者在传染病暴发、流行时,未及时组织救治、采取控制措施的,由上级人民政府责令改正,通报批评;造成传染病传播、流行或者其他严重后果的,对负有责任的主管人员,依法给予行政处分。

2. 县级以上人民政府卫生行政部门违反规定,有下列情形之一的,由本级人民政府、上级人民政府卫生行政部门责令改正,通报批评;造成传染病传播、流行或者其他严重后果的,对负有责任的主管人员和其他直接责任人员,依法给予行政处分:

(1)未依法履行传染病疫情通报、报告或者公布职责,或者隐瞒、谎报、缓报传染病疫情的。

(2)发生或者可能发生传染病传播时未及时采取预防、控制措施的。

(3)未依法履行监督检查职责,或者发现违法行为不及时查处的。

(4)未及时调查、处理单位和个人对下级卫生行政部门不履行传染病防治职责的举报的。

(5)其他失职、渎职行为。

3. 县级以上人民政府有关部门未依照规定履行传染病防治和保障职责的,由本级人民政府或者上级人民政府有关部门责令改正,通报批评;造成传染病传播、流行或者其他严重后果的,对负有责任的主管人员和其他直接责任人员,依法给予行政处分。

4. 疾病预防控制机构违反规定,有下列情形之一的,由县级以上人民政府卫生行政部门责令限期改正,通报批评,给予警告;对负有责任的主管人员和其他直接责任人员,依法给予降级、撤职、开除的处分,并可以依法吊销有关责任人员的执业证书:

(1)未依法履行传染病监测职责的。

(2)未依法履行传染病疫情报告、通报职责,或者隐瞒、谎报、缓报传染病疫情的。

（3）未主动收集传染病疫情信息，或者对传染病疫情信息和疫情报告未及时进行分析、调查、核实的。

（4）发现传染病疫情时，未依据职责及时采取法律规定的措施的。

（5）故意泄露传染病病人、病原携带者、疑似传染病病人、密切接触者涉及个人隐私的有关信息、资料的。

5. 医疗机构违反规定，有下列情形之一的，由县级以上人民政府卫生行政部门责令改正，通报批评，给予警告；造成传染病传播、流行或者其他严重后果的，对负有责任的主管人员和其他直接责任人员，依法给予降级、撤职、开除的处分，并可以依法吊销有关责任人员的执业证书：

（1）未按照规定承担本单位的传染病预防、控制工作、医院感染控制任务和责任区域内的传染病预防工作的。

（2）未按照规定报告传染病疫情，或者隐瞒、谎报、缓报传染病疫情的。

（3）发现传染病疫情时，未按照规定对传染病病人、疑似传染病病人提供医疗救护、现场救援、接诊、转诊的，或者拒绝接受转诊的。

（4）未按照规定对本单位内被传染病病原体污染的场所、物品以及医疗废物实施消毒或者无害化处置的。

（5）未按照规定对医疗器械进行消毒，或者对按照规定一次使用的医疗器具未予销毁，再次使用的。

（6）在医疗救治过程中未按照规定保管医学记录资料的。

（7）故意泄露传染病病人、病原携带者、疑似传染病病人、密切接触者涉及个人隐私的有关信息、资料的。

6. 采供血机构未按照规定报告传染病疫情，或者隐瞒、谎报、缓报传染病疫情，或者未执行国家有关规定，导致因输入血液引起经血液传播疾病发生的，由县级以上人民政府卫生行政部门责令改正，通报批评，给予警告；造成传染病传播、流行或者其他严重后果的，对负有责任的主管人员和其他直接责任人员，依法给予降级、撤职、开除的处分，并可以依法吊销采供血机构的执业许可证。

非法采集血液或者组织他人出卖血液的，由县级以上人民政府卫生行政部门予以取缔，没收违法所得，可以并处 10 万元以下的罚款。

7. 国境卫生检疫机关、动物防疫机构未依法履行传染病疫情通报职责的，由有关部门在各自职责范围内责令改正，通报批评；造成传染病传播、流行或者其他严重后果的，对负有责任的主管人员和其他直接责任人员，依法给予降级、撤职、开除的处分。

8. 铁路、交通、民用航空经营单位未依照规定优先运送处理传染病疫情的人员以及防治传染病的药品和医疗器械的，由有关部门责令限期改正，给予警告；造成严重后果的,对负有责任的主管人员和其他直接责任人员,依法给予降级、撤职、开除的处分。

9. 违反规定,有下列情形之一,导致或者可能导致传染病传播、流行的,由县级以上人民政府卫生行政部门责令限期改正,没收违法所得,可以并处5万元以下的罚款;已取得许可证的,原发证部门可以依法暂扣或者吊销许可证:

(1) 饮用水供水单位供应的饮用水不符合国家卫生标准和卫生规范的。

(2) 涉及饮用水卫生安全的产品不符合国家卫生标准和卫生规范的。

(3) 用于传染病防治的消毒产品不符合国家卫生标准和卫生规范的。

(4) 出售、运输疫区中被传染病病原体污染或者可能被传染病病原体污染的物品,未进行消毒处理的。

(5) 生物制品生产单位生产的血液制品不符合国家质量标准的。

10. 有下列情形之一的,由县级以上地方人民政府卫生行政部门责令改正,通报批评,给予警告,已取得许可证的,可以依法暂扣或者吊销许可证;造成传染病传播、流行以及其他严重后果的,对负有责任的主管人员和其他直接责任人员,依法给予降级、撤职、开除的处分,并可以依法吊销有关责任人员的执业证书:

(1) 疾病预防控制机构、医疗机构和从事病原微生物实验的单位,不符合国家规定的条件和技术标准,对传染病病原体样本未按照规定进行严格管理,造成实验室感染和病原微生物扩散的。

(2) 违反国家有关规定,采集、保藏、携带、运输和使用传染病菌种、毒种和传染病检测样本的。

(3) 疾病预防控制机构、医疗机构未执行国家有关规定,导致因输入血液、使用血液制品引起经血液传播疾病发生的。

11. 未经检疫出售、运输与人畜共患传染病有关的野生动物、家畜家禽的,由县级以上地方人民政府畜牧兽医行政部门责令停止违法行为,并依法给予行政处罚。

12. 在国家确认的自然疫源地兴建水利、交通、旅游、能源等大型建设项目,未经卫生调查进行施工的,或者未按照疾病预防控制机构的意见采取必要的传染病预防、控制措施的,由县级以上人民政府卫生行政部门责令限期改正,给予警告,处5000元以上3万元以下的罚款;逾期不改正的,处3万元以上10万元以下的罚款,并可以提请有关人民政府依据职责权限,责令停建、关闭。

(二) 刑事责任

违反传染病防治法,情节严重,构成犯罪的,依法追究刑事责任。主要有:

1. 有下列情形之一,引起甲类传染病传播或者有传播严重危险的,处3年以下有期徒刑或者拘役;后果特别严重的,处3年以上7年以下有期徒刑:

（1）供水单位供应的饮用水不符合国家规定的卫生标准的。

（2）拒绝按照卫生行政机构提出的卫生要求，对传染病病原体污染的污水、污物、粪便进行消毒处理的。

（3）准许或者纵容传染病病人、病原携带者和疑似传染病病人从事国务院卫生行政部门规定禁止从事的易使传染病扩散的工作的。

（4）拒绝执行卫生监督机构依照传染病防治法提出的预防、控制措施的。单位犯前款罪的，对单位判处罚金，并对其直接负责的主管人员和其他直接负责人员依照上述规定处罚。

2. 从事实验、保藏、携带、运输传染病菌种、毒种的人员，违反国务院卫生行政部门的有关规定，造成传染病菌种、毒种扩散，后果严重的，处 3 年以下有期徒刑或者拘役；后果特别严重的，处 3 年以上 7 年以下有期徒刑。

3. 违反国境卫生检疫规定，引起检疫传染病传播或者有传播严重危险的，处三年以下有期徒刑或者拘役，并处或者单处罚金。单位犯前款罪的，对单位判处罚金，并对其直接负责的主管人员和其他直接责任人员，依照前款的规定处罚。

4. 明知自己患有梅毒、淋病等严重性病卖淫、嫖娼的，5 年以下有期徒刑、拘役或者管制，并处罚金。

（三）民事责任

单位和个人违反规定，导致传染病传播、流行，给他人人身、财产造成损害的，应当依法承担民事责任。

【延伸阅读】

"众志成城"在我国抗击"非典"的战斗中已成为使用频率最高的成语，这已充分表明，抗击非典不光是政府、医疗机构的事，而是一场全民运动。在这场全民保卫战中，国民所要做的首先是树立社会责任感。

2003 年 3 月，当非典在香港大规模爆发时，我们从电视、报纸上看到走在大街上的几乎所有的香港人都戴着大口罩。当时周围很多人因此嘲笑香港人是紧张过度，但香港人说，第一，我戴不戴口罩，并没妨碍到任何人。第二，我戴上口罩，不光是为自己，也是为别人。香港同胞长期自觉形成的公民意识在这时得到了体现。

"非典"期间，新加坡总理吴作栋也给全体新加坡人和在新加坡居住的人士写了一封公开信，信中举出实例向人们阐述了非常时期每个人树立社会责任感的重要性。他说："仍然有一些新加坡人不听从医务人员的劝告；有人显得不负责任，而一些人则因对 SARS 感到恐惧而作出不合理的行为，不论他们持有什么理由，他们已经给自己和广大的社群带来了危险。"他建议："如果你感到身体不适，请立刻就医。如果你持续感到不适，回去看同一名医生。如果你不断更换医生和医院，那么你的新医生将无法知道你之前的病情，你因此无法得到最好的治疗。在这个过程

卫生法律实务

中，你可能会感染许多人，包括你的家人和朋友。"

【拓展练习】

1. 结合本项目，谈谈对传染病分类的理解。
2. 结合本项目，谈谈对传染病控制措施的认识。

项目 22　职业病防治的法律规定

【岗位技能要求】

本项目主要针对职业病防控管理和安全监督等岗位,具体技能要求:

1. 能够熟练分析职业病的法律界定。

2. 能够清楚分析劳动者的职业卫生权利。

3. 能够基本了解职业病诊断与职业病病人的待遇以及违反职业病防治法的法律责任。

【工作任务 1】

2008 年,在江苏某地工业区一家生产手机液晶显示屏的企业中,一名工人在操作时,由于吸入了大量含稀有金属"铟"(音 yīn)的粉尘,从而导致肺部被大量像牛奶一样乳白色的液体填满,患者呼吸困难生命垂危。目前,医院为他每月进行一次全肺灌洗治疗,来维持他的生命。专家表示,这是国内首例"铟"引发的职业病。

问题 1　职业病防治立法情况

职业病防治法是调整预防、控制和消除职业危害,防止职业病,保护劳动者健康,促进经济发展活动中所产生的各种社会关系的法律规范的总称。

为保障劳动者的职业健康,促进了国民经济持续发展,2001 年 10 月 27 日,《中华人民共和国职业病防治法》经第九届全国人民代表大会常务委员会第二十四次会议审议通过,并于 2002 年 5 月 1 日正式实施。此外,有关部门还发布了与《职业病防治法》相配套的规章和规范性文件,主要有《国家职业卫生标准管理办法》、《职业病危害项目申报管理办法》、《建设项目职业病危害分类管理办法》、《职业健康监护管理办法》、《职业病诊断与鉴定管理办法》、《职业病危害事故调查处理办法》、《职业病分类目录》、《职业病危害因素分类目录》和《建设项目职业病危害评价规范》等。

2011 年 12 月 31 日第十一届全国人民代表大会常务委员会第二十四次会议通过《全国人民代表大会常务委员会关于修改〈中华人民共和国职业病防治法〉的决定》,新的《职业病防治法》修正案自 2011 年 12 月 31 日公布之日起施行。

问题 2　职业病的概念

职业病的概念在学术上与法律上有一定的区别。学术上一般认为,职业病是在生产环境和劳动过程中,职业性有害因素(如有毒化学物、生产性粉尘、有害物理因素或生物因素等等)直接作用于人体,损害人体健康所引起的各种疾病。

法律上职业病的概念一般是指由国家确认并经法定程序公布的职业病。许多国家采取由国家向社会公布职业病目录的方式确定职业病范围,列入该范围的职业病,通常称为法定职业病。我国《职业病防治法》规定,"职业病是指企业、事业单位和个体经济组织等用人单位的劳动者在职业活动中,因接触粉尘、放射性物质和其他有毒、有害因素而引起的疾病"。"职业病的分类和目录由国务院卫生行政部门会同国务院安全生产监督管理部门、劳动保障行政部门制定、调整并公布"。这就说明,职业性疾病必须满足一定的条件,达到一定程度,并且必须是国家公布的职业病名单上的疾病,才是法定职业病的范畴,受《职业病防治法》的调整。根据2002 年 4 月 28 日卫生部会同劳动保障部发布的《职业病目录》,我国现有职业病共计有 10 类 115 种。

【工作任务 2】

据卫生部统计,2009 年全国新发各类职业病18128 例,其中尘肺病仍是我国最严重的职业病,共报告新病例 14495 例,此外,我国的职业病新发病例数是从覆盖率仅达 10%的健康监护中发现的,因此实际病例远远高于报告数字。每年因职业病危害造成的直接经济损失,高达千亿元。专家提醒建材、水电、煤炭、化工、冶金作业是职业病高发行业。有疾控中心的专家建议,用人单位必须采取有效的职业病防护措施,对产生严重职业病危害的作业岗位应当在醒目位置设置警示标志,对接触职业危害作业的劳动者进行定期职业性健康检查,对调离职业危害作业岗位的劳动者进行离岗职业性健康检查;对退休前已被列入职业病观察对象的劳动者进行定期职业性健康检查。

问题 1　职业病的前期预防

防治职业病关键在于前期预防,不少职业病目前尚无有效根治办法,但是可以通过预防来解决。因此,控制职业病必须从源头抓起。《职业病防治法》规定了建设项目预评价制度、职业病危害项目申报制度、"三同时"审查制度。这三个方面都是以预防为主方针的具体体现,力求把预防控制措施提前到建设项目的论证、设计、施工阶段、从根本上消除有害因素对劳动者的危害。

(一)工作场所应符合的职业卫生条件

产生职业病危害的用人单位的设立除应当符合法律、行政法规规定的设立条件外,其工作场所还应当符合下列职业卫生要求:

1. 职业病危害因素的强度或者浓度符合国家职业卫生标准。

2. 有与职业病危害防护相适应的设施。

3. 生产布局合理,符合有害与无害作业分开的原则。

4. 有配套的更衣间、洗浴间、孕妇休息间等卫生设施。

5. 设备、工具、用具等设施符合保护劳动者生理、心理健康的要求。

6. 法律、行政法规和国务院卫生行政部门、安全生产监督管理部门关于保护劳动者健康的其他要求。

同时,卫生部修订了工业企业设计卫生标准和工作场所有害因素职业接触限值。修订后的工业企业设计卫生标准适用于工业企业建设项目(新建、扩建、改建和技术改造、技术引进项目)的职业卫生设计及评价。

新修订的工业企业卫生标准充分考虑了我国加入世贸组织的要求和现实国情,进一步强化了基本卫生条件方面的设计要求,详细规定了工业企业的选址与整体布局、防尘与防毒、防暑与防寒、防噪声与振动、防非电离辐射及电离辐射、辅助用室等方面的设计卫生要求,以保证工业企业的设计符合保护劳动者健康、预防职业病的要求。

(二)职业病危害项目申报制度

国家建立职业病危害项目申报制度。用人单位工作场所存在职业病目录所列职业病的危害因素的,应当及时、如实向所在地安全生产监督管理部门申报危害项目,接受监督。职业病危害因素分类目录由国务院卫生行政部门会同国务院安全生产监督管理部门制定、调整并公布。职业病危害项目申报的具体办法由国务院安全生产监督管理部门制定。

(三)职业病危害预评价制度

职业病危害预评价制度由适用范围、预评价报告、"三同时"制度、防护设施的设计和验收和规范职业病危害预评价和控制效果评价的法定机构等方面构成。

1. 适用范围 新建、扩建、改建建设项目和技术改造、技术引进项目(以下统称建设项目)可能产生职业病危害的,建设单位在可行性论证阶段应当向安全生产监督管理部门提交职业病危害预评价报告。安全生产监督管理部门应当自收到职业病危害预评价报告之日起 30 日内,作出审核决定并书面通知建设单位。未提交预评价报告或者预评价报告未经安全生产监督管理部门审核同意的,有关部门不得批准该建设项目。

2. 预评价报告内容 职业病危害预评价报告应当对建设项目可能产生的职业病危害因素及其对工作场所和劳动者健康的影响作出评价,确定危害类别和职业病防治措施。有关建设项目职业病危害分类目录和分类管理办法由国务院安全生产监督管理部门制定。

3. 实行"三同时"制度 建设项目的职业病防护设施应当与主体工程同时设计、同时施工、同时投入生产和使用;所需投入的费用应当纳入建设项目的工程预算。这里所指的职业病防护设施的建设、三个同时的步骤、费用的列支,都是法定的,带有强制性,防止只重视主体工程而忽视职业病防护设施的片面认识和做法,是实现对职业病预防为主方针的重要保证措施。

4. 防护设施的设计和验收 职业病危害严重的建设项目的防护设施设计,应当经安全生产监督管理部门进行审查,符合国家职业卫生标准和卫生要求的,方可施工;建设项目在竣工验收前,建设单位应当进行职业病危害控制效果评价;建设项目竣工验收时,其职业病防护设施经安全生产监督管理部门验收合格后,方可投入正式生产和使用。

5. 职业病危害预评价和控制效果评价的法定机构 职业病危害预评价、职业病危害控制效果评价由依法设立的取得国务院安全生产监督管理部门或者设区的市级以上地方人民政府安全生产监督管理部门按照职责分工给予资质认可的职业卫生技术服务机构进行。职业卫生技术服务机构所作评价应当客观、真实。

问题 2 劳动过程的职业病防护

(一)职业病防治管理措施

用人单位防治职业病的管理措施是指用人单位在建立现代企业制度,加强企业内部的职业卫生管理方面应当采取的管理手段和方法。其主要内容有组织管理、计划管理、制度管理、档案管理、事故管理、责任管理等六项基本制度。

(二)工作环境和工作场所的防护

1. 用人单位在醒目位置设置公告栏,公布职业病防治的规章制度、操作规程、职业病危害事故应急救援措施和工作场所职业危害因素检测结果。

2. 对产生严重职业病危害的作业岗位,应当在其醒目位置设置警示标志和中文警示说明,警示说明应当载明产生职业病危害的种类、后果、预防以及应急就治措施等内容。

3. 可能发生急性职业损伤的有毒、有害工作场所,用人单位应当设置报警装置,配置现场急救用品、冲洗设备、应急撤离通道和必要的泄险区。

4. 对放射工作场所和放射性同位素的运输、储存,用人单位必须配置防护设备和报警装置,保证接触放射线的工作人员佩戴个人计量计。

5. 用人单位应当定期对工作场所进行职业危害因素检测、评价;检测、评价结果存入本单位的职业卫生档案,定期向所在地卫生行政部门报告并向劳动者公布。

(三)生产设备的防护

1. 用人单位应当优先采用有利于防治职业病和保护劳动者健康的新技术、新工艺、新材料,逐步替代职业病危害严重的技术、工艺、材料。

2. 向用人单位提供可能产生危害的设备的,应当提供中文说明书,并在设备的醒目位置设置警示标志和中文警示说明。警示说明应当载明设备性能、可能产生的职业病危害、操作安全和维护注意事项、职业病防护以及应急救治措施等内容。

3. 向用人单位提供可能产生职业病危害的化学品、放射性同位素和含有反射性物质的材料的,应提供中文说明书。说明书应当载明产品特性、主要成分、存在的有害因素、可能产生的危害结果、安全使用注意事项、职业病防护以及应急救治措施等内容;产品包装应当有醒目的警示标志。国内首次使用或者首次进口与职业病危害有关的化学材料,使用单位或者进口单位按照国家规定经国务院有关部门批准后,应当向国务院卫生行政部门、安全生产监督管理部门报送该化学材料的毒性鉴定以及经有关部门登记注册或者批准进口的文件等资料。进口放射性同位素、射线装置和含有放射性物质的物品的,按照国家有关规定办理。

4. 任何单位和个人不得生产、经营、进口和使用国家明令禁止使用的可能产生职业病危害的设备或者材料。

5. 用人单位对采用的技术、工艺、材料,应当知悉其产生的职业病危害,对有职业病危害的技术、工艺、材料隐瞒其危害而采用的,对所造成的职业病危害后果承担责任。

（四）个人防护

1. 用人单位必须采用有效的职业病防护设备,并为劳动者提供个人使用的职业病防护用品。

2. 用人单位为劳动者个人提供的职业病防护用品必须符合防治职业病的求:不符合要求的,不得使用。

3. 对职业病防护设备、应急救援设施和个人使用的职业病防护用品,用人单位应当进行经常性的维护、检修,定期检测其性能和效果。

【工作任务3】

"早知道得这种病,给多少钱也不去打这份工了。"来自贵州的何林（化名）悔恨地说。几年前,为了给家里盖房子,何林到广东一家玻璃厂做切割工,在粉尘弥漫的车间里一天工作十几个小时,一干3年,在此期间企业没有提供任何的防护措施。2006年6月,何林到胸闷、咳嗽、乏力,又强撑了3个月,不得不辞职回家。2006年底,何林去医院检查得出了"硅肺病晚期"的诊断结果。

问题　　劳动者的职业卫生权利

《职业病防治法》明确规定了劳动者在就业过程中的各项权利,有知情权、培训权、拒绝冒险权、职业健康权、特殊保障权、参与决策权、检举控告权、损害赔偿权。

（一）知情权

为了预防和制止劳动者因"不知情"而遭受职业病侵扰的不公正现象。《职业病防治法》规定劳动者有权知悉自己所处工作环境的好坏程度和危险性，并有权根据所了解到的实际情况及依据自己的真实意愿，自由作出是否在该环境下劳动的决定。

1. 劳动者有权在与用人单位订立劳动合同（含聘用合同）时，了解工作过程中可能产生的职业病危害及其后果、职业病防护措施和待遇，并在劳动合同中与用人单位明确注明。用人单位不得隐瞒或者欺骗。

2. 劳动者在已订立劳动合同期间因工作岗位或者工作内容变更，从事与所订立劳动合同中未告知的存在职业病危害的作业时，用人单位应当依照规定，向劳动者履行如实告知的义务，并协商变更原劳动合同相关条款。

3. 用人单位违反规定的，劳动者有权拒绝从事存在职业病危害的作业，用人单位不得因此解除或者终止与劳动者所订立的劳动合同。

4. 从事接触职业病危害的作业的劳动者，有权要求用人单位按照国务院安全生产监督管理部门、卫生行政部门的规定组织上岗前、在岗期间和离岗时的职业健康检查，知情检查结果。

5. 劳动者有权了解工作场所产生或者可能产生的职业病危害因素、危害后果和应当采取的职业病防护措施。

（二）培训权

劳动者有权获得职业卫生教育、培训。用人单位应当对劳动者进行上岗前的职业卫生培训和在岗期间的定期职业卫生培训，普及职业卫生知识，督促劳动者遵守职业病防治法律、法规、规章和操作规程，指导劳动者正确使用职业病防护设备和个人使用的职业病防护用品。

1. 单位的负责人应当接受职业卫生培训，遵守职业病防治法律、法规，依法组织本单位的职业病防治工作，这是对负责人、管理人员的要求。必须规范他们的行为，增强他们防治职业病的观念，尤其是守法意识。

2. 对用人单位的要求，规定用人单位应当对劳动者进行上岗前的职业卫生培训和在岗期间的定期职业卫生培训，普及职业卫生知识，督促劳动者遵守职业病防治的法律、法规、规章和操作规程，指导劳动者正确使用职业病防护设备和个人使用的职业病防护用品。

3. 对劳动者的要求，劳动者也有应当主动履行的法定义务，就是劳动者应当学习和掌握相关的职业卫生知识，遵守职业病防治法律、法规，规章和操作规程，正确使用、维护职业病防护设施和个人使用的职业病防护用品，发现职业病危害事故应当及时报告。

（三）拒绝冒险权

拒绝冒险权指的是劳动者有权拒绝在没有职业病防护措施下从事职业危害作业，有权拒绝违章指挥和强令的冒险作业。用人单位若与劳动者设立劳动合同时，没有将可能产生的职业病危害及其后果等告知劳动者，劳动者有权拒绝从事存在职业病危害的作业用人单位不得因此解除或者终止与劳动者所订立的劳动合同。

（四）职业健康权

职业健康权是指劳动者在从事接触职业病过程中，应该享有的职业健康检查、建立健康监护档案，以及被疑似患有职业病时应有的权利。

1. 对从事接触职业病危害的作业的劳动者，用人单位应当按照国务院安全生产监督管理部门、卫生行政部门的规定组织上岗前、在岗期间和离岗的职业健康检查，并将检查结果如实告知劳动者。职业健康检查费用由用人单位承担。

2. 用人单位不得安排未经上岗前职业健康检查的劳动者从事接触职业病危害的作业；不得安排有职业禁忌的劳动者从事其所禁忌的作业；对在职业健康检查扣发现有与从事的职业相关的健康损害的劳动者，应当调离原工作岗位，并妥善安置；对未进行离岗前职业健康检查的劳动者不得解除或者终止与其订立的劳动合向。职业健康检查应当由省级以上人民政府卫生行政部门批准的医疗卫生机构承担。

3. 用人单位应当为劳动者建立职业健康监护档案，并按照规定的期限妥善保存；职业健康监护档案应当包括劳动者的职业史、职业病危害接触史、职业健康检查结果和职业病诊疗等有关个人健康资料；劳动者离开用人单位时，有权索取本人职业健康监护档案复印件，用人单位应当如实、无偿提供，并在所提供的复印件上签章。

4. 当劳动者被疑患有职业病时，用人单位应及时安排对病人进行诊断，在病人诊断或者医学观察期间，不得解除或者终止与其订立的劳动合同；职业病病人依法享受国家规定的职业病待遇；用人单位应按照国家有关规定，安排病人进行治疗、康复和定期检查，对不适宜继续从事原工作的病人，应调离原岗位，并妥善安置，对从事接触职业病危害作业的劳动者，应给予适当岗位津贴，职业病病人的诊疗、康复费用，伤残以及丧失劳动能力职业病病人的社会保障，按照国家有关工伤社会保障的规定执行。

（五）特殊保障权

特殊保障权是指在职业病危害产生过程中有一些特殊的环境、特殊的人和特殊时期所要求的特殊保障权利。

1. 产生职业病危害的用人单位在工作场所应有配套的更衣间、洗浴间、孕妇休息间等卫生设施。

2. 国家对从事放射、高毒等作业实行特殊管理。

3. 用人单位不得安排未成年工从事接触有职业病危害的作业,不得安排孕期、哺乳期的女职工从事对本人和胎儿、婴儿有危害的作业。

4. 不得安排有职业禁忌的劳动者从事其所禁忌的作业。

（六）参与决策权

参与用人单位职业卫生工作的民主管理,对职业病防治工作提出意见和建议,是劳动者所享有的一项职业卫生保护权利。劳动者参与用人单位职业卫生工作的民主管理,是职业病防治工作的特点所决定的,也是确保劳动者权益的有效措施。劳动者本着做好职业病防治工作,应对所在的用人单位的职业病防治管理工作是否符合法律法规规定、是否科学合理等方面提出意见和建议。

（七）检举、控告权

对违反职业病防治法律法规以及危及生命健康的行为提出批评、检举和控告,是职业病防治法赋予劳动者的一项职业卫生保护权利。用人单位不能因劳动者依法行使检举、控告权而降低其工资、福利等待遇或者解除、终止与其订立的劳动合同。

（八）损害赔偿权

职业病病人除依法享有工伤社会保险外,依照有关民事法律,享有获得赔偿的权利,有权向用人单位提出赔偿要求。同时为了有效预防和控制职业病,《职业病防治法》不仅赋予了劳动者职业卫生保护的权利,也要求劳动者对防治职业病承担以下几项义务:

1. 遵守用人单位劳动合同的义务。

2. 遵守职业病防治法律、法规、规章、标准的义务。

3. 遵守用人单位职业卫生规章制度的义务。

4. 接受职业卫生教育和培训的义务。

5. 按规定使用职业卫生防护设施及个人用品和遵守操作规程的义务。

6. 参与改善工作环境和健康促进的活动。

7. 参与职业健康监护。

8. 不得从事患有职业禁忌的作业。

【工作任务 4】

某市一企业工人张某工作 3 年多后,被多家医院诊断为尘肺,但企业却拒绝为其提供相关资料,在向上级主管部门多次投诉后,他取得了去做正式鉴定的机会,但职防所鉴定结果是“无尘肺 0 期(医学观察)合并肺结核”,给出的意见是:进行肺结核诊治,建议到综合医院进一步诊治。为寻求真相,28 岁的他跑到郑州某大医院,不顾医生劝阻,坚持“开胸验肺”,诊断结论:职业病——尘肺。这个不幸的消息让张某回忆起了 2007 年 1 月单位曾在市卫生防疫站为职工做过体检,还拍了胸片,后到市防疫站查询,防疫站说拍胸片时就发现他的肺有问题,并通知单位让他去复查,但单位并没有通知他,张某说,他又找到单位询问,才知道单位私自扣下了复查通知。对此,市卫生防疫站站长解释,职工体检是受企业委托,检查结果也只对单位,不对个人。

问题 1　**职业病诊断**

职业病治疗的关键是职业病的诊断,只有做出了正确的诊断才能够进行准确的治疗,而正确的诊断建立在法规的规范和程序中。《职业病防治法》从诊断的机构、诊断的标准、如何诊断以及诊断出现争议的鉴定等做了明确规定。

(一)职业病诊断机构

职业病诊断应当由省级以上人民政府卫生行政部门批准的医疗机构承担,劳动者可以在用人单位所在地、本人户籍所在地或者经常居住地依法承担职业病诊断的医疗卫生机构进行职业病诊断。

(二)职业病诊断标准

职业病诊断标准和职业病诊断、鉴定办法由国务院卫生行政部门制定;职业病伤残等级的鉴定办法由国务院劳动保障行政部门会同国务院卫生行政部门制定。

(三)职业病诊断

1. **诊断依据**　职业病诊断,应当综合分析下列因素:

(1)病人的职业史。

(2)职业病危害接触史和工作场所职业病危害因素情况。

(3)临床表现以及辅助检查结果等。

没有证据否定职业病危害因素与病人临床表现之间的必然联系的,应当诊断为职业病。

2. **诊断程序**

(1)承担职业病诊断的医疗卫生机构在进行职业病诊断时,应当组织 3 名以上取得职业病诊断资格的执业医师集体诊断;

(2)职业病诊断证明书应当由参与诊断的医师共同签署,并经承担职业病诊断的医疗卫生机构审核盖章。

(3)用人单位应当如实提供职业病诊断、鉴定所需的劳动者职业史和职业病危害接触史、工作场所职业病危害因素检测结果等资料;安全生产监督管理部门应当监督检查和督促用人单位提供上述资料;劳动者和有关机构也应当提供与职业病诊断、鉴定有关的资料。

(4)职业病诊断、鉴定机构需要了解工作场所职业病危害因素情况时,可以对工作场所进行现场调查,也可以向安全生产监督管理部门提出,安全生产监督管理部门应当在 10 日内组织现场调查。用人单位不得拒绝、阻挠。

（5）职业病诊断、鉴定过程中,用人单位不提供工作场所职业病危害因素检测结果等资料的,诊断、鉴定机构应当结合劳动者的临床表现、辅助检查结果和劳动者的职业史、职业病危害接触史,并参考劳动者的自述、安全生产监督管理部门提供的日常监督检查信息等,作出职业病诊断、鉴定结论。

劳动者对用人单位提供的工作场所职业病危害因素检测结果等资料有异议,或者因劳动者的用人单位解散、破产,无用人单位提供上述资料的,诊断、鉴定机构应当提请安全生产监督管理部门进行调查,安全生产监督管理部门应当自接到申请之日起 30 日内对存在异议的资料或者工作场所职业病危害因素情况作出判定;有关部门应当配合。

（6）职业病诊断、鉴定过程中,在确认劳动者职业史、职业病危害接触史时,当事人对劳动关系、工种、工作岗位或者在岗时间有争议的,可以向当地的劳动人事争议仲裁委员会申请仲裁;接到申请的劳动人事争议仲裁委员会应当受理,并在30 日内作出裁决。

当事人在仲裁过程中对自己提出的主张,有责任提供证据。劳动者无法提供由用人单位掌握管理的与仲裁主张有关的证据的,仲裁庭应当要求用人单位在指定期限内提供;用人单位在指定期限内不提供的,应当承担不利后果。

劳动者对仲裁裁决不服的,可以依法向人民法院提起诉讼。

用人单位对仲裁裁决不服的,可以在职业病诊断、鉴定程序结束之日起 15 日内依法向人民法院提起诉讼;诉讼期间,劳动者的治疗费用按照职业病待遇规定的途径支付。

（四）职业病诊断争议的鉴定

1. 当事人对职业病诊断有异议的,有申请鉴定的权利,可以向作出诊断的医疗卫生机构所在地地方人民政府卫生行政部门申请鉴定。

2. 职业病诊断争议鉴定由设区的市级以上地方人民政府卫生行政部门根据当事人的申请,组织职业病诊断鉴定委员会进行鉴定;当事人对设区的市级职业病诊断鉴定委员会的鉴定结论不服的,可以向省、自治区、直辖市人民政府卫生行政部门申请再鉴定。

3. 职业病诊断鉴定委员会由相关专业的专家组成。省、自治区,直辖市人民政府卫生行政部门应当设立相关的专家库,需要对职业病争议作出诊断鉴定时,由当事人或者当事人委托有关卫生行政部门从专家库中以随机抽取的方式确定参加诊断鉴定委员会的专家。

4. 职业病诊断鉴定过程中应注意的事项

（1）职业病诊断鉴定委员会应当按照国务院卫生行政部门颁布的职业病诊断

标准和职业病诊断、鉴定办法进行职业病诊断鉴定,向当事人出具职业病诊断鉴定书。

（2）职业病诊断鉴定费用由用人单位承担。

（3）职业病诊断鉴定委员会组成人员应当遵守职业道德,客观,公正地进行诊断鉴定,并承担相应的责任。职业病诊断鉴定委员会组成人员不得私下接触当事人,不得收受当事人的财物或者其他好处,与当事人有利害关系的,应当回避。

（4）人民法院受理有关案件需要进行职业病鉴定时,应当从省、自治区、直辖市人民政府卫生行政部门依法设立的相关的专家库中选取参加鉴定的专家。

（5）职业病诊断、鉴定需要用人单位提供有关职业卫生和健康监护等资料时,用人单位应当如实提供,劳动者和有关机构也应当提供与职业病诊断、鉴定有关的资料。

（五）职业病病人和疑似职业病病人的报告制度

1. 用人单位和医疗机构发现职业病病人或者疑似职业病病人时,应当及时向卫生行政部门报告。

2. 医疗卫生机构发现疑似职业病病人时,应当告之劳动者本人并及时通知用人单位,用人单位应当及时安排对其进行诊断,在诊断或者医学观察期间,不得解除或者终止与其订立的劳动合同。

3. 确诊为职业病的,用人单位还应当向劳动保障行政部门报告,上述两个部门接到报告后,应当依法作出处理。

问题 2　职业病病人的保障

（一）保障的一般规定

1. 用人单位应当按照国家有关规定,安排职业病病人进行治疗、康复和定期检查。

2. 用人单位对不适宜继续从事原工作的职业病病人,应当调离原岗位,并妥善安置。

3. 职业病病人的诊疗、康复费用,伤残以及丧失劳动能力的职业病病人的社会保障,按照国家有关工伤社会保险的规定执行。

4. 职业病病人除依法享有工伤社会保险外,依照有关民事法律,尚有获得赔偿的权利的,有权向用人单位提出赔偿要求。

（二）保障的特殊规定

1. 劳动者诊断患有职业病,但用人单位没有依法参加工伤社会保险的,其医疗和生活保障由最后的用人单位承担;最后的用人单位有证据证明该职业病是先前用人单位的职业病危害造成的,由先前的用人单位承担。

2. 职业病病人变动工作单位,其依法享有的待遇不变。

3. 用人单位发生分立、合并、解散、破产等情形的,应当对从事接触职业病危害的作业的劳动者进行健康检查,并按照国家有关规定妥善安置职业病病人。

【工作任务 5】

2009 年 7 月日,河南省卫生厅对"开胸验肺"事件中相关单位和人员进行责任追究:给予郑州市职业病防治所、新密市卫生防疫站等单位通报批评;撤销郑州市职业病防治所樊某、王某、牛某等 3 人尘肺病诊断资格证书,责成郑州市卫生局追究郑州市职防所主管业务领导责任,建议新密市委、市政府依照相关法律法规追究新密市卫生行政部门、卫生监督机构及新密市振东耐磨材料有限公司有关责任人的法律责任,给予新密市卫生局副局长、卫生防疫站站长、卫生监督所所长撤职处分。

问题 **职业病防治的法律责任**

(一)建设单位的责任

建设单位有下列行为之一的,由安全生产监督管理部门给予警告,责令限期改正;逾期不改正的,处 10 万元以上 50 万元以下的罚款;情节严重的,责令停止产生职业病危害的作业,或者提请有关人民政府按照国务院规定的权限责令停建、关闭:

1. 未按照规定进行职业病危害预评价或者未提交职业病危害预评价报告,或者职业病危害预评价报告未经安全生产监督管理部门审核同意,开工建设的。

2. 建设项目的职业病防护设施未按照规定与主体工程同时投入生产和使用的。

3. 职业病危害严重的建设项目,其职业病防护设施设计未经安全生产监督管理部门审查,或者不符合国家职业卫生标准和卫生要求施工的。

4. 未按照规定对职业病防护设施进行职业病危害控制效果评价、未经安全生产监督管理部门验收或者验收不合格,擅自投入使用的。

(二)用人单位的责任

1. 用人单位有下列行为之一的,由安全生产监督管理部门给予警告,责令限期改正;逾期不改正的,处 10 万元以下的罚款:

(1)工作场所职业病危害因素检测、评价结果没有存档、上报、公布的。

(2)未采取规定职业病防治管理措施的。

(3)未按照规定公布有关职业病防治的规章制度、操作规程、职业危害事故应急救援措施的。

(4)未按照规定组织劳动者进行职业卫生培训,或者未对劳动者个人职业病防护采取指导、督促措施的。

（5）国内首次使用或者首次进口与职业病危害有关的化学材料，未按照规定报送毒性鉴定资料以及经有关部门登记注册或者批准进口的文件的。

2. 用人单位有下列行为之一的，由安全生产监督管理部门责令限期改正，给予警告，可以并处 5 万元以上 10 万元以下的罚款：

（1）未按照规定及时、如实向安全生产监督管理部门申报产生职业病危害的项目的。

（2）未实施由专人负责的职业病危害因素日常监测，或者监测系统不能正常监测的。

（3）订立或者变更劳动合同时，未告知劳动者职业病危害真实情况的。

（4）未按照规定组织职业健康检查、建立职业健康监护档案或者未将检查结果书面告知劳动者的。

（5）未依照本法规定在劳动者离开用人单位时提供职业健康监护档案复印件的。

3. 用人单位违反规定，有下列行为之一的，由安全生产监督管理部门给予警告，责令限期改正，逾期不改正的，处 5 万元以上 20 万元以下的罚款；情节严重的，责令停止产生职业病危害的作业，或者提请有关人民政府按照国务院规定的权限责令关闭：

（1）工作场所职业病危害因素的强度或者浓度超过国家职业卫生标准的。

（2）未提供职业病防护设施和个人使用的职业病防护用品，或者提供的职业病防护设施和个人使用的职业病防护用品不符合国家职业卫生标准和卫生要求的。

（3）对职业病防护设备、应急救援设施和个人使用的职业病防护用品未按照规定进行维护、检修、检测，或者不能保持正常运行、使用状态的。

（4）未按照规定对工作场所职业病危害因素进行检测、评价的。

（5）工作场所职业病危害因素经治理仍然达不到国家职业卫生标准和卫生要求时，未停止存在职业病危害因素的作业的。

（6）未按照规定安排职业病病人、疑似职业病病人进行诊治的。

（7）发生或者可能发生急性职业病危害事故时，未立即采取应急救援和控制措施或者未按照规定及时报告的。

（8）未按照规定在产生严重职业病危害的作业岗位醒目位置设置警示标志和中文警示说明的。

（9）拒绝职业卫生监督管理部门监督检查的。

（10）隐瞒、伪造、篡改、毁损职业健康监护档案、工作场所职业病危害因素检测评价结果等相关资料，或者拒不提供职业病诊断、鉴定所需资料的。

(11) 未按照规定承担职业病诊断、鉴定费用和职业病病人的医疗、生活保障费用的。

4. 用人单位和医疗卫生机构未按照规定报告职业病、疑似职业病的,由有关主管部门依据职责分工责令限期改正,给予警告,可以并处 1 万元以下的罚款;弄虚作假的,并处 2 万元以上 5 万元以下的罚款;对直接负责的主管人员和其他直接责任人员,可以依法给予降级或者撤职的处分。

5. 有下列情形之一的,由安全生产监督管理部门责令限期治理,并处 5 万元以上 30 万元以下的罚款;情节严重的,责令停止产生职业病危害的作业,或者提请有关人民政府按照国务院规定的权限责令关闭:

(1) 隐瞒技术、工艺、设备、材料所产生的职业病危害而采用的。

(2) 隐瞒本单位职业卫生真实情况的。

(3) 可能发生急性职业损伤的有毒、有害工作场所、放射工作场所或者放射性同位素的运输、储存不符合规定的。

(4) 使用国家明令禁止使用的可能产生职业病危害的设备或者材料的。

(5) 将产生职业病危害的作业转移给没有职业病防护条件的单位和个人,或者没有职业病防护条件的单位和个人接受产生职业病危害的作业的。

(6) 擅自拆除、停止使用职业病防护设备或者应急救援设施的。

(7) 安排未经职业健康检查的劳动者、有职业禁忌的劳动者、未成年工或者孕期、哺乳期女职工从事接触职业病危害的作业或者禁忌作业的。

(8) 违章指挥和强令劳动者进行没有职业病防护措施的作业的。

6. 用人单位违反规定,已经对劳动者生命健康造成严重损害的,由安全生产监督管理部门责令停止产生职业病危害的作业,或者提请有关人民政府按照国务院规定的权限责令关闭,并处 10 万元以上 50 万元以下的罚款。

7. 用人单位违反规定,造成重大职业病危害事故或者其他严重后果,构成犯罪的,对直接负责的主管人员和其他直接责任人员,依法追究刑事责任。

(三) 从事职业卫生技术服务的机构的责任

1. 未取得职业卫生技术服务资质认可擅自从事职业卫生技术服务的,或者医疗卫生机构未经批准擅自从事职业健康检查、职业病诊断的,由安全生产监督管理部门和卫生行政部门依据职责分工责令立即停止违法行为,没收违法所得;违法所得 5000 元以上的,并处违法所得 2 倍以上 10 倍以下的罚款;没有违法所得或者违法所得不足 5000 元的,并处 5000 元以上 5 万元以下的罚款;情节严重的,对直接负责的主管人员和其他直接责任人员,依法给予降级、撤职或者开除的处分。

2. 从事职业卫生技术服务的机构和承担职业健康检查、职业病诊断的医疗卫生机构违反规定,有下列行为之一的,由安全生产监督管理部门和卫生行政部门依据职责分工责令立即停止违法行为,给予警告,没收违法所得;违法所得 5000 元以上的,并处违法所得 2 倍以上 5 倍以下的罚款;没有违法所得或者违法所得不足 5000 元的,并处 5000 元以上 2 万元以下的罚款;情节严重的,由原认可或者批准机关取消其相应的资格;对直接负责的主管人员和其他直接责任人员,依法给予降级、撤职或者开除的处分;构成犯罪的,依法追究刑事责任:

（1）超出资质认可或者批准范围从事职业卫生技术服务或者职业健康检查、职业病诊断的。

（2）不按照规定履行法定职责的。

（3）出具虚假证明文件的。

（四）职业病诊断鉴定委员会的责任

职业病诊断鉴定委员会组成人员收受职业病诊断争议当事人的财物或者其他好处的,给予警告,没收收受的财物,可以并处 3000 元以上 5 万元以下的罚款,取消其担任职业病诊断鉴定委员会组成人员的资格,并从省、自治区、直辖市人民政府卫生行政部门设立的专家库中予以除名。

（五）行政部门及其工作人员的责任

1. 卫生行政部门、安全生产监督管理部门不按照规定报告职业病和职业病危害事故的,由上一级行政部门责令改正,通报批评,给予警告;虚报、瞒报的,对单位负责人、直接负责的主管人员和其他直接责任人员依法给予降级、撤职或者开除的处分。

2. 违反有关规定,有关部门擅自批准建设项目或者发放施工许可的,对该部门直接负责的主管人员和其他直接责任人员,由监察机关或者上级机关依法给予记过直至开除的处分。

3. 县级以上地方人民政府在职业病防治工作中未依法履行职责,本行政区域出现重大职业病危害事故、造成严重社会影响的,依法对直接负责的主管人员和其他直接责任人员给予记大过直至开除的处分。

4. 县级以上人民政府职业卫生监督管理部门不履行规定的职责,滥用职权、玩忽职守、徇私舞弊,依法对直接负责的主管人员和其他直接责任人员给予记大过或者降级的处分;造成职业病危害事故或者其他严重后果的,依法给予撤职或者开除的处分。

（六）其他

1. 向用人单位提供可能产生职业病危害的设备、材料,未按照规定提供中文说明书或者设置警示标志和中文警示说明的,由安全生产监督管理部门责令限期改正,给予警告,并处 5 万元以上 20 万元以下的罚款。

2. 生产、经营或者进口国家明令禁止使用的可能产生职业病危害的设备或者材料的,依照有关法律、行政法规的规定给予处罚。

3. 违反《职业病防治法》规定,构成犯罪的,依法追究刑事责任。

【延伸阅读】

轰动全国的"开胸验肺"事件中,矛盾焦点在于法定职业病诊断机构在接受病人诊断申请前,要求病人提供其工作单位出具的有关其职业病危害接触史的证明材料,而单位拒绝提供相关材料,以至于诊断机构拒绝作出诊断。受害人无法自我举证,万般无奈下被迫"开胸验肺"。从中可以看出——谁来提供关于患了职业病的事实证据,将直接影响到最终结论,也直接影响当具有对立关系的当事人的利益。

【拓展练习】

结合本项目,谈谈对劳动者职业卫生权利的认识。

项目 23 医疗废物管理的法律规定

【岗位技能要求】

本项目内容主要针对医政管理和疾病防控等岗位,具体技能要求:

1. 能够清楚分析医疗废物的概念。
2. 能够清楚分析医疗废弃物的分类。
3. 能够熟练分析医疗废弃物的管理制度以及管理机构。
4. 能够清楚分析医疗废物管理的一般规定。
5. 能够清楚分析医疗卫生机构对医疗废物的管理。
6. 能够熟练分析医疗废物的集中处置。
7. 能够基本了解医疗废物管理与处置的监督管理以及法律责任。

【工作任务 1】

2009 年,郑州市民张先生通过 3 个多月的跟踪调查发现,郑州市多家医院存在私自倒卖医疗废弃物的现象:有人专门负责把收集到的医疗垃圾运送到废品收购站,废品站会把塑料类的医疗垃圾粉碎,卖给塑料制品厂,制成生活用品。医疗垃圾在我国的《国家危险废物名录》中,被列为重要危险废物。按照有关规定,对医疗垃圾的收集、消毒、焚烧等处理,有着一套非常严格的管理措施。然而,郑州市多家医院的医疗垃圾竟然违反有关规定回流社会,并且部分医疗垃圾还被二次利用制作成生活用品,这种现象确实让人担忧。

问题 1　**医疗废物的概念**

医疗废物是指医疗卫生机构在医疗、预防、保健以及其他相关活动中产生的具有直接或者间接感染性、毒性以及其他危害性的废物。根据《医疗废物分类目录》,医疗废物分为感染性废物、病理性废物、损伤性废物、药物性废物和化学性废物,该目录由国务院卫生行政主管部门和环境保护行政主管部门共同制定、公布。

2003 年 6 月 6 日,为了加强医疗废物的安全管理,防止疾病传播,保护环境,保障人体健康,国务院颁布了《医疗废物管理条例》。该条例对于医疗废物的收集、运送、储存、处置以及监督管理等活动进行了法律规定,其中医疗卫生机构收治的传染病病人或者疑似传染病病人产生的生活垃圾,均要求按照医疗废物进行管理和处置,但医疗卫生机构废弃的麻醉、精神、放射性、毒性等药品及其相关的废物的管理,依照有关法律、行政法规和国家有关规定、标准执行。

问题 2　医疗废弃物的分类

《医疗废物分类目录》将医疗废物分为 5 类:

1. 感染性废物是指携带病原微生物具有引发感染性疾病传播危险的医疗废物,包括被病人血液、体液、排泄物污染的物品,传染病病人产生的垃圾等。

2. 病理性废物是指在诊疗过程中产生的人体废弃物和医学试验动物尸体,包括手术中产生的废弃人体组织、病理切片后废弃的人体组织、病理蜡块等。

3. 损伤性废物是指能够刺伤或割伤人体的废弃的医用锐器,包括医用针、解剖刀、手术刀、玻璃试管等。

4. 药物性废物是指过期、淘汰、变质或被污染的废弃药品,包括废弃的一般性药品,废弃的细胞毒性药物和遗传毒性药物等。

5. 化学性废物是指具有毒性、腐蚀性、易燃易爆性的废弃化学物品,如废弃的化学试剂、化学消毒剂、汞血压计、汞温度计等。

【工作任务 2】

2009 年 7 月 30 日上海市某区卫生局对辖区内某医院进行卫生监督检查发现该医院老年病房二病区一楼护士台门口放置一个纸箱,纸箱上标有"某某医院二病区"字样,现场发现该纸箱内散放着病人用过的十几个输液瓶、输液皮条,纸箱内未铺设黄色专用包装袋。经过调查该医院承认因为早晨病房输液病人较多,输液后的输液瓶以及输液皮条护士来不及处理,所以直接放置在纸箱内,医院准备等到输液结束后一并放入专用包装袋中。卫生行政部门调查清楚后即对该医院进行了行政处罚。

问题 1　医疗废弃物的管理制度以及管理机构

《医疗废物管理条例》、《医疗卫生机构医疗废物管理办法》、《医疗废物管理行政处罚办法(试行)》对医疗废物的规范管理做出了明确规定。其管理相对人主要为医疗卫生机构和医疗废物集中处置单位,要求相关单位建立相应的管理责任制,有专(兼)职人员落实管理工作,制订应急预案,并对从业人员提供有效的职业卫生防护及必要的免疫接种。

国家推行医疗废物集中无害化处置,鼓励有关医疗废物安全处置技术的研究与开发。县级以上地方人民政府负责组织建设医疗废物集中处置设施。国家对边远贫困地区建设医疗废物集中处置设施给予适当的支持。

县级以上各级人民政府卫生行政主管部门,对医疗废物收集、运送、储存、处置活动中的疾病防治工作实施统一监督管理;环境保护行政主管部门,对医疗废物收集、运送、储存、处置活动中的环境污染防治工作实施统一监督管理。

县级以上各级人民政府其他有关部门在各自的职责范围内负责与医疗废物处置有关的监督管理工作。医疗卫生机构和医疗废物集中处置单位,应当建立、健全医疗废物管理责任制,其法定代表人为第一责任人,切实履行职责,防止因医疗废物导致传染病传播和环境污染事故。医疗卫生机构和医疗废物集中处置单位,应当制定与医疗废物安全处置有关的规章制度和在发生意外事故时的应急方案;设置监控部门或者专(兼)职人员,负责检查、督促、落实本单位医疗废物的管理工作,防止违法行为发生。

问题 2　**医疗废物管理的一般规定**

(一)预防性规定

医疗卫生机构和医疗废物集中处置单位应当做好下列工作:

1. 建立健全医疗废物管理责任制,其法定代表人是第一责任人,防止因医疗废物导致传染病传播和环境污染。

2. 设置监控部门或者专(兼)职人员,负责检查、督促落实本单位医疗废物管理;应当制定医疗废物安全处置的规章制度和在发生意外事故时的应急方案。

3. 应当对本单位医疗废物的收集、运送、储存、处置等工作人员和管理人员进行相关法律和专业技术、安全防护、紧急处理等知识的培训。

4. 应当为本单位从事医疗废物的收集、运送、储存、处置等工作人员和管理人员,配备必要的防护用品,定期进行健康检查;必要时对有关人员进行免疫接种,防止其受到健康损害。

5. 应当依照《固体废物污染环境防治法》的规定,执行危险废物转移联单管理制度。

6. 应当对医疗废物进行登记,内容包括医疗废物的来源、种类、重量或者数量、交接时间、处置方法、最终去向以及经办人签名等项目,资料保存三年。

7. 应当采取有效措施防止医疗废物的流失、泄漏、扩散;发生医疗废物流失、泄漏、扩散时,应采取减少损失的紧急措施,对致病人员提供医疗救护和现场救援;同时向所在地县级以上卫生行政部门报告,并向可能受到危害的单位和居民通报。

(二)禁止性规定

1. 禁止任何单位和个人转让、买卖医疗废物;禁止在运送过程中丢弃医疗废物;禁止在非储存地点倾倒、堆放医疗废物或者将医疗废物混入其他废物或者生活垃圾。

2. 禁止邮寄医疗废物;禁止通过铁路、航空运输医疗废物;有陆路的,禁止通过水路运输医疗废物;没有陆路通道必须经水路运输医疗废物的,应当经设区的市级以上人民政府环境保护行政主管部门批准,并采取严格的环境保护措施后,方可通过水路运输;禁止将医疗废物与旅客在同一运输工具上载运;禁止在饮用水源保护区的水体上运输医疗废物。

问题 3 **医疗卫生机构对医疗废物的管理**

根据《医疗废物管理条例》的规定,医疗机构应当按照下列规定或者采取下列措施对医疗废物进行管理:

(1) 及时收集本单位的医疗废物,并按照类别分置于防渗漏、防锐器穿透的专用包装物或者密闭的容器内,容器上应当有警示标志和警示说明。

(2) 应当建立医疗废物暂时储存设施、设备,不得露天存放医疗废物,医疗废物的暂存时间不得超过 2 天;医疗废物暂时储存设施、设备应当远离医疗区、食品加工区和人员活动区以及生活垃圾存放场所,并设置明显的警示标志和防渗漏、防鼠、防蚊蝇、防蟑螂、防盗以及预防儿童接触等安全措施,并及时消毒。

(3) 应当使用防渗漏、防遗撒的专用运送工具,按照本单位确定的内部医疗废物运送时间、路线,将医疗废物收集、运送到暂时储存地点;运送工具在使用后,应当在医疗机构指定的地点进行清洁和消毒。

(4) 应当根据就近处置的原则,及时将医疗废物交由医疗废物集中处理机构处置;医疗废物中病原体的培养基、标本和菌种、毒种保存液等高危险废物,在交医疗废物集中处置单位处置前,应当就地消毒。

(5) 医疗机构产生的污水、传染病人或者疑似传染病人的排泄物,应当按照国家规定严格消毒;达到国家规定的排放标准后,方可排入污水处理系统。

(6) 不具备集中处置医疗废物条件的农村,医疗机构应当按照县级人民政府卫生行政主管部门、环境保护行政主管部门的要求,自行就地处置其产生的医疗废物;自行处置医疗废物的,应当符合下列要求:①使用后的一次性医疗器具和容易致人损伤的医疗废物,应当消毒并作毁形处理;②能够焚烧的,应当及时焚烧;③不能焚烧的,消毒后集中填埋。

问题 4 **医疗废物的集中处置**

(一) 医疗废物集中处置单位

1. 从事医疗废物集中处置活动的单位,应当向县级以上人民政府环境保护行政主管部门申请领取经营许可证;未取得经营许可证的单位,不得从事医疗废物的处置活动。

2. 设立医疗废物集中处置单位,应当具备下列条件:①具有符合环境保护和卫生要求的医疗废物储存、处置设施或者设备;②具有经过培训的技术人员以及相应的技术工人;③具有负责医疗废物处置效果检测、评价工作的机构和人员;④具有保证医疗废物安全处置的规章制度。

3. 医疗废物集中处置单位的储存、处置设施,应当远离居(村)民居住区、水源保护区和交通干道,与工厂、企业等工作场所有适当的安全防护距离,并符合国务院环境保护行政主管部门的规定。

（二）医疗废物的处置

1. 医疗废物集中处置单位应当至少每 2 天到医疗卫生机构收集、运送一次医疗废物，并负责医疗废物的储存、处置；运送医疗废物的车辆应当是运送医疗废物的专用车辆，运送车辆应当达到防渗漏、防遗撒以及其他环境保护和卫生要求；医疗废物运送车辆不得运送其他物品。

2. 医疗废物集中处置单位在运送医疗废物过程中应当确保安全，不得丢弃、遗撒医疗废物；应当安装污染物排放在线监控系统，并确保监控装置经常处于正常运行状态。

3. 医疗废物集中处置单位处置医疗废物，应当符合国家规定的环境保护、卫生标准、处置规范；医疗废物集中处置单位集中处置医疗废物，可以按照国家有关规定向医疗机构收取医疗废物处置费用。

4. 医疗废物集中处置单位应当按照环境保护行政主管部门和卫生行政主管部门的规定，定期对医疗废物处置设施的环境污染防治和卫生学效果检测、评价；检测、评价结果存入医疗废物集中处置档案，每半年向有关部门报告一次。

5. 各地区应当利用和改造现有固体废物处置设施和其他设施，对医疗废物集中处置，并达到基本的环境保护和卫生要求；在尚未建成医疗废物集中处置设施期间，有关地方人民政府应当组织制定符合环境保护和卫生要求的医疗废物过渡性处置方案，确定医疗废物收集、运送、处置方式和处置单位。

问题 5　医疗废物管理与处置的监督管理以及法律责任

（一）医疗废物管理与处置的监督管理部门

县级以上卫生行政部门、环境保护行政主管部门，应当依照《医疗废物管理条例》的规定，按照职责分工，对医疗卫生机构和医疗废物集中处置单位进行监督检查。

（二）医疗废物管理与处置的监督管理部门的职责

1. 应当对医疗机构和医疗废物集中处置单位从事医疗废物收集、运送、储存、处置中的疾病防治工作、其工作人员的卫生防护等情况进行定期监督检查、抽查。

2. 应当对医疗机构和医疗废物集中处置单位从事医疗废物收集、运送、储存、处置中的环境污染防治工作进行定期监督检查、抽查，必要时可交换监督检查和抽查；发现医疗机构和医疗废物集中处置单位存在隐患时，应当责令立即消除隐患。

3. 卫生行政主管部门、环境保护主管部门履行监督检查职责时，有权采取下列措施：①对有关单位进行实地检查、了解情况、现场监测、调查取证；②查阅或者复制医疗废物管理的有关资料，采集样品；③责令违反《医疗废物管理条例》的单位和个人停止违法行为；④查封或者暂扣涉嫌违反《医疗废物管理条例》规定的场所、设备、运输工具和物品;⑤对违法行为依法查处。

4. 发生因医疗废物管理不当导致传染病传播或者环境污染事故,或者有证据证明传染病传播或者环境污染的事故可能发生时,卫生行政主管部门、环境保护主管行政部门应当采取临时控制措施,疏散人员、控制现场,并根据需要责令导致或者可能导致传染病传播或者环境污染事故的作业。

5. 医疗卫生机构和医疗废物集中处置单位,对有关部门的检查、监测、调查取证,应当予以配合,不得拒绝和阻碍,不得提供虚假材料。

（三）法律责任

1. 医疗机构、医疗废物集中处置单位的法律责任

（1）医疗卫生机构、医疗废物集中处置单位违反相关法律规定,有下列情形之一的,由县级以上地方人民政府卫生行政主管部门或者环境保护行政主管部门按照各自的职责责令限期改正,给予警告;逾期不改正的,处 2000 元以上 5000 元以下的罚款:

①未建立、健全医疗废物管理制度,或者未设置监控部门或者专(兼)职人员的。

②未对有关人员进行相关法律和专业技术、安全防护以及紧急处理等知识的培训的。

③未对从事医疗废物收集、运送、储存、处置等工作的人员和管理人员采取职业卫生防护措施的。

④未对医疗废物进行登记或者未保存登记资料的。

⑤对使用后的医疗废物运送工具或者运送车辆未在指定地点及时进行消毒和清洁的。

⑥未及时收集、运送医疗废物的。

⑦未定期对医疗废物处置设施的环境污染防治和卫生学效果进行检测、评价,或者未将检测、评价效果存档、报告的。

（2）医疗卫生机构、医疗废物集中处置单位违反相关法律规定,有下列情形之一的,由县级以上地方人民政府卫生行政主管部门或者环境保护行政主管部门按照各自的职责责令限期改正,给予警告,可以并处 5000 元以下的罚款;逾期不改正的,处 5000 元以上 3 万元以下的罚款:

①储存设施或者设备不符合环境保护、卫生要求的。

②未将医疗废物按照类别分置于专用包装物或者容器的。

③未使用符合标准的专用车辆运送医疗废物或者使用运送医疗废物的车辆运送其他物品的。

④未安装污染物排放在线监控装置或者监控装置未经常处于正常运行状

态的。

（3）医疗卫生机构、医疗废物集中处置单位有下列情形之一的，由县级以上地方人民政府卫生行政主管部门或者环境保护行政主管部门按照各自的职责责令限期改正，给予警告，并处 5000 元以上 1 万元以下的罚款；逾期不改正的，处 1 万元以上 3 万元以下的罚款；造成传染病传播或者环境污染事故的，由原发证部门暂扣或者吊销执业许可证件或者经营许可证件；构成犯罪的，依法追究刑事责任：

①在运送过程中丢弃医疗废物，在非储存地点倾倒、堆放医疗废物或者将医疗废物混入其他废物和生活垃圾的。

②未执行危险废物转移联单管理制度的。

③将医疗废物交给未取得经营许可证的单位或者个人收集、运送、储存、处置的。

④对医疗废物的处置不符合国家规定的环境保护、卫生标准、规范的。

⑤未按照规定对污水、传染病病人或者疑似传染病病人的排泄物，进行严格消毒，或者未达到国家规定的排放标准，排入污水处理系统的。

⑥对收治的传染病病人或者疑似传染病病人产生的生活垃圾，未按照医疗废物进行管理和处置的。

（4）医疗卫生机构违反相关法律规定，将未达到国家规定标准的污水、传染病病人或者疑似传染病病人的排泄物排入城市排水管网的，由县级以上地方人民政府建设行政主管部门责令限期改正，给予警告，并处 5000 元以上 1 万元以下的罚款；逾期不改正的，处 1 万元以上 3 万元以下的罚款；造成传染病传播或者环境污染事故的，由原发证部门暂扣或者吊销执业许可证件；构成犯罪的，依法追究刑事责任。

（5）医疗卫生机构、医疗废物集中处置单位发生医疗废物流失、泄漏、扩散时，未采取紧急处理措施，或者未及时向卫生行政主管部门和环境保护行政主管部门报告的，由县级以上地方人民政府卫生行政主管部门或者环境保护行政主管部门按照各自的职责责令改正，给予警告，并处 1 万元以上 3 万元以下的罚款；造成传染病传播或者环境污染事故的，由原发证部门暂扣或者吊销执业许可证件或者经营许可证件；构成犯罪的，依法追究刑事责任。

（6）医疗卫生机构、医疗废物集中处置单位，无正当理由，阻碍卫生行政主管部门或者环境保护行政主管部门执法人员执行职务，拒绝执法人员进入现场，或者不配合执法部门的检查、监测、调查取证的，由县级以上地方人民政府卫生行政主管部门或者环境保护行政主管部门按照各自的职责责令改正，给予警告；拒不改正的，由原发证部门暂扣或者吊销执业许可证件或者经营许可证件；触犯《治安管理处罚法》构成违反治安管理行为的，由公安机关依法予以处罚；构成犯罪的，依法追究刑事责任。

（7）医疗卫生机构、医疗废物集中处置单位违反相关法律规定，导致传染病传播或者发生环境污染事故，给他人造成损害的，依法承担民事赔偿责任。

2. 行政部门及其工作人员的法律责任

（1）县级以上地方人民政府未按规定，组织建设医疗废物集中处置设施或者组织制定医疗废物过渡性处置方案的，由上级人民政府通报批评，责令限期建成医疗废物集中处置设施或者组织制定医疗废物过渡性处置方案；并可以对政府主要领导人、负有责任的主管人员，依法给予行政处分。

（2）县级以上各级人民政府卫生行政主管部门、环境保护行政主管部门或者其他有关部门，未按规定履行监督检查职责，发现医疗卫生机构和医疗废物集中处置单位的违法行为不及时处理，发生或者可能发生传染病传播或者环境污染事故时未及时采取减少危害措施，以及有其他玩忽职守、失职、渎职行为的，由本级人民政府或者上级人民政府有关部门责令改正，通报批评；造成传染病传播或者环境污染事故的，对主要负责人、负有责任的主管人员和其他直接责任人员依法给予降级、撤职、开除的行政处分；构成犯罪的，依法追究刑事责任。

（3）县级以上人民政府环境保护行政主管部门，违反规定发给医疗废物集中处置单位经营许可证的，由本级人民政府或者上级人民政府环境保护行政主管部门通报批评，责令收回违法发给的证书；并可以对主要负责人、负有责任的主管人员和其他直接责任人员依法给予行政处分。

3. 其他法律责任

（1）不具备集中处置医疗废物条件的农村，医疗卫生机构未按照相关法律规定的要求处置医疗废物的，由县级人民政府卫生行政主管部门或者环境保护行政主管部门按照各自的职责责令限期改正，给予警告；逾期不改正的，处 1000 元以上 5000 元以下的罚款；造成传染病传播或者环境污染事故的，由原发证部门暂扣或者吊销执业许可证件；构成犯罪的，依法追究刑事责任。

（2）未取得经营许可证从事医疗废物的收集、运送、储存、处置等活动的，由县级以上地方人民政府环境保护行政主管部门责令立即停止违法行为，没收违法所得，可以并处违法所得 1 倍以下的罚款。

（3）转让、买卖医疗废物，邮寄或者通过铁路、航空运输医疗废物，或者违反相关法律规定通过水路运输医疗废物的，由县级以上地方人民政府环境保护行政主管部门责令转让、买卖双方、邮寄人、托运人立即停止违法行为，给予警告，没收违法所得；违法所得 5000 元以上的，并处违法所得 2 倍以上 5 倍以下的罚款；没有违法所得或者违法所得不足 5000 元的，并处 5000 元以上 2 万元以下的罚款。

承运人明知托运人违反相关法律规定运输医疗废物，仍予以运输的，或者承运人将医疗废物与旅客在同一工具上载运的,按照前款的规定予以处罚。

【延伸阅读】

《控制危险废料越境转移及其处置巴塞尔公约》(Basel Convention on the Control of Transboundary Movements of Hazardous Wastes and Their Disposal)简称《巴塞尔公约》(Basel Convention),1989 年 3 月 22 日在联合国环境规划署于瑞士巴塞尔召开的世界环境保护会议上通过,1992 年 5 月正式生效。1995 年 9 月 22 日在日内瓦通过了《巴塞尔公约》的修正案。已有 100 多个国家签署了这项公约,中国于 1990 年 3 月 22 日在该公约上签字。

该公约把医疗废弃物也纳入管理中,《巴塞尔公约》旨在遏止越境转移危险废料,特别是向发展中国家出口和转移危险废料。公约要求各国把危险废料数量减到最低限度,用最有利于环境保护的方式尽可能就地储存和处理。公约明确规定:如出于环保考虑确有必要越境转移废料,出口危险废料的国家必须事先向进口国和有关国家通报废料的数量及性质;越境转移危险废料时,出口国必须持有进口国政府的书面批准书。公约还呼吁发达国家与发展中国家通过技术转让、交流情报和培训技术人员等多种途径在处理危险废料领域中加强国际合作。

【拓展练习】

1. 结合本项目,简述医疗废弃物的分类及其处理方法。
2. 结合本项目,讨论医疗废弃物处理中存在的问题与对策。

项目 24 国境卫生检疫的法律规定

【岗位技能要求】

本项目主要针对出入境卫生检验检疫和进出口企业卫生管理等岗位,具体技能要求:

1. 能够基本了解国境卫生检疫法以及国境卫生检疫的概念。
2. 能够清楚分析国境卫生检疫管理的机构以及职责。
3. 能够熟练分析国境卫生检疫管理的对象。
4. 能够基本了解违反国境卫生检疫管理的法律责任。
5. 能够熟练分析入出境检疫管理制度。
6. 能够清楚分析检疫传染病人的管理。
7. 能够清楚分析国境口岸突发公共卫生事件以及出入境检验检疫应急处理措施。

【工作任务 1】

2012 年 2 月 9 日深夜,被"苏丹人民解放运动(北方局)"武装劫持的 24 名中国水电七局五分局员工,顺利抵达眉山市彭山县老家。尽管已是深夜,彭山县委、县政府领导及众多当地群众仍专程前往水电七局五分局欢迎员工们安全回"家"。次日上午 9 时,一辆川 Z 牌照的大巴车,将 24 名劫持获释工人送到四川出入境检验检疫局,进行全方位体检。据随队医生观察,同事们平时身体不错,这次遇险后,大部分人的体力透支,严重缺水,有几个人在连夜奔走的过程中把脚磨了,目前 24 名劫持获释工人的体检结果已经出来了,除一名工人在回国后出现腹泻,部分人略显疲惫和紧张以外,他们的身体健康指标整体情况较为良好。

问题 1　国境卫生检疫法以及国境卫生检疫的概念

国境卫生检疫法是调整防止传染病从国外传入或者由国内传出,实施国境检验、传染病监测和卫生监督等活动中产生的各种社会关系的法律规范的总称。因此,也有人将国境卫生检疫法称之为在国境口岸、关口实施的传染病防治法。

1986 年 12 月 2 日,第六届全国人大常委会第十八次会议通过了《中华人民共和国国境卫生检疫法》,于 1987 年 5 月 1 日起施行。1989 年 3 月,经国务院批准,卫生部发布了《中华人民共和国国境卫生检疫法实施细则》。

国境卫生检疫可以分为海港检疫、航空检疫和陆地边境检疫,具有以下特征:

①对内是行政执法活动,对外是维护卫生主权的国家行为;②主体是法律授权的国境卫生检疫机关暨进口食品卫生监督检验机构;③是以国境口岸为依托进行的行政执法行为;④是以医学等自然科学为主要手段的执法行为;⑤是以防止传染病传入传出,保证食品和化妆品的卫生,保护人体健康为目的的执法活动。

问题 2　国境卫生检疫管理的机构以及职责

2001 年 4 月,国务院决定将国家出入境检验检疫局与国家质量技术监督局合并组建国家质量监督检验检疫总局,其职责之一是主管全国国境卫生检疫工作,包括:组织实施出入境卫生检疫、传染病监测和卫生监督工作,管理国外疫情的收集、分析、整理,提供信息指导和咨询服务;组织实施进出口食品和化妆品的安全、卫生、质量监督检验和监督管理;管理进出口食品和化妆品生产、加工单位的卫生注册登记,管理出口企业对外卫生注册工作。

国家质量监督检验检疫总局主要的执法职责是:

1. 研究拟定有关出入境卫生检疫、动植物检疫及进出口商品检验法律、法规和政策规定的实施细则、办法及工作规程,督促检查出入境检验检疫机构贯彻执行。

2. 组织实施出入境检验检疫、鉴定和监督管理;负责国家实行进口许可制度的民用商品入境验证管理;组织进出口商品检验检疫的前期监督和后续管理。

3. 组织实施出入境卫生检疫、传染病监测和卫生监督;组织实施出入境动植物检疫和监督管理;负责进出口食品卫生、质量的检验、监督和管理工作。

4. 组织实施进出口商品法定检验;组织管理进出口商品鉴定和外商投资财产鉴定;审查批准法定检验商品的免验和组织办理复验。

5. 组织对进出口食品及其生产单位的卫生注册登记及对外注册管理;管理出入境检验检疫标志、进口安全质量许可、出口质量许可并负责监督检查;管理和组织实施与进出口有关的质量认证认可工作。

6. 负责涉外检验检疫和鉴定机构(含中外合资、合作的检验、鉴定机构)的审核认可并依法进行监督。

7. 负责商品普惠制原产地证和一般原产地证的签证管理。

8. 负责管理出入境检验检疫业务的统计工作和国外疫情的收集、分析、整理,提供信息指导和咨询服务。

9. 拟定出入境检验检疫科技发展规划;组织有关科研和技术引进工作;收集和提供检验检疫技术情报。

10. 开展有关的国际合作与技术交流,按规定承担技术性贸易壁垒和检疫协议实施工作,执行有关协议。

问题 3 国境卫生检疫管理的对象

（一）国境卫生检疫对象也称检疫范围

入出国境的人员、交通工具、运输设备以及可能传播检疫传染病的行李、货物、邮包等物品都是检疫对象。

（二）国境卫生检疫传染病的种类

目前,我国国境卫生检疫涉及的传染病包括以下三类：

第一类为检疫传染病。检疫传染病为鼠疫、霍乱、黄热病。

第二类为监测传染病。根据世界卫生组织的要求,流行性感冒、疟疾、脊髓灰质炎、流行性斑疹伤寒、回归热为国际间监测传染病。此外,如埃波拉—马尔保病毒病、拉沙热、军团热、传染性非典型肺炎等也被列入严密监测之中。

第三类为禁止外国人入境的传染病。卫生检疫机关应当禁止患有艾滋病、性病、麻风病、精神病、开放性肺结核的外围人入境。

【工作任务 2】
关于防止印度尼西亚人感染高致病性禽流感传入我国的公告

据世界卫生组织 1 月 12 日报告,印度尼西亚确诊 1 例人感染高致病性禽流感（H5N1）死亡病例。为防止人禽流感传入我国,保护我国前往印度尼西亚人员的健康安全,根据《中华人民共和国国境卫生检疫法》及其实施细则的有关规定,现公告如下：

1. 来自印度尼西亚的人员,如有发热、咳嗽、头痛、全身不适等症状,出入境时应主动向出入境检验检疫机构口头申报。入境后出现上述症状者,应当立即就医,并向医生说明近期的旅行史,以便及时得到诊断和治疗。

2. 检验检疫机构加强对来自印度尼西亚人员的体温监测、医学巡查等工作,对申报或现场查验发现有上述症状的人员要仔细排查,对发现的人感染高致病性禽流感或感染嫌疑者,及时按规定程序采取医学措施。

3. 检验检疫机构在口岸利用显示屏、广播和发放宣传册等多种形式告知出入境旅客有关疫情信息和防病知识,增强出入境人员防病意识。前往印度尼西亚的人员,可以向出入境检验检疫机构及其国际旅行卫生保健中心咨询或登陆国家质检总局网站（http://www.aqsiq.gov.cn）卫生检疫与旅行健康专栏,了解该国的疫情和有关预防方法。旅行中或旅行后发现有人感染高致病性禽流感相关症状者,应立即就医,并在出入境时向检验检疫机构申报。

4. 检验检疫机构对来自印度尼西亚的交通工具、集装箱、货物、行李、邮包严格进行卫生检疫查验,对可能被人感染高致病性禽流感污染的检疫查验对象进行消毒处理。

5. 前往印度尼西亚的人员要避免接触人感染高致病性禽流感患者、染病禽类及其粪便或沾染了粪便的灰土、泥土；避免食用生的或未煮熟的禽肉；在疫情暴发点、禽类养殖、销售、屠宰、加工场所要采取戴口罩和手套等防护措施；勤洗手；要对人感染高致病性禽流感病毒可能污染的区域、物品进行消毒处理。

本公告自发布之日起 3 个月有效。

二〇一二年一月十七日

问题 1　入出境检疫管理制度

（一）入境检疫

入境的交通工具和人员，应当在最先到达的国境口岸的指定地点接受检疫，除引航员外，未经国境卫生检疫机关许可，任何人不准上下交通工具，不准装卸行李、货物、邮包等物品。所谓指定地点，包括检疫锚地、允许航空器降落的停机坪和航空站、国际列车到达国境后第一个火车站的站台及江河口岸边境的通道口。

1. 入境前报告　在交通工具及人员抵达国境前，交通工具的代理人或者有关管理机关（如港务监督机关，实施检疫的航空站、车站），必须向国境卫生检疫机关通知相关事项。

2. 提交申报证件。

3. 电讯检疫　按照传统的现场检验检疫方法，国际航班到达入境机场后，旅客要等检验检疫工作人员实施检查，确认没有特殊情况后，方可下机。实施电讯检疫，机组人员可以使用高频电讯系统在飞机落地前就将航班上旅客的健康情况传达给检疫局，局方根据收到的信息确定是否给予放行，加快了旅客的入境时间，简化了流程，提高了效率。

（二）出境检疫

出境的交通工具和人员，必须在最后离开的国境口岸接受卫生检疫。

（三）临时检疫

在国境口岸发现检疫传染病、疑似检疫传染病。或者有人非因意外伤害而死亡并死因不明的，国境口岸有关单位和交通工具的负责人，应当立即向国境卫生检疫机关报告，并申请临时检疫。

（四）边境接壤地区的来往检疫

依双方协议办理，没有协议的，依中国政府的规定办理。

（五）特殊物品的管理

入境、出境的微生物、人体组织、生物制品、血液及其制品等特殊物品的携带人、托运人或邮寄人，必须向卫生检疫机关申报并接受卫生检疫。

（六）携带物品和托运物品的管理

入境、出境的旅客、员工个人携带或者托运可能传播传染病的行李和物品，来自疫区或被传染病污染的各种食品、饮料、水产品。

（七）入境和出境检疫证的签发

国境卫生检疫机关依据检疫医师提供的检疫结果，对未染有检疫传染病或者已实施卫生处理的交通工具，签发入境或者出境检疫证。

问题 2　检疫传染病人的管理

（一）就地诊验

就地诊验是指卫生检疫机关将接触过检疫传染病的感染环境，并且可能传播检疫传染病的染疫嫌疑人，按照指定的期间，到就近的卫生检疫机关或者其他医疗卫生单位接受诊察和检验，或者卫生检疫机关、其他医疗卫生单位到该人员的居留地，对其进行诊察和检验。

（二）留验

留验是指卫生检疫机关将染疫嫌疑人收留在指定的处所进行诊察和检验，留验期限根据各种检疫传染病的潜伏期予以确定。按照规定，对染有鼠疫、黄热病嫌疑人的留验期限为 6 天，对染有霍乱嫌疑人的留验期限为 5 天。

受留验的人员必须在卫生检疫机关指定的场所接受留验。但有下列情形之一的，经卫生检疫机关同意，可在船上留验：船长请求船员在船上留验的；旅客请求在船上留验，经船长同意，并且船上有船医和医疗、消毒设备的。留验人员未经卫生检疫机关许可，不准离开留验场所或上岸。

（三）隔离

隔离，是指卫生检疫机关对正在患检疫传染病的人，或者经卫生检疫机关初步诊断，认为已经感染检疫传染病或者已经处于检疫传染病潜伏期的染疫人施行隔离，将其收留在指定的处所，限制其活动并进行治疗，直到消除传染病传播的危险。

【工作任务 3】

2009 年 12 月 16 日，潮州出入境检验检疫局和潮州海关等口岸联检部门在潮州货柜车查验场举行应对突发公共卫生事件与反恐演练的场面。

演练模拟口岸查验中发现潮州货柜车场一入境货柜车被不明原因的病媒生物污染及一入境港澳直通车货车司乘人员报告发热不适，疑似 H1N1 流感后，启动相关应急预案。演练分为检疫查验发现、报告、预案启动、现场处置、行动终止等环节。整个演练过程流畅，反应迅速，分工明确、配合默契，处置妥当。旨在检验和提高潮州口岸突发公共卫生事件的应急处理能力，切实加强反恐应急工作，保障出入境人员和国境口岸公众身体健康，维护国境口岸正常的社会秩序。

问题 1　国境口岸突发公共卫生事件

国境口岸突发公共卫生事件，是指突然发生，造成或可能造成出入境人员和国境口岸公众健康严重损害的重大传染病疫情、群体性不明原因疾病、重大食物中毒以及其他严重影响公众健康的事件。

2003 年 11 月 7 日，国家质量监督检验检疫总局依据《中华人民共和国国境卫生检疫法》及其实施细则和《突发公共卫生事件应急条例》，发布了《国境口岸突发公共卫生事件出入境检验检疫应急处理规定》。

国境口岸突发公共卫生事件包括：①发生鼠疫、霍乱、黄热病、肺炭疽、传染性非典型肺炎病例的；②乙类、丙类传染病较大规模的暴发、流行或多人死亡的；③发生罕见的或者国家已宣布消除的传染病等疫情的；④传染病菌种、毒种丢失的；⑤发生临床表现相似的但致病原因不明且有蔓延趋势或可能蔓延趋势的群体性疾病的；⑥中毒人数 10 人以上或者中毒死亡的；⑦国内外发生突发事件，可能危及国境口岸的。

问题 2　国境口岸出入境检验检疫应急处理

（一）组织管理

国家质检总局统一协调、管理国境口岸突发事件出入境检验检疫应急指挥体系，并履行下列职责：①研究制订国境口岸突发事件出入境检验检疫应急处理方案。②指挥和协调检验检疫机构做好国境口岸突发事件出入境检验检疫应急处理工作；③检查督导检验检疫机构有关应急工作的落实情况，督察各项应急处理措施落实到位；④协调与国家相关行政主管部门的关系，建立必要的应急协调联系机制；⑤收集、整理、分析和上报有关情报信息和事态变化情况，为国家决策提供处置意见和建议；向各级检验检疫机构传达、部署上级机关有关各项命令；⑥鼓励、支持和统一协调开展国境口岸突发事件出入境检验检疫监测、预警、反应处理等相关技术的国际交流与合作。

（二）应急准备

国家质检总局负责制订全国国境口岸突发事件出入境检验检疫应急预案。各级检验检疫机构根据国境口岸突发事件出入境检验检疫应急预案的要求，保证应急处理人员、设施、设备、防治药品和器械等资源的配备、储备，提高应对突发事件的处理能力。

（三）应急处理

突发事件发生后，发生地检验检疫机构经上一级机构批准，对突发事件现场采取下列紧急控制措施：①对现场进行临时控制，限制人员出入；对疑为人畜共患的重要疾病疫情，禁止病人或者疑似病人与易感动物接触，②对现场有关人员进行医学观察，临时隔离留验；③对出入境交通工具、货物、集装箱、行李、邮包等采取限制措施，禁止移运；④封存可能导致突发事件发生或者蔓延的设备、材料、物品；⑤实施紧急卫生处理措施。

检验检疫机构应当组织专家对突发事件进行流行病学调查、现场监测、现场勘验,确定危害程度,初步判断突发事件的类型,提出启动国境口岸突发事件出入境检验检疫应急预案的建议。根据突发事件应急处理的需要,国境口岸突发事件出入境检验检疫应急处理指挥体系有权调集出入境检验检疫人员、储备物资、交通工具以及相关设施、设备;必要时,国家质检总局可以依照《国境卫生检疫法》第6条的规定,提请国务院下令封锁有关的国境或者采取其他紧急措施。

出入境交通工具上发现传染病病人、疑似传染病病人,其负责人应当以最快的方式向当地口岸检验检疫机构报告,检验检疫机构接到报告后,应当立即组织有关人员采取相应的卫生检疫处置措施。对出入境交通工具上的传染病病人密切接触者。应当按规定予以留验和医学观察,或依照卫生检疫法律、行政法规的规定,采取控制措施。

问题3　违反国境卫生检疫管理的法律责任

(一)行政责任

有下列行为之一的单位或个人,国境卫生检疫机关可以根据情节轻重,给予警告或者罚款:①应当受入境检疫的船舶,不悬挂检疫信号的;②入境、出境的交通工具,在入境检疫之前或者在出境检疫之后,擅自上下人员,装卸行李、货物、邮包等物品的;③拒绝接受检疫或者抵制卫生监督,拒不接受卫生处理的;④伪造或者涂改检疫单、证,不如实申报疫情的;⑤瞒报携带禁止进口的微生物、人体组织、生物制品、血液及其制品或者其他可能引起传染病传播的动物和物品的;⑥未经检疫的入境、出境交通工具,擅自离开检疫地点,逃避查验的;⑦隐瞒疫情或者伪造情节的;⑧未经卫生检疫机关实施卫生处理,擅自排放压舱水,移下垃圾、污物等控制的物品的;⑨未经卫生检疫机关实施卫生处理,擅自移运尸体、骸骨的;⑩废旧物品、废旧交通工具,未向卫生检疫机关申报,未经卫生检疫机关实施卫生处理和签发卫生检疫证书而擅自入境、出境或者使用、拆卸的;⑪未经卫生检疫机关检查,从交通工具上移下传染病病人造成传染病传播危险的。

(二)刑事责任

《刑法》第332条规定,违反国境卫生检疫规定,引起检疫传染病的传播或者有引起检疫传染病传播严重危险的,处3年以下有期徒刑或者拘役,并处或者单处罚金。这里所指违反国境卫生检疫规定,是指有下列行为之一的:①逃避检疫,向国境卫生检疫机关隐瞒真实情况的;②入境的人员未经国境卫生检疫机关许可,擅自上下交通工具,或者装卸行李、货物、邮包等物品、不听劝阻的。单位犯违反国境卫生检疫规定罪的,对单位判处罚金,并对其直接负责的主管人员和其他直接责任人员,依照上述规定处罚。

国境卫生检疫机关工作人员违法失职,情节严重构成犯罪的,依法追究刑事责任。

【延伸阅读】

据欧盟网站消息,2011 年 12 月 8 日欧盟委员会发布 No 1274/2011 号法规,制定了 2012—2014 年间各成员国统一的动植物源食品中农药残留限量的控制计划,以确保残留于食品中的农药低于最大残留限量,并对消费者的暴露水平进行评估。该法规已于 2012 年 1 月 1 日生效。

【拓展练习】

结合延伸阅读的消息,谈谈作为一名国境卫生检验检疫管理岗位的人员你应当如何去应对。

项目 25　公共场所卫生的法律规定

【岗位技能要求】

本项目主要针对公共场所管理和疾病预防控制等岗位,具体技能要求:

1. 能够清楚分析公共场所的定义和法定类别。
2. 能够清楚分析公共场所的管理主体。
3. 能够熟练分析公共场所的卫生要求和主要卫生指标。
4. 能够清楚分析公共场所危害健康事故报告。
5. 能够熟练分析公共场所卫生监督管理。

【工作任务 1】

2011 年 5 月 1 日起,饭店、餐厅、网吧将取消吸烟区,一旦出现违规吸烟情况,经营者将受罚。按照卫生部要求,7 大类 28 小类室内公共场所将全面禁烟,经营者须在这些公共场所设置醒目的禁烟警语和标志。

问题 1　公共场所的定义

公共场所是指为了满足人们对生活、文化、人际交往的需要而设立,供公众共同使用的具有一定封闭性的社会公共设施。它对公众来说是人工生活环境,对从业人员来说是劳动环境。

我国目前法定管理的公共场所,属于人为环境,是指人群聚集,并供公众进行生活活动和文化娱乐活动等使用的一切有围护结构的场所。按其用途大致可分为生活服务设施、文娱体育设施、公共福利设施及公共交通设施 4 类。目前并没有将所有的公共场所都纳入法定监督对象。

问题 2　公共场所的法定类别

我国公共场所的范围主要是指下列公共场所:①宾馆、饭店、旅馆、招待所、车马店、咖啡馆、酒吧、茶座;②公共浴室、理发店、美容店;③影剧院、录像厅(室)、游艺厅(室)、舞厅、音乐厅;④体育场(馆)、游泳场(馆)、公园,⑤展览馆、博物馆、美术馆、图书馆;⑥商场(店)、书店;⑦候诊室、候车(机、船)室、公共交通工具。根据规定,饭店的监督范围和内容系指安装空调设施的就餐场所的环境卫生状况;公园的监督范围系指有围护结构的公共场所,公共交通工具系指国内运送旅客的飞机、火车、轮船;商场(店)、书店系指城市营业面积在 300 平方米以上,县、乡、镇营业面积在 200 平方米以上的场所。未达到上述规定条件的暂时没有纳入监督检测的范围。

<u>问题 3</u>　**公共场所的管理主体**

公共场所的卫生管理,主要是指公共场所的主管部门及经营单位的自我管理。主管部门应当建立卫生管理制度,配备专职或兼职卫生管理人员,对所属经营单位包括个体经营者的卫生状况进行经常性检查,并提供必要的条件。经营单位应当负责所经营的公共场所的卫生管理,建立卫生责任制度,对本单位的从业人员进行卫生知识的培训考核工作。

卫生监督机构负责监督和指导公共场所经营单位对其从业人员进行卫生知识培训和考核工作,其中个体经营者的培训和考核工作由所在地区卫生监督机构负责。

【工作任务 2】

2012 年 2 月 8 日上海《新闻晚报》报道,闵行区卫生局近日对龙茗路上的一家室内游泳场所开展监督检查,并现场检测深、浅水区泳池水的游离性余氯。结果发现:泳池水的游离性余氯含量超过我国游泳场所卫生标准中规定的泳池水游离性余氯含量标准值。

国外有研究表明,泳池氯气含量过高,可能引发运动型哮喘。经调查发现,该游泳馆采用人工抛撒方式投放消毒药物,消毒药物不能均匀分布,导致泳池水余氯浓度超标。监督员立即责令该游泳场馆改进消毒方法,建议其将消毒剂均匀稀释后加入泳池。闵行区卫生监督所提醒游泳爱好者,在游泳前可先查看公示,判别泳池卫生管理情况,再做选择。

<u>问题 1</u>　**公共场所的卫生要求**

1. 室内空气卫生要达到标准　各类公共场所内空气要达到规定的各项指标,依靠自然通风或机械通风措施,保证室内通风换气,确保室内空气清洁。

2. 微小气候适宜　各类公共场所的建筑物都是人工环境,都具有特殊的气候条件。在不同季节要采取不同措施,以保证室内微小气候适宜,湿度、温度、风速等达到国家有关标准,有利于旅客、顾客等的身体健康。

3. 采光、照明良好　公共场所要尽量地采用自然采光,保证充足的采光时间,在自然采光量不足的情况下必须实行人工照明,满足人们的健康尤其是视力健康需要。

4. 噪声符合标准　公共场所要保证噪声不超过规定标准。如舞厅、影剧院、候车室、商店等公共场所噪声比自然环境的噪声要大得多。为了保护顾客等的身体健康,超过标准以及距噪声源较近的公共场所,应采取必要措施,减少噪声,达到规定标准。

5. 用具和卫生设施符合卫生标准　公共用具要定期消毒,及时更换。各种卫生设施符合卫生标准。

6. 用水达到卫生标准　生活饮用水符合国家规定标准。公共浴室、游泳场、天然浴场等公共场所的用水也必须达到规定的标准,防止由于致病微生物携带者接触水源和水体而传播介水传染病,要求按照规定定期换水、消毒,保证对人体无害。

问题 2 　公共场所的主要卫生指标

1. 宾馆(有空调设施的)　顾客用具消毒,卧具更换,自备水源与二次供水水质,一氧化碳,二氧化碳,新风量。

2. 旅店、招待所　脸盆、脚盆配备,顾客用具消毒,卧具更换,自备水源与二次供水水质,床位面积,二氧化碳。

3. 地下室旅店　脸盆、脚盆配备,顾客用具消毒,卧具更换,机械通风量,湿度,床位面积,不得生火取暖、做饭,噪声,二氧化碳。

4. 影剧院、录像厅、音乐厅　场内禁止吸烟,场次间隔时间,立体影院的眼镜消毒,二氧化碳(或总风量、新风量)。

5. 舞厅、音乐茶座、游艺厅　噪声,场内禁止吸烟,人均占有面积,二氧化碳(或新风量)。

6. 酒吧、咖啡厅　新风量,一氧化碳,二氧化碳。

7. 公共浴室　顾客用具更换、消毒,禁止性病、传染病、皮肤病的顾客就浴,池水浊度,二氧化碳。

8. 理发店、美容店　理发刀具、毛巾、胡刷消毒,理发刀具、毛巾、胡刷的大肠菌群和金黄色葡萄球菌,头癣患者专用的理发工具,氨(经营烫发的场所),一氧化碳(使用煤炉的理发店),工作人员操作时穿工作服,清面时戴口罩。

9. 游泳池　池水细菌总数,总大肠菌群,浑浊度,池水净化消毒设备,强制通过式浸脚消毒池,禁止出租游泳衣裤。

10. 体育馆　二氧化碳(或总风量、新风量),馆内禁止吸烟,饮用水水质。

11. 图书馆、博物馆、美术馆　照度,噪声,二氧化碳(或总风量),馆内禁止吸烟,阅览室内不得印刷和复印。

12. 商场(店)、书店　照度,二氧化碳(或总风量、新风量),场(店)内禁止吸烟。

13. 医院候诊室　细菌总数,室内禁止吸烟,二氧化碳。

14. 公共交通等候室　室内地面保洁,室内禁止吸烟,公用茶具消毒,二氧化碳。

15. 铁路客车、航运客轮、客机　饮用水水质,卧具、头片更换,茶具消毒、二氧化碳,不吸烟客室(舱)内禁止吸烟。

问题 3　公共场所危害健康事故报告

1. 报告的范围　发生下列事故时,应及时报告:①因微小气候或空气质量不符合卫生标准所致的虚脱休克;②饮用水遭受污染或水污染所致的介水传染性疾病流行和水源性中毒;③放射性物质污染公共设施或场所造成的内照射或外照射健康损害;④公共用具、卫生设施被污染所致传染性疾病、皮肤病;⑤意外事故所致的一氧化碳、氨气、氯气、消毒杀虫剂等中毒。

2. 报告责任人　是公共场所的经营单位及卫生负责人,其他人员也有义务报告。

3. 报告时限和处理　发生死亡或者同时发生 3 名以上(含 3 名)受害病人时,事故报告责任人要在发生事故 24 小时之内,电话报告当地卫生监督机构。国内民航、铁路、交通、厂(场)矿等所属经营单位,应同时报告系统卫生监督机构,随即报告主管部门,必要时(如加重大事故和可疑刑事案件等)必须同时报告公安部门。

卫生监督机构在接到报告 24 小时内会同有关人员进行调查,并将调查结果及处理意见于 1 周内写成《公共场所危害事故现场调查报告书》,报送同级卫生行政部门、上级卫生监督机构、事故的主管部门和事故单位,并建立档案。

【工作任务 3】

2011 年 7 月,上海市某区卫生局对某美容美发公司进行监督检查,检查时发现该公司的发型师吴某正在现场直接为顾客从事美容、美发服务,该公司未能当场提供该发型师的健康合格证明材料。经过调查后查实,在该公司从事美容美发的发型师吴某在未取得有效健康合格证明的情况下,从事直接为顾客服务的工作。对此,卫生局对该公司给予警告,罚款人民币 600 元。

问题 1　公共场所卫生监督管理以及法律责任

(一)公共场所卫生监督机构及其职责

各级人民政府卫生行政部门是公共场所卫生监督的法定机构 。

民航、铁路、交通、厂(场)矿所属的卫生监督机构负责对管辖范围内的机场、车站、码头等候室等公共场所和国内民航客机、铁路、客车、客轮以及主要为本系统职工服务的公共场所实施卫生监督,并接受所在地、市以上卫生监督机构的业务指导。主要对本系统外营业的公共场所以及尚无卫生监督机构进行监督的单位由地方卫生监督机构实施卫生监督。部队、学校以及其他系统所属的对社会开放的公共场所由所在地卫生监督机构实施卫生监督。

卫生监督机构对公共场所的卫生监督职责是：①对公共场所进行卫生监督监测和卫生技术指导；②监督公共场所从业人员的健康检查，指导公共场所经营单位对从业人员进行卫生知识的教育和培训；③对新建、改建、扩建的公共场所的选址和设计进行卫生审查，并参加竣工验收；④对违反规定的单位和个人进行行政处罚。

（二）公共场所卫生监督员及其职责

卫生监督机构根据需要设立公共场所卫生监督员，由卫生监督员负责对辖区公共场所的卫生进行监督检查，执行卫生监督机构交给的各项任务。公共场所卫生监督员由同级人民政府发给证书。民航、铁路、交通、厂（场）矿卫生监督机构的公共场所卫生监督员由其上级主管部门发给证书。卫生监督员在执行任务时，应佩戴证章，出示证件。

公共场所卫生监督员的职责：①对管辖范围内公共场所进行卫生监督监测和卫生技术指导。②宣传卫生知识，指导和协助有关部门对从业人员进行卫生知识培训。③根据有关规定对违反有关规定的单位和个人提出处罚建议。④参加对新建、扩建、改建的公共场所的选址和设计卫生审查和竣工验收。⑤对公共场所进行现场检查，索取有关资料，包括取证照相、录音、录像等，调查处理公共场所发生危害健康事故。卫生监督员对所提供的技术资料有保密的责任。⑥执行卫生监督机构交付的其他任务。

问题 2　法律责任

公共场所经营单位和个人违反《公共场所卫生管理条例》下列规定之一的，卫生监督机构可以根据情节轻重给予警告、罚款、停业整顿、吊销卫生许可证等行政处罚：①卫生质量不符合国家卫生标准和要求而继续营业的；②未取得健康合格证而从事直接为顾客服务的；③拒绝卫生监督的；④未取得卫生许可证而擅自营业的。

2011年5月1日起施行的《公共场所卫生管理条例实施细则》对相关违法行为的法律责任做了更为详细的规定。

1. 对未依法取得公共场所卫生许可证擅自营业的，由县级以上地方人民政府卫生行政部门责令限期改正，给予警告，并处以500元以上5000元以下罚款；有下列情形之一的，处以5000元以上3万元以下罚款：

(1) 擅自营业曾受过卫生行政部门处罚的；

(2) 擅自营业时间在3个月以上的；

(3) 以涂改、转让、倒卖、伪造的卫生许可证擅自营业的。

对涂改、转让、倒卖有效卫生许可证的，由原发证的卫生行政部门予以注销。

2. 公共场所经营者有下列情形之一的，由县级以上地方人民政府卫生行政部门责令限期改正,给予警告,并可处以 2000 元以下罚款;逾期不改正,造成公共场所卫生质量不符合卫生标准和要求的,处以 2000 元以上 2 万元以下罚款;情节严重的,可以依法责令停业整顿,直至吊销卫生许可证:

(1) 未按照规定对公共场所的空气、微小气候、水质、采光、照明、噪声、顾客用品用具等进行卫生检测的。

(2) 未按照规定对顾客用品用具进行清洗、消毒、保洁,或者重复使用一次性用品用具的。

3. 公共场所经营者有下列情形之一的,由县级以上地方人民政府卫生行政部门责令限期改正;逾期不改的,给予警告,并处以 1000 元以上 1 万元以下罚款;对拒绝监督的,处以 1 万元以上 3 万元以下罚款;情节严重的,可以依法责令停业整顿,直至吊销卫生许可证:

(1) 未按照规定建立卫生管理制度、设立卫生管理部门或者配备专(兼)职卫生管理人员,或者未建立卫生管理档案的。

(2) 未按照规定组织从业人员进行相关卫生法律知识和公共场所卫生知识培训,或者安排未经相关卫生法律知识和公共场所卫生知识培训考核的从业人员上岗的。

(3) 未按照规定设置与其经营规模、项目相适应的清洗、消毒、保洁、盥洗等设施设备和公共卫生间,或者擅自停止使用、拆除上述设施设备,或者挪作他用的。

(4) 未按照规定配备预防控制鼠、蚊、蝇、蟑螂和其他病媒生物的设施设备以及废弃物存放专用设施设备,或者擅自停止使用、拆除预防控制鼠、蚊、蝇、蟑螂和其他病媒生物的设施设备以及废弃物存放专用设施设备的。

(5) 未按照规定索取公共卫生用品检验合格证明和其他相关资料的。

(6) 未按照规定对公共场所新建、改建、扩建项目办理预防性卫生审查手续的。

(7) 公共场所集中空调通风系统未经卫生检测或者评价不合格而投入使用的。

(8) 未按照规定公示公共场所卫生许可证、卫生检测结果和卫生信誉度等级的。

(9) 未按照规定办理公共场所卫生许可证复核手续的。

4. 公共场所经营者安排未获得有效健康合格证明的从业人员从事直接为顾客服务工作的,由县级以上地方人民政府卫生行政部门责令限期改正,给予警告,并处以 500 元以上 5000 元以下罚款;逾期不改正的,处以 5000 元以上 1.5 万元以下罚款。

5. 公共场所经营者对发生的危害健康事故未立即采取处置措施,导致危害扩大,或者隐瞒、缓报、谎报的,由县级以上地方人民政府卫生行政部门处以5000元以上3万元以下罚款;情节严重的,可以依法责令停业整顿,直至吊销卫生许可证。构成犯罪的,依法追究刑事责任。

6. 公共场所经营者违反其他卫生法律、行政法规规定,应当给予行政处罚的,按照有关卫生法律、行政法规规定进行处罚。

7. 县级以上人民政府卫生行政部门及其工作人员玩忽职守、滥用职权、收取贿赂的,由有关部门对单位负责人、直接负责的主管人员和其他责任人员依法给予行政处分。构成犯罪的,依法追究刑事责任。

【延伸阅读】

公共场所是指人群经常聚集、供公众使用或服务于人民大众的活动场所,是人们生活中不可缺少的组成部分,是反映一个国家、民族物质条件和精神文明的窗口。根据功能的不同,公共场所一般分为宾馆旅店类、公共浴池及理发店类、影剧院舞厅类、体育场馆公园类、展览馆及图书馆类、商场、候诊(车、机)室类、儿童活动中心、学校等几大类。它们有共同的卫生学特点:人口相对集中,相互接触频繁,流动性大;设备物品供公众重复使用,易污染;健康与非健康个体混杂,易造成疾病特别是传染病的传播。

由于我国幅员辽阔,社会经济发展水平差异较大,即使同一城市或地区不同阶层人群的经济收入、消费需求、生活方式也各不相同,因此各种公共场所的档次也很悬殊,即有小型招待所,也有星级宾馆;即有单纯的理发小店,也有高档的美容美发厅等。这也给公共场所的统一管理带来了一定的困难。但是,无论何种公共场所首先应保证使用者的健康、防止疾病的传播,以达到人们丰富生活内容、提高生活质量的美好愿望。

【拓展练习】

1. 结合本项目,简述法定公共场所的分类以及各类场所的卫生要求。
2. 结合本项目,谈谈你对公共场所禁烟的看法。

项目 26　生活饮用水卫生的法律规定

【岗位技能要求】

本项目内容针主要对卫生监督、疾病预防控制和供水单位生产管理等岗位，具体技能要求：

1. 能够清楚分析生活饮用水卫生管理范围。
2. 能够清楚分析生活饮用水卫生管理要求。
3. 能够熟练分析生活饮用水卫生监督管理以及法律责任。
4. 能够基本了解突发水污染应急事件的处理。

【工作任务 1】

2007 年无锡太湖因为蓝藻暴发导致无锡居民自来水无法正常饮用，引发抢水风波。监测结果显示太湖的水源水质有超标现象，主要超标指标为总磷、总氮。2012 年 1 月广西河池宜州市境内龙江发生的镉浓度超标事件，一度造成柳江上游非饮用水保护河段轻微污染。同年 2 月 3 日，江苏镇江市区自来水出现异味。7 日傍晚，镇江市应急办发布相关公告称，出现异味是因苯酚污染水源水，而该市 4 日的回应是自来水氯气超量导致异常。一些网民质疑有关部门发布信息不及时、前后内容不一致，甚至引发少数市民因恐慌到超市抢购纯净水的现象。

问题 1　生活饮用水卫生管理范围

为保证生活饮用水卫生安全，保障人体健康，建设部、卫生部于 1996 年联合发布了《生活饮用水卫生监督管理办法》。根据规定，集中式供水、二次供水单位和涉及饮用水安全的产品是卫生监督管理的主要对象。国家对供水单位和涉及饮用水卫生安全的产品实行卫生许可制度。

二次供水，是指单位或个人将城市公共供水或自建设施供水经储存、加压，通过管道再供用户或自用的形式，因此，二次供水是目前高层供水的唯一选择方式。二次供水设施是否按规定建设、设计及建设的优劣直接关系到二次供水水质、水压和供水安全，与人民群众正常稳定的生活密切相关。但是，过去在全国尚未有一个完整的针对二次供水工程的二次供水技术标准，只是在《建筑给水排水设计规范》相关章节中提出部分要求。

二次供水设施主要为弥补市政供水管线压力不足，保证居住、生活在高层人群用水而设立的。相比原水供水，二次供水的水质更容易被污染，二次供水的安全性和可靠性一直都受到居民的广泛关注。

国家鼓励有益于饮用水卫生安全的新产品、新技术、新工艺的研制开发和推广应用。涉水产品是指涉及饮用水卫生安全的产品，其含义是：凡在饮用水生产和供水过程中与饮用水接触的连接止水材料、塑料及有机合成管材、管件、防护涂料、水处理剂、除垢剂、水质处理器及其他材料和化学物质。目前最新的《涉及饮用水卫生安全产品分类目录（2011 版）》于 2011 年 9 月 22 日正式颁布，为涉水产品卫生监督提供了新的依据。

问题 2　生活饮用水卫生管理要求

供水单位供应的饮用水必须符合国家生活饮用水卫生标准（GB5749 - 2006）。集中式供水单位必须取得县级以上地方人民政府卫生行政部门签发的卫生许可证。供水单位新建、改建、扩建的饮用水供水工程项目，应当符合卫生要求。集中式供水单位必须有水质净化消毒设施及必要的水质检验仪器、设备和人员，对水质进行日常性检验。直接从事供、管水的人员必须取得体检合格证后方可上岗工作，并每年进行一次健康检查。

饮用水水源地必须设置水源保护区。

问题 3　生活饮用水卫生监督管理以及法律责任

（一）监督机构及人员

卫生部主管全国饮用水卫生监督工作。县级以上地方人民政府卫生行政部门主管本行政区域内饮用水卫生监督工作。建设部主管全国城市饮用水卫生管理工作。县级以上地方人民政府建设行政主管部门主管本行政区域内城镇饮用水卫生管理工作。县级以上人民政府卫生行政部门负责本行政区域内饮用水卫生监督监测工作。

县级以上人民政府卫生行政部门设卫生监督员，负责饮用水卫生监督工作。

（二）监督内容

饮用水卫生监督的内容主要包括：预防性监督、水污染事故的处理、发放卫生许可证和对涉及饮用水卫生安全的产品进行卫生安全性评价。

（三）法律责任

1. 直接从事供、管水工作的人员患的集中式供水单位安排未取得体检合格证的人员从事直接供、管水工作或安排患有有碍饮用水卫生疾病的或病原携带者从事直接供、管水工作的，县级以上地方人民政府卫生行政部门应当责令限期改进，并可对供水单位处以 20 元以上 1000 元以下的罚款。

2. 有下列情形之一的，县级以上地方人民政府卫生行政部门应当责令限期改进，并可处以 20 元以上 5000 元以下的罚款：①在饮用水水源保护区修建危害水源水质卫生的设施或进行有碍水源水质卫生的作业的;②新建、改建、扩建的饮用水供水项目未经卫生行政部门参加选址、设计审查和竣工验收而擅自供水的;③供水单位未取得卫生许可证而擅自供水的;④供水单位供应的饮用水不符合国家规定的生活饮用水卫生标准的;⑤未取得卫生行政部门的卫生许可擅自从事二次供水设施清洗消毒工作的。

3. 生产或者销售无卫生许可批准文件的涉及饮用水卫生安全的产品的,县级以上地方人民政府卫生行政部门应当责令改进,并可处以违法所得 3 倍以下的罚款,但最高不超过 30000 元,或处以 500 元以上 10000 元以下的罚款。

4. 城市自来水供水企业和自建设施对外供水的企业,有下列行为之一的,由建设行政主管部门责令限期改进,并可处以违法所得 3 倍以下的罚款,但最高不超过 30000 元,没有违法所得的可处以 10000 元以下罚款:①新建、改建、扩建的饮用水供水工程项目未经建设行政主管部门设计审查和竣工验收而擅自建设并投入使用的;②未按规定进行日常性水质检验工作;③未取得城市供水企业资质证书擅自供水的。

【工作任务 2】

2008 年 4 月 27 日 20 时左右,某市自来水市南公司开始接到比较集中的用户反映水有异味的投诉;经汇报并通知某集中式供水单位后,市自来水市南公司管线管理所采用消防冲水的方式排放管网中的异味水。冲水时间为晚间 20 时次日 2 时;水厂管理人员于当晚 21 时起对水厂生产过程及出厂水进行了检查,此时水厂的出厂水已经没有明显异味,过程水和原水也没有发现异常情况;水厂于当晚 21～23 时对反映区域内的居民龙头水进行现场取样,居民龙头水浊度都在 0.40～0.60NTU,水有腥味。

4 月 30 日区卫生监督所于 4 月 30 日对该水厂进行了监督检查,当时该厂制水过程正常,在线检测仪表数据显示 pH、浊度、余氯各指标符合卫生标准;抽查水厂及车间内的水质检验记录(2008 年 4 月 25 日至 28 日),该记录显示检验项目、检验频次、检测结果均符合相关卫生标准;对该水厂的 1～3 号三件出水池内的水样、事发地小区居民的管网末梢水水样进行了采样,送疾病预防控制中心检验。经过调查发现这是一起因水厂管理不善,进水阀门失灵,导致就地取水口原水进入系统,产生水质污染的突发饮水污染事件。

问题　**突发水污染应急事件的处理**

1. 集中式供水单位突发水污染应急事件控制与处置

(1)经现场调查和监测,初步分析确定主要污染源和污染物时,应建议当地政府并协助有关部门采取一切可能的措施减少、控制、消除污染物污染的范围、程度,如停止排放、关闭闸门、打捞污染物、引水冲洗等,必要时通知下游水厂和居民停止取用水。同时,制定水质应急监测方案,及时掌握出厂水、管网末梢水和二次供水的水质污染趋势和动态变化。

(2)当确定生活饮用水水源和水质污染时,应通知供水单位迅速采取措施,及时调整水处理工艺,强化水处理工艺的净化效果。如源水污染以现有净化工艺不能控制时,及时上报建议停止供水,启动临时供水措施,并通过各种媒体通告居民在事故未解除前,不得饮用污染的水。

(3)当生活饮用水污染危及人群健康时,应迅速开展医疗救治工作。如污染造成环境恶化,危及居民健康时应建议组织疏散人群。对可疑供水污染区域内的高危人群,进行预防性服药,必要时进行医学观察。

(4)在启用应急储备水源或采取临时送供生活饮用水时,对送供的生活饮用水水质进行检测,做好输送水管道、送水车、储水容器的清洗消毒,以及送供水人员的健康管理。对送供水过程进行全程监控,防止水质污染。

(5)根据生活饮用水污染情况,增加对水源水、出厂水、管网末梢水、二次供水或分散式供水的监测样本和监测频次,加大监测力度,及时掌握水质变化趋势,向卫生行政部门提供有力的决策依据。

(6)为防止可能出现的继发性介水传染病,尤其是肠道传染病暴发疫情的发生,加强肠道传染病的监测和预警工作,做好生活饮用水污染事件中可能发生的传染病疫情或其他突发公共卫生事件的应急处置工作。

(7)在生活饮用水污染得到有效控制,供水单位恢复取水时,应指导供水单位对取水、输水、净水、蓄水和配水等设备、设施进行清洗消毒,经对出厂水、末梢水检测合格后方可正式供水。

2. 其他单位突发水污染应急事件控制与处置

(1)生活饮用水污染事故发生后,水污染事故应急处理发现单位应当成立领导小组,并按照预案要求紧急组织有关工作小组和人员,立即赶赴现场,配合当地卫生行政部门迅速开展现场调查,查找污染原因及污染物,了解污染物的种类、性状、毒性及污染程度,掌握供水范围及接触人群身体健康危害程度等,分析污染的扩散趋势,并据此提出科学、行之有效的紧急控制消除污染措施。

(2)积极配合疾病预防控制中心制定水质监测方案,科学采集水样和检测,快速找出主要污染物,并进行动态水质监测,及时掌握水质污染程度、污染趋势、水质动态变化规律,为进一步确定污染物、污染治理、恢复供水提供科学依据。

(3)当出现生活饮用水二次供水或桶装水质受到严重污染、威胁供水卫生安全等紧急情况时,应立即停止供水,在保证水质卫生安全质量的前提下采取其他临时供水途径,以保证居民正常生活饮用水问题,避免和减少水污染对居民身体健康造成的危害。

（4）发生生活饮用水污染事故后，应依法立即、如实向卫生行政部门报告水污染事故状况，配合卫生监督部门开展有关调查、配合疾病预防控制部门开展水质监测，不得以任何理由予以拒绝；在卫生监督部门的指导下，制定限期治理方案，针对水污染环节和污染原因采取相应的控制措施，控制事态进一步的蔓延和扩大，严防水污染事故再次发生。

（5）当生活饮用水污染事故得以控制，污染原因消除后，在恢复供水前，必须重新进行自备水源水或二次供水质检测，达到国家卫生标准后方可供水。

【延伸阅读】

水资源危机所带来的生态系统的恶化，生物多样性遭破坏的一系列问题严重威胁着人类的生存。世界卫生组织调查表明：全世界在水体中检测出的有机物有2221种，全球12亿人因饮用被污染的水而患上各种疾病，患病率高达20%。由饮水引起的疾病占人类所患疾病的80%，由水传播的40种传染病在世界范围内仍未得到控制，全世界每年有2500万儿童因饮用受污染的水而生病致死，尤其是超标的重金属和杂质所引发的疾病更让我们触目惊心。例如：氯硝酸盐、亚硝酸盐、铅、砷、汞等，除此以外还有令人畏惧的"氟"，地方性氟中毒又称地方性氟病，它是长期摄入过量氟而引起的一种慢性全身性疾病，主要表现为氟斑牙和氟骨症，这种病分布很广，我国各省、市、自治区几乎均有不同程度的流行区，估计患者近4000万人，其中饮水型病区的患者高达90%以上。此外，消化系统方面的疾病也不容小觑，如大肠杆菌会造成肠胃炎、腹泻、泌尿系统感染、胆囊炎等；沙门菌会造成伤寒、副伤寒等；溶血性链球菌造成的溶血性黄疸。

综上所述，正是由于全球性的水资源污染，才导致许多疾病的发生。水污染已成了人类健康的第一杀手，必须加以重视，依法管理。

【拓展练习】

结合本项目，简述生活饮用水卫生监督的对象以及相关法律责任。

项目 27　学校卫生的法律规定

【岗位技能要求】

本项目内容主要针对学校卫生管理岗位,具体技能要求:

1. 能够清楚分析学校卫生的概念。
2. 能够清楚分析学校卫生工作的任务和意义。
3. 能够熟练分析学校卫生工作的要求。
4. 能够清楚分析学校卫生工作管理体系以及制度。
5. 能够清楚分析学校卫生工作监督体系以及相关法律规定。

【工作任务】

新中国成立后不久,为提高学生的健康水平,政务院颁布了《关于改善各级学校学生状况的决定》。之后,国务院及有关部门相继颁布了《关于全日制学校的教学、劳动和生活安排的规定》《高等学校学生体质健康卡片》《中、小学学生体质健康卡片》等 30 余项学校卫生方面的规范性文件。

1979 年和 1980 年,教育部和卫生部相继联合颁布了《中、小学卫生工作暂行规定(草案)》和《高等学校卫生工作暂行规定(草案)》。1982 年宪法规定,国家发展社会主义教育事业,提高全国人民的科学文化水平;国家培养青年、少年、儿童在品德、智力、体质等方面全面发展,充分体现了国家对学生健康问题的关怀,也为我国学校卫生立法提供了依据。

1990 年 4 月 25 日,经国务院批准,国家教育委员会和卫生部联合制定了《学校卫生工作条例》。教育部、卫生部还制定了许多规章。1999 年卫生部根据世界卫生组织《健康促进学校发展纲领》制定了《健康促进学校工作指南》。2002 年 5 月发布了《关于加强学校预防艾滋病健康教育工作的通知》。1996 年卫生部发布了《学生集体用餐卫生监督办法》;2002 年 11 月教育部、卫生部联合颁布了《学校食堂与学生集体用餐卫生管理规定》;2003 年 7 月,国务院办公厅转发了教育部、卫生部《关于加强学校卫生防疫与食品卫生安全工作的意见》。

国家还批准颁布了一系列学校卫生国家标准,包括:中小学校建筑设计规范(GBJ99 - 86)、中小学校教室采光和照明卫生标准(GB7793 - 87)、学校课桌椅卫生标准(GB7792 - 87)等。

问题 1 **学校卫生的概念**

学校卫生是指根据儿童和青少年生长发育的特点,通过制定相应的法律规定,提出相应的学校卫生要求和卫生标准,消除各种不利于儿童和青少年学习和生活的因素,创造良好的学校教育环境,保护和促进学生的正常发育、身心健康,以实现德、智、体全面发展的社会主义教育目标的卫生活动。

问题 2 **学校卫生工作的任务**

学校卫生工作的任务主要是:监测学生的健康水平,对学生进行健康教育,培养学生良好的卫生习惯;改善学校卫生环境和教学卫生条件;加强对传染病、学生常见病的预防和治疗。学校作为社会制度或文化系统的存在,不仅是教育系统,也是社会体系、政治体系和经济体系。学校卫生工作任务的完成,很大程度上是在履行其社会职能。因此,必须注重于学生的身体、心理和社会适应等综合能力,协调学校教育和社会生活环境之间的互动联系,采取科学的学校卫生保健措施。

问题 3 **学校卫生工作要求**

(一)教学卫生

1. 教学和作息时间 根据我国教育部和原卫生部的规定,学生每日学习时间(包括自习)为:小学不超过 6 个学时,中学不超过 8 个学时,大学不超过 10 个学时。

学校还必须保证学生有课间休息的时间,课间休息时间应当至少保证有 10 分钟。

2. 劳动卫生 适度安排学生参加社会公益劳动,不仅能让学生增强劳动观念,提高动手能力,养成良好的劳动习惯,也是学校搞好学生素质教育的一个重要方面。

学校应当根据学生的年龄,组织学生参加适当的劳动,安排适当的劳动工种和劳动量。对参加劳动的学生,要进行安全生产教育,严格遵守操作规程。学校要采取必要的安全和卫生防护措施。

3. 体育活动 学校应保证学生每天至少有 1 小时的体育活动时间,体育及格率在 85% 以上。学校要根据学生的生理承受能力和体质健康状况,合理安排适合学生的运动项目和运动强度,防止发生伤害事故。还应当注意女学生的生理特点,给予必要的照顾。

(二)教学设施卫生

我国《未成年人保护法》规定,学校不得使未成年学生在危及人身安全、健康的校舍和其他教育教学设施中活动。《教育法》规定,各级政府、教育行政部门、有关部门、学校和其他教育机构应当提供符合国家安全标准的教育教学设施和设备。①学校在新建、改建、扩建校舍时,其选址、设计应当符合国家的卫生标准,并取得当地卫生行政部门的许可,竣工验收应当有当地卫生行政部门参加。②学校教学建筑、环境噪声、室内微小气候、采光、照明等环境质量以及黑板、课桌椅的设置应当符合国家有关标准。③学校应当按照有关规定为学生提供充足的符合卫生标准的饮用水。④学校体育场地和器材应当符合卫生和安全要求。⑤设置厕所和洗手设施;寄宿制学校还应当为学生提供相应的洗漱、洗澡等卫生设施。

（三）学生卫生保健

学校应当根据条件定期对学生进行健康检查,有条件的应每年对中、小学学生作一次体检,对体格检查中发现学生有器质性疾病的,应当配合学生家长做好转诊治疗。

（四）学生健康管理

1. 建立与健全卫生管理的综合组织网络　学校应当建立与健全卫生管理的综合组织网络,充分发挥学校保健科(室)、学校爱国卫生运动委员会、学校红十字少年组织、班级卫生值日等组织机构的作用,制订学校卫生规章制度,建立由师生共同参与、各司其职的学校卫生岗位责任制。

2. 完善学生健康管理制度　学校要有完善的学生健康管理制度,建立学生体质健康卡片,应当纳入学生档案。学校要配备可以处理一般伤病事故的医疗用品。供学生使用的文具、娱乐器具、保健用品,必须符合国家有关卫生标准。

（五）贯彻执行卫生法律法规

学校应当认真贯彻执行食品卫生法律、法规,加强饮食卫生管理,办好学生膳食,加强营养指导。学校应当认真贯彻执行传染病防治法律、法规,做好急、慢性传染病的预防和控制管理工作,同时做好地方病的预防和控制管理工作。

1. 学校食堂和学生集体用餐卫生管理　学校食堂与学生集体用餐的卫生管理,必须坚持预防为主的工作方针,实行卫生行政部门监督指导、教育行政部门管理督查、学校具体实施的工作原则。

2. 传染病的预防和控制管理　学校要大力开展爱国卫生运动,增强师生的公共卫生意识,促使师生养成良好的卫生习惯,提高自我防范的能力。要加强卫生教育,将公共卫生贯穿在日常教育之中,结合季节性、突发性传染病的预防,安排必要的课时进行相应的健康教育,使防病防疫知识深入人心。要督促师生加强体育锻炼,不断增强体质,增强防病抗病的能力。及时发现传染病患者并采取相应的隔离防范措施,及时切断传染病在学校的传播途径。

问题 4　学校卫生工作管理体系以及制度

（一）学校卫生管理机构

各级教育行政部门负责学校卫生工作的行政管理。普通高等学校、中等专业学校、技工学校和规模较大的农业中学、职业中学、普通中小学,可以设立卫生管理机构。普通高等学校设校医院或者卫生科,校医院应当设保健科。城市普通中小学、农村中心小学和普通中学设卫生室,按学生人数 600：1 的比例配备专职卫生技术人员。中等专业学校、技工学校、农业中学、职业中学,可以根据需要,配备专职卫生技术人员,学生人数不足 600 人的学校,可以配备专职或者兼职保健教师,开展学校卫生工作。

（二）区域性中小学生卫生保健机构

经本地区卫生行政部门批准,教育行政部门可以成立区域性中小学生卫生保健机构,负责调查研究本地区中小学生体质健康状况;开展中小学生常见疾病的预防与矫治;开展中小学卫生技术人员的技术培训和业务指导等工作。

（三）疾病预防控制机构的任务

各级疾病预防控制机构对学校卫生工作承担下列任务:实施学校卫生监测,掌握本地区学生生长发育和健康状况;掌握学生常见病、传染病、地方病动态;制定学生常见病、传染病、地方病的防治计划;对本地区学校卫生工作进行技术指导,开展学校卫生服务。

问题 5　学校卫生工作监督体系以及相关法律规定

（一）学校卫生工作监督机构及其职责

县以上卫生行政部门对学校卫生工作行使监督职权。其职责是:对新建、改建、扩建校舍的选址和设计实行卫生监督。对学校内影响学生健康的学习、生活、劳动、环境、食品等方面的卫生和传染病防治工作实行卫生监督;对学生使用的文具、娱乐器具、保健用品实行卫生监督等。

国务院卫生行政部门可以委托国务院其他有关部门的卫生主管机构,在本系统内根据上述职责行使学校卫生监督职权。

（二）学校卫生监督员职责

行使学校卫生监督职权的机构应设立学校卫生监督员,由省级以上卫生行政部门聘任并发给学校卫生监督员证书。学校卫生监督员执行卫生行政部门或者其他有关部门交付的学校卫生监督任务。学校卫生监督员在执行任务时应出示证件,在进行卫生监督时,有权查阅与卫生监督有关的资料,搜集与卫生监督有关情况,被监督的单位或者个人应当给予配合。学校卫生监督员对所掌握的资料、情况负有保密责任。

（三）法律责任

对于未经卫生行政部门的许可,新建、改建、扩建校舍的,由卫生行政部门对直接责任单位或者个人给予警告、责令停止施工或者限期改正。

对学校教学建筑、环境噪声、室内微小气候、采光、照明等环境质量以及黑板、课桌椅的设置没有符合国家有关标准的,没有按照有关规定为学生设置厕所和洗手设施的,寄宿制学校没有为学生提供相应的洗漱、洗澡等卫生设施的,学校体育场地和器材不符合卫生和安全要求的,由卫生行政部门对直接责任单位或者个人给予警告并责令限期改进。情节严重的,可以同时建议教育行政部门给予行政处分。

对学校组织学生参加生产劳动,致使学生健康受到损害的,由卫生行政部门对直接责任单位或者个人给予警告,责令限期改进。对学校提供学生使用的文具、娱乐器具、保健用品,没有符合国家有关卫生标准的,由卫生行政部门对直接责任单位或者个人给予警告。情节严重的,可以会同工商行政部门没收其不符合国家有关卫生标准的物品,并处以非法所得两倍以下的罚款。

拒绝或者妨碍学校卫生监督员实施卫生监督的,由卫生行政部门对直接责任单位或者个人给予警告。情节严重的,可以建议教育行政部门给予行政处分或者200元以下的罚款。

【延伸阅读】

手足口病是由多种人肠道病毒引起的一种儿童常见传染病,是我国法定报告管理的丙类传染病。其传染性强、隐性感染比例大、传播途径复杂、传播速度快,控制难度大,容易出现暴发和短时间内较大范围流行。根据手足口病在春夏之交出现发病高峰的特点,4～6月份可能会有更多的幼儿患手足口病。若1周内,同一幼托机构或学校等集体单位发生5例及以上手足口病病例;或同一班级发生2例及以上手足口病病例,应该及时上报并采取相关控制措施。学校和幼托机构的防控措施与消毒处理建议如下:

1. 教室和宿舍等场所要保持良好通风。

2. 做好入校入园的晨检及全日健康观察工作。发现学生或幼儿有发热或手、足、口腔等部位有皮疹或疱疹,应当及时通知其监护人离园离校诊治。

3. 加强和落实公共用品、用具消毒工作。

(1) 物体表面(地面、桌面、椅面、扶手、栏杆、大型玩具、能接触到的其他物体表面):消毒剂有效氯浓度为1 g/L,每日不得少于3次擦拭消毒。

(2) 小型玩具:消毒剂有效氯浓度为1 g/L,每日浸泡30分钟、晾晒一次。

(3) 餐具、水杯、牛奶杯及毛巾:首选30分钟高温蒸煮消毒,但也可使用有效氯浓度500 mg/L消毒剂,浸泡30分钟后清洗。

(4) 幼托机构中的厕所:消毒剂有效氯浓度为2 g/L,每日进行清扫、消毒,工作人员应戴手套,工作结束后应立即洗手。

(5) 不能浸泡的玩具、书籍应勤晾晒。被褥每周清洗、晾晒。

4. 学校和幼托机构应教育指导儿童养成正确的洗手方法和保持良好的个人卫生,建议以洗手液代替肥皂洗手,以免交叉感染。并向幼托机构中儿童的家长宣传手足口病的防治知识。

　　5. 手足口病高发季节,学校应尽量避免集体活动,以及接触性的游戏。

【拓展练习】

结合本项目,谈谈学校卫生依法管理的重点工作以及相关措施。

项目 28 放射卫生的法律规定

本项目内容主要针对放射卫生管理、疾病预防控制和安全监管等岗位,具体技能要求:

1. 能够清楚分析放射卫生的概念以及放射卫生监督的对象。
2. 能够基本了解放射卫生研究的对象以及放射线的种类。
3. 能够熟练分析放射防护监督的主体以及职责分工。
4. 能够清楚分析放射事故管理。
5. 能够清楚分析放射卫生工作监督体系以及相关法律责任。

【工作任务 1】

1986 年 4 月 26 日,前苏联切尔诺贝利核电站 4 号反应堆发生爆炸。8 吨多强辐射物质混合着炙热的石墨残片和核燃料碎片喷涌而出。核泄漏过程持续了 10 天,核反应堆泄漏出的大量锶、铯、钚等放射性物质散到乌克兰、白俄罗斯以及其他欧洲国家。事故发生 20 天后,核反应堆中心的温度仍然高达 270 ℃。据不完全统计,切尔诺贝利核事故的受害者总计达 900 万人。

2011 年 3 月 11 日,日本福岛第一核电站 1 号反应堆所在建筑物爆炸后,日本政府 13 日承认,在大地震中受损的福岛第一核电站 2 号机组可能正在发生"事故",2 号机组的高温核燃料正在发生"泄漏事故"。该核电站的 3 号机组反应堆面临遭遇外部氢气爆炸风险。福岛县的双叶厚生医院消息说:19 名为遭受核辐射的市民进行检查和护理的医护人员已经被诊断出受到核辐射,总务省消防厅也发布消息称,该核电站方圆 10 公里内医院的 15 名住院患者及救护车受到了放射性物质污染。

问题 1 **放射卫生的概念以及放射卫生监督管理的对象、内容**

(一)放射卫生的概念

放射卫生是研究天然辐射或人工辐射对人体健康影响及其防护的学科,内容包括个人、群体及后代的防护对策。

(二)放射卫生监督的对象

1. 开展放射诊疗工作的医疗卫生机构,包括使用放射性同位素和射线装置进行诊断、治疗和健康检查的各类医院、卫生院、妇幼保健院、门诊部及诊所和疾控中心等诊疗单位。

2. 生产和经销企业，如生产、经销同位素的公司，各类加速器、放射源生产厂家，射线防护器材生产厂家，含放射性物品（如建筑材料、磷肥等）的生产厂家等。

3. 辐射应用单位。

（三）放射卫生监督管理的内容

1. 医用 X 射线诊断防护。

2. 介入放射学防护。

3. 临床核医学。

4. 放射治疗。

5. 工业射线探伤。

6. 辐照加工装置、核设施。

问题 2　放射卫生研究的对象以及放射线的种类

（一）放射卫生研究的对象

1. 放射性同位素　如：医疗机构常用的放射性物质。

2. 射线装置　如：医疗机构常用的射线装置。

（二）放射线分类

根据射线种类放射线又可分为四种：α 射线（或称 α 粒子），β 射线（或称 β 粒子），γ 射线和 X 射线。

问题 3　放射事故处理

（一）放射事故的概念

放射事故是指放射性同位素、射线装置等辐射源失控引起的放射性物质丢失、人员受超剂量照射、放射性污染等，而造成财产损失或危害生命和健康的后果的事件。包括三种类型：

1. 放射性物质丢失。

2. 人员受超剂量照射。

3. 放射性污染。

（二）放射事故处理的报告

国家对放射事故实行分级管理与报告、立案处理制度。发生或发现放射事故的单位和个人，必须立即采取防护措施，控制事故影响，保护事故现场，并立即向县级以上卫生、公安和环保（对可能造成环境污染事故的）部门报告。

（三）放射事故处理的和原则和基本程序

放射事故处理采取分级管理、分级报告、分级立案制度的原则，具体处理的基本程序如下：

1. 事故发生后,当事单位要及时采取妥善措施,尽量减少和消除事故危害和影响,并迅速呈报,接受当地放射卫生防护机构的监督及有关部门的指导。

2. 处理事故时,应首先考虑工作人员和公众的生命安全,及时控制事故,防止扩大,避免农作物和其他食物以及水源受到污染。

3. 要及时认真地收集与事故有关的物品和资料,仔细分析事故原因,判定事故级别。提出处理事故措施时,要讲究社会效益和经济效益,尽可能降低事故的损失,保护好国家和公众的财产。

4. 发生场所、地面、设备污染时,要在确定污染的核素、范围、水平后,再采取相应的去污染措施。

5. 发生放射性气体、气溶胶和粉尘污染空气事故时,要根据监测数据,采取相应的通风、换气、过滤等净化措施。

6. 当人员皮肤、伤口被污染时,要迅速予以去除污染和医学处理,对摄入体内者应采取相应的医学处理措施。当需要药物促进排出时,要在专业技术人员的指导下进行。

7. 对事故中受照人员,可通过个人剂量仪、模拟实验、生物及物理检测等方法迅速估算其受照剂量。

8. 凡事故受照人员剂量、医学处理及有关的资料,应由发生事故的单位及放射事故业务管理部门立档存查。

9. 对一次受照有效剂量超过 0.05 Sv 者,应给予医学检查;对一次受照有效剂量超过 0.1 Sv 者,应及时给予医学检查和必要的处理;对一次受照有效剂量超过 1.0 Sv 者,应由放射病临床部门负责处理。

【工作任务 2】

1990 年 12 月某工厂从核工业总公司 404 厂购进油水界面计 4 套,每套配^{137}Cs 放射源一枚,分别安装在油罐的方形入口处。1991 年 6 月 2 日,检修 4 号罐时,拆掉油罐方形入孔处油水界面计的^{137}Cs 放射源,活度为 2.35×10^9 Bq(640mCi),放在油罐旁无人看管。1991 年 7 月中旬,被某县农民董某盗出,放在家中牲口棚门后。半个月后,董某打开贮源铅罐,无意中将放射源倒出掉在院内,打扫院落卫生时又将其扫到猪圈内。直到 1991 年 10 月 15 日,辐射中心到采油 5 厂检查仪表时,才发现 4 号油罐放射源丢失。但该厂没有向卫生、公安部门报告,当年终清查辐射中心销售放射源时,辐射中心报告采油 5 厂丢失放射源一枚。1992 年 1 月 18 日,电告卫生防疫站,迅速查找丢失放射源。省放射卫生监督所派人到采油 5 厂,与公安人员一起勘察现场,分析案情,并研究了查找放射源的措施,后于 1992 年 3 月 16 日从董某的责任田粪堆中找回放射源。

问题　放射卫生监督体系以及相关法律责任

（一）放射卫生监督制度

对放射工作场所依法实施预防性和经常性卫生监督。预防性卫生监督是指对新建、改建、扩建的放射工作场所的放射防护设施是否与主体工程同时设计、同时施工、同时投产以及使用情况所进行的卫生监督活动。预防性放射卫生监督检查合格后，放射工作单位方可申请许可登记。经常性卫生监督是指对放射工作场所和放射工作人员执行放射卫生法规和标准的日常状况进行检查的活动。

（二）放射卫生许可登记制度

国家对放射工作实行许可登记制度，包括放射线装置工作许可和放射性同位素工作许可登记两种，分别发放与办理，放射工作的卫生许可与安全登记联合，合称：许可登记制度。许可登记证由卫生、公安部门办理。

如果涉及环境问题，须经环保部门批准作为申请许可登记的前提，则使放射卫生许可登记成为卫生、公安、环境三个部门的协同制度。凡申请许可登记的放射工作必须具备以下基本条件：

1. 具有与所从事的放射工作相适应的场所、设施和装备，并提供相应的资料。

2. 从事放射工作的人员必须具备相应的专业及防护知识和健康条件，并提供相应的证明材料。

3. 有专职、兼职放射防护管理机构或人员以及必要的防护用品和监测仪器，并提交人员名单和设备清单。

4. 提交严格的有关安全防护管理规章制度的文件。

放射工作许可登记证每1～2年进行一次核查，核查情况由原审批部门记录在许可登记证上。从事放射工作的单位在需要改变许可登记的内容时，需持许可登记证证件到原审批部门办理变更手续。终止放射工作时必须向原审批部门办理注销许可登记手续。

（三）放射卫生防护管理制度

放射工作单位的上级行政管理部门，负责管理本系统的放射防护工作，并定期对本系统执行国家放射防护法规和标准进行检查。放射工作单位应当采取有效的措施，使本单位的放射防护工作符合国家有关规定和标准。管理制度主要包括：

1. 放射性标志制度　放射性同位素的生产、使用、储存场所和射线装置的生产、使用场所必须设置防护设施，其入口处必须设置放射性标志和必要的防护安全连锁报警装置或工作信号。

2. 放射物质管理制度　包括放射性物质订购制度、运输制度、口岸检查制度、储存保管制度。放射性同位素不得与易燃、易爆、腐蚀性物品放在一起，其储存场所必须采取有效的防火、防盗、防泄漏的安全防护措施，并指定专人负责保管。储存、领取、使用、归还放射性同位素必须进行登记,检查,做到账物相符。托运、承运和自行运输放射性同位素或装过放射性同位素的空容器,必须按国家有关运输规定进行包装和剂量检测,经县以上运输和卫生行政部门核查后方可运输。

3. 放射性产品管理制度　对放射性产品进行严格的卫生监督,实行放射性产品和射线装置产品卫生防护质量认证制度,不合格的产品不得销售。含放射性的消费品,用放射性同位素和射线装置辐照加工食品、药品、化妆品、医疗器材和其他用于人体的制品,必须符合国家卫生法规和标准的规定。

4. 放射治疗管理制度　对受检者和患者使用放射性同位素进行诊断、治疗、检查时,必须严格控制受照剂量,避免一切不必要的照射。

5. 放射工作人员健康管理制度　放射工作单位必须严格执行国家对放射工作人员个人剂量监测和健康管理的规定。对已从事和准备从事放射工作的人员,必须接受体格检查,并接受放射防护知识法规教育,合格者方可从事放射工作。

（四）放射防护监督机构及其职责

卫生行政部门负责本辖区内放射性同位素与射线装置的放射防护监督,组织实施放射防护法规。其主要职责是:

1. 负责对放射工作实施预防性和经常性的监督检查。

2. 对生产、销售、使用放射性同位素与射线装置工作实施许可登记,发放放射工作许可证。

3. 会同有关部门调查处理放射事故。

4. 组织放射防护知识的宣传、培训和法规教育。

5. 处理放射防护监督中的纠纷,对违反放射卫生法规的单位和个人进行行政处罚。

各省、自治区、直辖市的环境保护部门对放射性同位素和含有放射源的射线装置在应用中排放放射性废水、废气、固体废物实施监督,其主要职责是:

1. 审批环境影响报告表（书）。

2. 对废水、废气、固体废物处理进行审查和验收。

3. 对废水、废气、固体废物排放实施监督监测。

4. 会同有关部门处理放射性环境污染事故。

县以上公安部门对放射性同位素应用中的安全保卫实施监督管理,其主要职责是:

1. 登记放射性同位素和放射源。

2. 检查放射性同位素及放射源保存、保管的安全性。

3. 参与放射事故处理。

（五）放射防护监督员及其职责

县以上的卫生行政部门设放射防护监督员，由省级卫生行政部门任命。

放射防护监督员有权按照规定对本辖区内放射工作进行监督和检查，并可以按照规定采样和索取有关资料，有关单位不得拒绝和隐瞒，对涉及保密的资料应当按照国家保密规定执行，并负保密责任。放射防护监督员必须严守法纪，秉公执法，不得玩忽职守，徇私舞弊。

（六）法律责任

1. 行政责任　对违反放射卫生法律规定的单位或个人，县以上卫生行政部门可视其情节轻重，给予警告并限期改进、停工或停业整顿，或处以罚款和没收违法所得，直至会同公安部门吊销其许可登记证的行政处罚。

在放射性废水、废气、固体废物排放中造成环境污染事故的单位和个人，由省、自治区、直辖市的环境保护部门执行处罚。

由于违反放射卫生法律规定而发生放射事故尚未造成严重后果的，可以由公安机关予以处罚。

卫生行政部门及其卫生监督执法人员、公安机关工作人员在放射防护执法活动中玩忽职守、滥用职权、徇私舞弊，情节轻微的，由其所在单位或上级主管部门予以行政处分。

2. 刑事责任　由于违反放射卫生法律规定而发生放射事故且造成严重后果构成犯罪的；利用放射性同位素或射线装置进行破坏活动或有意伤害他人构成犯罪的；卫生、公安部门及其工作人员，在放射防护执法活动中，玩忽职守、滥用职权、徇私舞弊，构成犯罪的，由司法机关依法追究刑事责任。

3. 民事责任　因违反放射卫生法规，给他人造成损害的单位或个人，依法应承担民事责任。

【延伸阅读】

一旦出现核泄漏事件，公众应根据当地政府部门的通知，迅速采取必要的自我防护措施。

1. 选用就近的建筑物进行隐蔽，减少直接的外照射和污染空气的吸入。关闭门窗和通风设备（包括空调、风扇），当污染的空气过去后，迅速打开门窗和通风装置。

2. 根据当地政府的安排，有组织、有秩序地撤离现场，以避免或减少来自烟羽或高水平放射性沉积物引起的大剂量照射。

3. 当空气被放射性物质污染时，用简易方法（如用手帕、毛巾、布料等捂住口鼻）可使吸入放射性物质的剂量减少约 90%。可用各种日常服装，包括帽子、头巾、雨衣、手套和靴子等对人的体表进行防护。

4. 服碘保护　在核泄漏事故已经或可能导致释放碘的放射性同位素的情况下,将含有非放射性碘的化合物作为一种防护药物服用,以降低甲状腺的受照剂量。为了使甲状腺受照剂量得到最大限度的降低,在摄入放射性碘以前就应该服用稳定碘。如果在摄入放射性碘以前 6 小时内口服稳定碘的话,所提供的防护几乎是完全的;如果在吸入放射性碘的同时服用稳定碘,防护效率约 90%。服用稳定碘一般不是单独采用的一种防护措施,它将与撤离和(或)隐蔽一道进行。对成年人,服用稳定碘的推荐量为 100 mg 碘(最普通的如 130 mg 碘化钾或 170 mg 碘酸钾)。对儿童和婴儿则推荐较小的量。

5. 若怀疑身体表面有放射性污染,可采用洗澡和更换衣服来减少放射形成的污染。用水淋浴,并将受污染的衣服、鞋、帽等脱下存放起来,直到以后有时间再进行监测或处理。

6. 听从当地主管部门的安排,决定是否需要控制使用当地的食品和饮水。当食品和饮水中的放射性核素的浓度超过国家标准规定的水平时,应禁止或限制使用这些受污染的食物和饮水。受污染的食品可采取加工、洗涤、去皮等方法去污,也可在低温下保存,使短寿命的放射性核素自行衰变,以达到可食用的水平。对受污染的水,可用混凝、沉淀、过滤及离子交换等方法消除污染。

【拓展练习】

结合本项目,讨论放射事故的依法处理原则以及处置程序。

项目 29　初级卫生保健的法律规定

【工作任务】

"2000 年人人享有卫生保健"是 1977 年世界卫生组织提出的全球战略目标，为推动这一全球目标的实现，1978 年世界卫生组织和联合国儿童基金会在哈萨克斯坦的阿拉木图召开了国际初级卫生保健会议（简称阿拉木图会议）。会议发表的《阿拉木图宣言》中明确指出：推进初级卫生保健（primary health care，PHC）是实现"2000 年人人享有卫生保健"的战略目标的关键和基本途径。所以"2000 年人人享有卫生保健"和"初级卫生保健"两者之间有内在关系，前者是全球卫生战略目标，后者是实现此战略目标的基本途径和基本策略。

作为 WHO 的发起国和主要成员国之一，我国政府于 1986 年明确表示了对 WHO 倡导的全球战略目标的承诺，1988 年 10 月我国政府进一步阐明实现人人享有卫生保健是 2000 年我国社会经济发展总体目标的组成部分。

1990 年，我国卫生部、国家计划委员会、农业部、国家环境保护局、全国爱国卫生运动委员会联合颁布的《关于我国农村实现"2000 年人人享有卫生保健"的规划目标》中，根据《阿拉木图宣言》所阐述的初级卫生保健的精神实质，对初级卫生保健定义如下："初级卫生保健是指最基本的，人人都能得到的，体现社会平等权利的人、人民群众和政府都能负担得起的卫生保健服务"，并指出："我国农村实现人人享有卫生保健的基本途径和基本策略是在全体农村居民中实施初级卫生保健"；"实施初级卫生保健是全社会的事业，是体现为人民服务宗旨的重要方面"。

问题 1　初级卫生保健的概念

初级卫生保健是最贴近基层的基本卫生保健，是实施"人人享有卫生保健"的关键措施。1978 年阿拉木图会议指出："初级卫生保健是一种基本的卫生保健,它依靠切实可行、学术可靠又受社会欢迎的方法和技术,是社区的个人和家庭积极参与普遍能够享受的,费用也是社区或国家依靠自力更生精神能够负担的。它是国家卫生系统和社会经济发展的组成部分,是国家卫生系统的中心职能和主要环节。它是个人、家庭和社区同国家卫生系统保持接触,使卫生保健深入人民生产和生活的第一步,也是整个卫生保健工作的第一要素。"概括地说,初级卫生保健,从需要上来说,是人们不可缺少的;从受益来说,是人人都能得到的;从学术上来说,是科学可靠的;从经济上来说,是人人能负担得起的;从国家来说,是政府的职责;从群众来说,既是权利又是义务;从卫生机构来说,是要提供最基本的卫生服务。

问题 2　初级卫生保健的原则

(一)合理分配卫生资源

初级卫生保健面向社会和全体人民,目的是向全体人民提供必不可少的卫生保健服务,必须从卫生资源的可得性的角度出发,通过医疗卫生保健制度的改革,实现卫生保健制度的公平性,将以往多数卫生资源投入在为少数人口服务的高精尖技术转为投放到为大多数人提供卫生服务或缺医少药地区。

(二)社区和个人参与

应大力宣传和动员社区及人民群众,使他们充分了解初级卫生保健的意义和方法,主动承担起所应负的责任。自力更生、全面参与社区的初级卫生保健活动,为增进自身的健康积极行动起来。改变不利于健康的行为和生活方式;提高自我保健能力,从而为促进社区人民群众的健康水平贡献力量。

(三)部门间协同行动

初级卫生保健作为卫生体制的基础和社会经济发展的组成部分,必将有赖于全社会各个部门的通力合作与协同行动。各部门应承担相应的责任和义务,履行各自的职责,分工明确,指标落实,措施得当。

(四)适宜的医疗方法和综合途径

卫生部门使用的技术、药品和医疗设备应是居民方便、乐于接受且费用低廉。要提高全体人民的健康水平,卫生保健仅是一个方面,还要满足人民生活中最基本和最低的生活需要,如营养、教育、安全饮用水供应和住房等。

问题 3　初级卫生保健的内容和任务

初级卫生保健是一种综合性卫生服务,主要包括四个方面的内容和八项工作任务。

(一)四个方面内容

1. 促进健康　保持良好的生活方式,加强自我保健能力,增强体质,合理营养,饮用安全卫生水和保持心理健康。

2. 预防疾病　研究社会人群健康和疾病的客观规律,采取积极有效的措施,预防各种疾病的发生、发展和流行。

3. 合理治疗　及早发现疾病,及时合理治疗,控制疾病的发生发展,促使早日好转和痊愈。

4. 全面康复　病人的症状和体征已经出现,要积极采取措施防止并发症和致残。对丧失了正常功能或功能上有缺陷的残疾者,通过医学的、教育的、职业的和社会的综合措施,尽量恢复其功能,使他们重新获得生活、学习和参加社会活动的能力。

（二）八项工作任务

1. 增进必要的营养和供应充足的安全饮用水。

2. 基本的环境卫生。

3. 妇幼保健和计划生育。

4. 主要传染病的预防接种。

5. 地方病的预防和控制。

6. 目前主要卫生问题及其预防控制方法的宣传教育。

7. 常见病和创伤的恰当处理。

8. 基本药物的供应。

问题 4　**我国农村初级卫生保健的目标和任务**

农村初级卫生保健是与农村经济社会发展相适应的基本卫生保健服务。实施农村初级卫生保健是我国社会经济发展总体目标的组成部分,是各级政府的重要职责。经过努力,我国农村已基本实现了 1990—2000 年初级卫生保健阶段性的目标。为不断提高初级卫生保健水平,开创新世纪初级卫生保健工作的新局面,卫生部等国家 7 个部、委、局于 2002 年 4 月 29 日下发了《中国农村初级卫生保健发展纲要(2001—2010 年)》,制定了新世纪农村初级卫生保健的目标和任务。

（一）总目标

通过深化改革,健全农村卫生服务体系,完善服务功能,实行多种形式的农民医疗保障制度,解决农民基本医疗和预防保健问题,努力控制危害严重的传染病、地方病,使广大农村居民享受到与经济社会发展相适应的基本卫生保健服务,不断提高农民的健康水平和生活质量。

（二）主要任务

1. 落实疾病预防控制措施,重点控制传染病、地方病、寄生虫病、职业病和其他重大疾病,加强精神卫生工作,防止各种意外伤害。稳定计划免疫接种率,提高现代结核病控制策略的人口覆盖率。预防、管理慢性非传染性疾病,做好老年保健。

2. 提高乡、村卫生机构常见病、多发病的诊疗水平,规范医疗服务行为,为农村居民提供安全有效的基本医疗服务。

3. 加强对孕产妇和儿童的管理,提高农村孕产妇住院分娩率,稳步降低孕产妇死亡率和婴儿死亡率,改善儿童营养状况,不断提高妇女儿童健康水平。

4. 加大农村改水、改厕力度,提高农村自来水及农村卫生厕所普及率,结合小城镇和文明乡镇建设,创建卫生乡镇,改善农村居民的劳动和生活环境。

5. 开展健康教育和健康促进,积极推进"全国亿万农民健康促进行动",提高农村居民基本卫生知识知晓率和中小学健康教育开课率,倡导文明健康的生活方式,增强农村居民的健康意识和自我保健能力,促进人群健康相关行为的形成。

6. 依法加大对公共卫生、药品和健康相关产品的监督力度,控制危害农村居民健康的主要公共卫生问题,努力抓好食品卫生、公共场所卫生和劳动卫生。

7. 充分利用中医药资源,发挥中医药的特点与优势,不断提高农村中医药服务水平。

8. 完善和发展农村合作医疗,探索实行区域性大病统筹,逐步建立贫困家庭医疗救助制度,积极实行多种形式的农民医疗保障制度。

【延伸阅读】

《阿拉木图宣言》

1978 年 9 月 12 日,在阿拉木图召开的国际初级卫生保健大会表述了所有政府、所有卫生及发展工作者及世界大家庭为保障并增进世界所有人民的健康而立即行动的必要性,兹特作宣言如下:

Ⅰ 大会兹坚定重申健康不仅是疾病与体虚的匿迹,而是身心健康社会幸福的总体状态,是基本人权,达到尽可能高的健康水平是世界范围的一项最重要的社会性目标,而其实现,则要求卫生部门及其他多种社会及经济部门的行动。

Ⅱ 人民健康状态、特别是发达国家与发展中国家之间以及国家内部现存的严重不平等,在政治上、社会上及经济上是不能接受的,从而是所有国家关心所在。

Ⅲ 以国际新经济秩序为基础的经济及社会发展对充分实现人人享有保健并缩短发展中及发达国家之间卫生状态的差距是首要的。增进并保障人民健康对持续的经济社会发展是首要的并有助于更为美好的生活质量及世界和平。

Ⅳ 人民有个别地及集体地参与他们的卫生保健的权利与义务。

Ⅴ 政府为其人民的健康负有责任,而这只能备有充分的卫生及社会性措施方能实现。在 2000 年时使所有人民享有能使他们过着社会及经济富裕生活的健康水平应是今后数十年内各政府、国际组织及整个国际大家庭的一项主要的社会性目标。初级卫生保健是在社会公正精神下实现作为发展的一个部分的目标的主要渠道。

Ⅵ 初级卫生保健是基于切实可行、学术上可靠而又为社会所接受的方式与技术之上的主要的卫生保健,通过群众中个人及家庭的参与,并在本着自力更生及自决精神而发展的各个阶段上群众及国家能以维持的费用而使之遍及所有人等。它既是国家卫生体制的一个组成部分、一个功能的中心和活动的焦点,也是群众社会及经济总体发展的一个组成部分。它是个人、家庭、群众与国家保健系统接触的第一环,能使卫生保健尽可能接近于人民居住及工作场所;它还是卫生保健持续进程的起始一级。

Ⅶ 初级卫生保健反映着并产生于国家及其群众的经济条件及社会经济和政治特点,并建基于社会、生物医学及卫生服务研究有关结果的实施及公共卫生经验之上;提出群众中的主要卫生问题,并相应地提供促进、预防、治疗及康复服务;至少包括有:对当前流行的卫生问题以及预防及控制方法的宣传教育;改善食品供应及适当的营养;安全饮用水的适量供应及基本环境卫生;妇幼卫生保健、包括家庭计划;主要传染病的免疫接种;当地地方病的预防及控制;常见病伤的妥善处理;以及基本药物的提供;除卫生部门外,还涉及国家及群众发展各有关部门及有关方面,特别是农业、畜牧、食品、工业、教育、住房、群众工作、交通及其他部门;并要求所有部门的协作;要求并最大限度地推动个人自力更生并参与初级卫生保健的规划、组织、工作及管理,充分利用当地、本国及其他现有资源;为此目的而通过适宜的宣传教育以提高群众能力以便参与;应有连贯的、相互结合、相互支持而有效的转诊制度从而导致循序渐进地为所有人等改善全面的卫生保健,而重点则是对之最需要的人们;在当地的及转诊的体制中依靠包括有医师、护士、助产士、助理人员,还包括在切实可行的情况下,群众卫生人员以及必要时的传统医生,经适当的社会及业务培训后以医疗队的形式开展工作以满足群众中反映出来的卫生需求。

Ⅷ 所有政府应拟订出国家的政策、战略及行动计划,在其他部门的协作下发起并持续开展作为国家全面的卫生制度组成部分之一的初级卫生保健。为此目的,便需发挥政治意志,合理调动国家资源并使用外来资源。

Ⅸ 由于任何一个国家实现全民健康都将直接作用于并有助于其他国家,因而,所有国家都应本着协同共事精神进行合作。在这方面,世界卫生组织/联合国儿童基金会就初级卫生保健的联合报告是世界范围内进一步发展及实施初级卫生保健的坚实基础。

Ⅹ 2000 年时使所有人民的健康达到令人满意的水平,将能通过更充分、更完善地使用世界资源予以实现,而现时资源中为数可观的一部分却耗费在军备及军事冲突上。一项真正的独立、和平、缓和及裁军政策将能而且也应能挪出额外的资源真正用于和平的目的,特别是用作加速社会及经济发展进程,而作为其主要部分的初级卫生保健应拨付给相应的份额。

【拓展练习】

结合本任务,从我国实际出发谈谈如何按照根据《阿拉木图宣言》要求结合切实有效地开展初级卫生保健工作。

项目 30 突发公共卫生事件应急处理的法律规定

【岗位技能要求】

本任务内容主要针对医政管理、卫生监督和疾病预防控制等岗位,具体技能要求:

1. 能够清楚分析突发公共卫生事件的概念及其特征。
2. 能够清楚分析突发公共卫生事件处理方针和原则以及分级管理。
3. 能够了解突发公共卫生事件应急指挥部的设立、组成和职责。
4. 能够熟练分析公共卫生事件处理体系以及流程。
5. 能够清楚分析公共卫生事件管理的法律责任。

【工作任务 1】

广东省卫生厅 2012 年 1 月 16 日通报,2011 年 12 月全省共报告乙类传染病发病 20244 例,死亡 134 人,无甲类传染病报告。全省 21 个地市共报告 3 起突发公共卫生事件,发病 11 人,死亡 1 人。上月乙类传染病报告发病数居前五位的病种为肺结核、梅毒、乙肝、淋病和丙肝,报告死亡数居前三位的病种为艾滋病、狂犬病和肺结核。12 月全省共报告丙类传染病发病 54832 例,死亡 2 例。报告发病数居前三位的病种为:其他感染性腹泻病、手足口病和流行性腮腺炎。上月报告 3 起事件,2 起为传染病,发病 2 人,1 人死亡,报告地区均为深圳市,其中"较大事件"为人禽流感,发病 1 人,1 人死亡。湛江市报告 1 起误食鼠药中毒事件,发病 9 人,无死亡。

问题 1 **突发公共卫生事件的概念及其特征**

突发公共卫生事件,是指突然发生的、造成或者可能造成社会公众健康严重损害的重大传染病疫情、群体性不明原因疾病、重大食物和职业中毒以及其他严重影响公众健康的事件。

突发公共卫生事件具有以下特征:

1. **突发性** 它是突如其来的,一般是不易预测的;
2. **社会公共性** 它针对的不是特定的人,而是不特定的社会群体;
3. **严重性** 它已经对社会公众健康造成严重损害,或者从发展的趋势看,可能对公众健康造成严重影响。

问题 2　突发公共卫生事件的分类

根据突发公共卫生事件性质、危害程度、涉及范围,突发公共卫生事件划分为特别重大(Ⅰ级)、重大(Ⅱ级)、较大(Ⅲ级)和一般(Ⅳ级)四级。

其中,特别重大突发公共卫生事件主要包括:

1. 肺鼠疫、肺炭疽在大、中城市发生并有扩散趋势,或肺鼠疫、肺炭疽疫情波及 2 个以上的省份,并有进一步扩散趋势。

2. 发生传染性非典型肺炎、人感染高致病性禽流感病例,并有扩散趋势。

3. 涉及多个省份的群体性不明原因疾病,并有扩散趋势。

4. 发生新传染病或我国尚未发现的传染病发生或传入,并有扩散趋势,或发现我国已消灭的传染病重新流行。

5. 发生烈性病菌株、毒株、致病因子等丢失事件。

6. 周边以及与我国通航的国家和地区发生特大传染病疫情,并出现输入性病例,严重危及我国公共卫生安全的事件。

7. 国务院卫生行政部门认定的其他特别重大突发公共卫生事件。

【工作任务 2】

2000 年 2 月 28 日上午 9 时 20 分,某卫生防疫站接到印刷厂医务室报告:该单位职工在某食府用完早餐后一小时,先后有数十人出现恶心、头晕、心慌、血压下降等症状,有的病人还伴有口唇青紫,有一人病情危重送往医院救治。到当天下午 4 时,各医院共收治类似中毒病人约 120 人,其中外文印刷厂病人 35 人,其他病人为散在发病,各医院在对中毒病人给予亚甲蓝注射液和对症治疗后,病人症状基本缓解,没有发生死亡病例。

经调查,该食府属私营企业,1999 年 7 月 28 日开业,有员工 40 余人,对社会开放,经营中式餐饮,并于 1999 年 12 月起开设早点。2000 年 2 月 28 日早餐,食府提供了粥、油饼、包子、点心、咸菜、豆浆等六种食品,就餐人员 200 人左右。因地理位置关系,有相当部分就餐人员为某印刷厂和某大厦的员工(共 70 多人),其他顾客为过往的行人。

现场调查,该食府厨房分为中餐加工间和面点加工间,早餐所供应的油饼、粥、咸菜、包子等均由面点间负责加工。厨房工艺流程基本符合卫生要求,厨房内基本卫生情况尚可。

在中毒现场,卫生防疫站对中毒病人的呕吐物进行了现场快速检测,结果为亚硝酸盐强阳性。市、区卫生防疫站的调查人员在调查现场对该食府当日加工好但尚未售出的食品也进行了现场快速检测,共采样 23 件,结果早餐剩余油饼、咸菜、加工好的包子馅、面点间盐罐中的盐、面板上散落的盐等 10 件样品亚硝酸盐均呈阳性。

卫生监督人员随即对该食府加工用盐的采购使用情况进行调查,面点厨师先是宣称当日加工用的盐是自己从库房领的袋装食盐,经现场抽检 4 袋,均未检出亚硝酸盐。随后监督人员在厨房垃圾桶中搜查到当日用剩下的空盐袋,上面标明产品名称为"亚硝酸钠",当班的面点间厨师这才承认事发当天,要加工时他发现没盐了,于是从库房中找到了这两袋储存的亚硝酸钠,打开一袋当作食盐使用。据了解,这两袋亚硝酸钠是由原厨师长(已调离,不知去向)约一个月前购进的,准备做什么用的不清楚,2 月 28 日这天是第一次使用。

根据临床症状、剩余食品和病人呕吐物现场快速检测结果,结合现场流行病学调查结果,可以确定此次食物中毒为该食府厨师将亚硝酸盐误用于食品加工而引起的亚硝酸盐中毒。

问题 1　突发公共卫生事件应急处理机构

突发公共卫生事件发生后,国务院和省、自治区、直辖市人民政府设立突发公共卫生事件应急处理指挥部,负责对突发公共卫生事件应急处理的统一领导、统一指挥。卫生行政主管部门和其他部门在各自职责范围内,做好突发公共卫生事件应急处理的有关工作。全国突发公共卫生事件应急处理指挥部对地方突发公共卫生事件应急处理工作进行督察和指挥,地方各级人民政府及其有关部门应当予以配合。省、自治区、直辖市突发公共卫生事件应急处理指挥部对本行政区域内突发公共卫生事件应急处理工作进行督察和指导。

问题 2　突发公共卫生事件应急预案的制定

突发公共卫生事件应急预案是经一定程序制定的处置突发公共卫生事件的事先方案。国务院卫生行政主管部门按照分类指导、快速反应的要求,制定全国突发公共卫生事件应急预案,报请国务院批准。省、自治区、直辖市人民政府根据全国突发公共卫生事件应急预案,结合本地实际情况,制定本行政区域的突发公共卫生事件应急预案。

全国突发公共卫生事件应急预案应当包括以下主要内容:

1. 突发公共卫生事件应急处理指挥部的组成和相关部门的职责。
2. 突发公共卫生事件的监测与预警。
3. 突发公共卫生事件信息的收集、分析、报告、通报制度。
4. 突发公共卫生事件应急处理技术和监测机构及其任务。
5. 突发公共卫生事件的分级和应急处理工作方案。
6. 突发公共卫生事件预防、现场控制,应急设施、设备、救治药品和医疗器械以及其他物资和技术的储备与调度。

7. 突发公共卫生事件应急处理专业队伍的建设和培训。

问题 3　突发公共卫生事件预防控制体系

（一）监测与预警系统

县级以上地方人民政府应当建立和完善突发公共卫生事件监测与预警系统。县级以上各级人民政府卫生行政主管部门,应当指定机构负责开展突发公共卫生事件的日常监测,并确保监测与预警系统的正常运行。

（二）监测与预警

监测与预警工作应当根据突发公共卫生事件的类别,制定监测计划,科学分析、综合评价监测数据。对早期发现的潜在隐患以及可能发生的突发公共卫生事件,应当依照规定的报告程序和时限及时报告。

（三）物资储备

国务院有关部门和县级以上地方人民政府及其有关部门,应当根据突发公共卫生事件应急预案的要求,保证应急设施、设备、救治药品和医疗器械等物资储备。

（四）医疗急救服务网络

1. 提高医疗卫生机构应对各类突发公共卫生事件的救治能力　县级以上各级人民政府应当加强急救医疗服务网络的建设,配备相应的医疗救治药物、技术、设备和人员,提高医疗卫生机构应对各类突发公共卫生事件的救治能力。设区的市级以上地方人民政府应当设置与传染病防治工作需要相适应的传染病专科医院,或者指定具备传染病防治条件和能力的医疗机构承担传染病防治任务。

2. 开展突发公共卫生事件应急处理相关知识、技能的培训　县级以上地方人民政府卫生行政主管部门,应当定期对医疗卫生机构和人员开展突发公共卫生事件应急处理相关知识、技能的培训,定期组织医疗卫生机构进行突发公共卫生事件应急演练,推广最新知识和先进技术。

问题 4　突发公共卫生事件报告与信息发布

（一）突发公共卫生事件的报告

1. 报告主体　包括有突发公共卫生事件监测机构、医疗卫生机构、卫生行政主管部门和县级以上地方人民政府等有关单位和部门。

2. 报告内容　主要包括:①发生或者可能发生传染病暴发、流行的;②发生或者发现不明原因的群体性疾病的;③发生传染病菌种、毒种丢失的;④发生或者可能发生重大食物和职业中毒事件的。

3. 报告时限　除省级人民政府向卫生部报告的时限为 1 小时外,其他每一个环节的报告时限为 2 小时。卫生部对可能造成重大社会影响的突发公共卫生事件,应当立即向国务院报告。

（二）突发公共卫生事件的通报

国务院卫生行政主管部门应当根据发生突发公共卫生事件的情况，及时向国务院有关部门和各省、自治区、直辖市人民政府卫生行政主管部门以及军队有关部门通报。突发公共卫生事件发生地的省、自治区、直辖市人民政府卫生行政主管部门，应当及时向毗邻省、自治区、直辖市人民政府卫生行政主管部门通报。

接到通报的省、自治区、直辖市人民政府卫生行政主管部门，必要时应当及时通知本行政区域内的医疗卫生机构。县级以上地方人民政府有关部门，已经发生或者发现可能引起突发公共卫生事件的情形时，应当及时向同级人民政府卫生行政主管部门通报。

（三）突发公共卫生事件的信息发布

国家建立突发公共卫生事件的信息发布制度。国务院卫生行政主管部门负责向社会发布突发公共卫生事件的信息。必要时、可以授权省、自治区、直辖市人民政府卫生行政主管部门向社会发布本行政区域内突发公共卫生事件的信息。信息发布应当及时、准确、全面。

任何单位和个人对突发公共卫生事件，不得隐瞒、缓报、谎报或者授意他人隐瞒、缓报、谎报。

问题 5　**突发公共卫生事件的应急处理的法律责任**

（一）应急预案的启动

突发公共卫生事件发生后，卫生行政主管部门应当组织专家对突发公共卫生事件进行综合评估，初步判断突发公共卫生事件的类型，提出是否启动突发公共卫生事件应急预案的建议。在全国范围内或者跨省、自治区、直辖市范围内启动全国突发公共卫生事件应急预案，由国务院卫生行政主管部门报国务院批准后实施。省、自治区、直辖市启动突发公共卫生事件应急预案，由省、自治区、直辖市人民政府决定，并向国务院报告。

（二）应急处理措施

处理突发公共卫生事件应当遵循预防为主、常备不懈的方针。贯彻统一领导、分级负责、反应及时、措施果断、依靠科学、加强合作的原则。

1. 突发公共卫生事件的评价　省级以上人民政府卫生行政主管部门或者其他有关部门指定的突发公共卫生事件应急处理专业技术机构，负责突发公共卫生事件的技术调查、确证、处置、控制和评价工作。

国务院卫生行政主管部门或者其他有关部门指定的专业技术机构，有权进入突发公共卫生事件现场进行调查、采样、技术分析和检验，对地方突发公共卫生事件的应急处理工作进行技术指导，有关单位和个人应当予以配合；任何单位和个人不得以任何理由予以拒绝。

2. 法定传染病的宣布　国务院卫生行政主管部门对新发现的突发传染病,根据危害程度、流行强度,依照《传染病防治法》的规定及时宣布为法定传染病;宣布为甲类传染病的,由国务院决定。

（三）医疗卫生机构、有关单位和个人的责任

1. 医疗卫生机构的责任　主要包括:①应当对因突发公共卫生事件致病的人员提供医疗救护和现场救援,对就诊病人必须接诊治疗,并书写详细、完整的病历记录,对需要转送的病人,应当按照规定将病人及其病历记录的复印件转送至接诊的或者指定的医疗机构。②机构内应当采取卫生防护措施,防止交叉感染和污染。③应当对传染病病人密切接触者采取医学观察措施,传染病病人密切接触者应当予以配合。④收治传染病病人、疑似传染病病人,应当依法报告所在地的疾病预防控制机构。接到报告的疾病预防控制机构应当立即对可能受到危害的人员进行调查,根据需要采取必要的控制措施。

2. 街道、乡镇和居（村）民委员会的责任　街道、乡镇和居（村）民委员会应组织力量,团结协作,群防群治,协助做好疫情信息的收集和报告、人员的分散隔离、公共卫生措施的落实工作,向居民、村民宣传传染病防治的相关知识。

3. 公民的责任　在突发公共卫生事件中需要接受隔离治疗、医学观察措施的病人、疑似病人和传染病病人密切接触者在卫生行政主管部门或者有关机构采取医学措施时应当予以配合;拒绝配合的,由公安机关依法协助强制执行。

问题6　突发公共卫生事件管理的法律责任

（一）隐瞒、缓报、谎报突发公共卫生事件的法律责任

县级以上地方人民政府及其卫生行政主管部门未依照法律的规定履行报告职责,对突发公共卫生事件隐瞒、缓报、谎报或者授意他人隐瞒、缓报、谎报的,对政府主要领导人及其卫生行政主管部门主要负责人,依法给予降级或者撤职的行政处分;造成传染病传播、流行或者对社会公众健康造成其他严重危害后果的,依法给予开除的行政处分;构成犯罪的,依法追究刑事责任。

（二）玩忽职守、失职、渎职的法律责任

1. 突发公共卫生事件发生后,县级以上地方人民政府及其有关部门对上级人民政府有关部门的调查不予配合,或者采取其他方式阻碍、干涉调查的,对政府主要领导人和政府部门主要负责人依法给予降级或者撤职的行政处分;构成犯罪的,依法追究刑事责任。

2. 县级以上各级人民政府卫生行政主管部门和其他有关部门在突发公共卫生事件调查、控制、医疗救治工作中玩忽职守、失职、渎职的,由本级人民政府或者上级人民政府有关部门责令改正、通报批评、给予警告;对主要负责人、负有责任的主管人员和其他责任人员依法给予降级、撤职的行政处分;造成传染病传播、流行

或者对社会公众健康造成其他严重危害后果的,依法给予开除的行政处分;构成犯罪的,依法追究刑事责任。

3. 县级以上各级人民政府有关部门拒不履行应急处理职责的,由同级人民政府或者上级人民政府有关部门责令改正、通报批评、给予警告;对主要负责人、负有责任的主管人员和其他责任人员依法给予降级、撤职的行政处分;造成传染病传播、流行或者对社会公众健康造成其他严重危害后果的,依法给予开除的行政处分;构成犯罪的,依法追究刑事责任。

（三）扰乱社会和市场秩序的法律责任

在突发公共卫生事件发生期间,散布谣言、哄抬物价、欺骗消费者,扰乱社会秩序、市场秩序的,由公安机关或者工商行政管理部门依法给予行政处罚;构成犯罪的,依法追究刑事责任

（四）未完成物资生产、供应、运输和储备的法律责任

国务院有关部门、县级以上地方人民政府及其有关部门未依照法律的规定,完成突发公共卫生事件应急处理所需要的设施、设备、药品和医疗器械等物资的生产、供应、运输和储备的,对政府主要领导人和政府部门主要负责人依法给予降级或者撤职的行政处分;造成传染病传播、流行或者对社会公众健康造成其他严重危害后果的,依法给予开除的行政处分;构成犯罪的,依法追究刑事责任。

（五）妨碍执行公务行为的法律责任

在突发公共卫生事件应急处理工作中,有关单位和个人未依照法律的规定履行报告职责,隐瞒、缓报或者谎报,阻碍突发公共卫生事件应急处理工作人员执行职务,拒绝国务院卫生行政主管部门或者其他有关部门指定的专业技术机构进入突发公共卫生事件现场,或者不配合调查、采样、技术分析和检验的,对有关责任人员依法给予行政处分或者纪律处分;触犯《治安管理处罚条例》,构成违反治安管理行为的,由公安机关依法予以处罚;构成犯罪的,依法追究刑事责任。

（六）医疗机构的法律责任

医疗卫生机构有下列行为之一的,由卫生行政主管部门责令改正、通报批评、给予警告;情节严重的,吊销医疗机构执业许可证;对主要负责人、负有责任的主管人员和其他直接责任人员依法给予降级或者撤职的纪律处分;造成传染病传播、流行或者对社会公众健康造成其他严重危害后果,构成犯罪的,依法追究刑事责任:

1. 未依照规定履行报告职责,隐瞒、缓报或者谎报的。
2. 未依照规定及时采取控制措施的。
3. 未依照规定履行突发公共卫生事件监测职责的。
4. 拒绝接诊病人的。
5. 拒不服从突发公共卫生事件应急处理指挥部调度的。

【延伸阅读】

食物中毒一般可分为细菌性(如大肠杆菌)、化学性(如农药)、动植物性(如河豚、扁豆)和真菌性(毒蘑菇)食物中毒。食物中毒既有个人中毒,也有群体中毒。其症状以恶心、呕吐、腹痛、腹泻为主,往往伴有发烧,吐泻严重的还能发生脱水、酸中毒,甚至休克、昏迷等症状。一旦有人出现上吐、下泻、腹痛等食物中毒症状,首先应立即停止食用可疑食物,同时,立即拨打"120"电话呼救,并采取催吐等自救措施。另外,保留食物样本由于确定中毒物质对治疗来说至关重要。因此,在发生食物中毒后,要保存导致中毒的食物样本,以提供给医院进行检测。如果身边没有食物样本,也可保留患者的呕吐物和排泄物,以方便医生确诊和救治,以及最后法律责任的认定。

【拓展练习】

结合本项目,从法律角度讨论突发公共卫生事件的分类分级管理以及处置措施。

项目 31 安乐死的法律问题

【岗位技能要求】

本项目主要针对医政管理岗位,具体技能要求:

1. 能够熟练掌握安乐死的概念及法律规定。

2. 能够简单分析安乐死相关案例。

【工作任务】

1994 年 9 月 7 日 22 点 50 分,李燕(化名)的母亲在某市公司的职工医院里分娩产下李燕。在分娩过程中,院方发现产妇的胎位不正,在手法转胎头失败的情况下,使用了胎吸助产而未使用产钳助产。由于长时间缺氧,李燕出现了重度窒息等症状,次日凌晨即转至该市儿童医院治疗。在李燕被送至该市儿童医院抢救之前,职工医院根据患儿的实际病情,判断其预后较差,提出放弃治疗的建议(即安乐死),但是患儿家属予以拒绝。后在李燕起诉职工医院医疗损害赔偿时,院方曾希望以此作为一项答辩理由以减轻赔偿责任,但由于这种行为在我国现行法律上是没有具体明确的规定予以保护的,也就说是违法的,甚至可以说是一种犯罪行为,所以院方只能放弃这一想法。

问题 1 安乐死的概念

"安乐死"一词源于希腊文 euthanasia,是由"美好"和"死亡"两个字所组成。其原意指"舒适、尊严或无痛苦的死亡"。现代意义上的安乐死是指当身患绝症或严重伤残者处于危重濒死状态时,由于精神和躯体上遭受着极端痛苦,在本人或其亲友愿意的前提下,他人出于同情和帮助其免受病痛折磨的目的,用仁慈的方式提前结束患者生命的一种行为。安乐死可进行以下分类:

1. 依实行安乐死是否出自患者自愿可分为自愿安乐死和非自愿安乐死。前者是根据患者的意愿或得到其同意而实施的安乐死;后者则是没有得到患者同意而实施的安乐死,其对象是无法矫治的畸形婴儿或神志昏迷无法表达意愿的危重病人。

2. 依实行安乐死是否主动可分为主动安乐死(积极的安乐死)和被动安乐死(消极的安乐死)。前者是以积极作为、直接干预的方式终止患者生命,如给患者注射可致死的药物;后者是采用消极不作为方式终止患者生命,如停止使用延续生命的机械或治疗措施,让患者自然死亡。

问题 2　我国安乐死立法情况

改革开放以后,安乐死的观念传入我国,并引起医学界、法学界、伦理学界、社会学界和公众的关注和讨论。自 1987 年来,我国举行了多次我安乐死问题讨论会,多数专家认为:安乐死在我国是可行的,但必须对此持非常谨慎的态度,要通过完善的立法对其予以规范。除了向立法机关提出提案外,有些人士还在民间为安乐死奔走,但目前在我国安乐死仍未为被视为合法。尽管如此,关于安乐死的许多观点已经形成共识。

问题 3　我国安乐死的立法构想

1. 主要内容　安乐死的立法内容主要包括以下五方面:

(1) 实施对象:关于安乐死的实施对象,目前还存在一定争议。部分学者认为包括三类病人:植物人、脑死亡者、身患绝症濒临死亡而又极度痛苦者。也有人主张安乐死的对象主要是两种病人:一是身患绝症处于晚期而极度痛苦的病人;二是有严重残疾,生命质量和生命价值极其低下或已丧失的病人,如不可逆的植物人状态或已发生脑死亡者,严重畸形且医学上无法治疗的胎儿、新生儿等。还有学者将植物人和严重先天缺陷的新生儿排除,提出安乐死的实施对象应是"医学上无法挽救存在痛苦的濒死者"。

(2) 行为目的:安乐死的施行,只能是出于对患者的同情和帮助,对患者死亡权利和个人尊严的尊重,而不能是出于其他的动机和目的。否则,安乐死可能因其目的的非正当而失却其存在的合理性基础,甚至沦为非法剥夺他人生命的合法手段。

(3) 适用前提:一般情况下,实施安乐死必须基于患者本人真实的请求或嘱托。但在在患者本人无法表达其意愿的情况下,可以由其家属提出,对无民事行为能力的人则需要监护人的要求和同意。

(4) 行为实施者:安乐死的实施者应为合法的医务人员,且须严格依照法定医疗程序进行,以防止安乐死的滥用,从而将安乐死的施行严格控制在法律允许的范围内。

(5) 形式和方法:合法的安乐死形式既包括被动安乐死,也包括主动安乐死。安乐死的方法应当是快速、无痛的,尽可能实现"安乐"的本质,体现出人道主义的精神,否则安乐死的施行即会因背离"无痛苦死亡"的本意而丧失其存在的意义和价值。至于具体施行的方式,既可采取积极的作为形式,也可采取消极的不作为形式,只要能够促成绝症患者尽早结束生命,从无法忍受的痛苦中脱离出来即可。

2. 实施原则　实施安乐死应符合无危害、无痛苦、不违背本人意志原则,具体包括以下方面:

（1）现代医学科学技术所不能救治的不治之症。

（2）病人的剧烈痛苦无法抑制，且已迫近死亡。

（3）病人有要求安乐死的真实意愿。

（4）在尊重病人意愿的前提下，由医务人员提供在无痛苦状态下加快结束或不再延长痛苦过程的医疗性服务。

（5）执行安乐死的方法在伦理学上被认为是正当的，它是在特定情况下病人利益的最高体现。

3. 安乐死的实施程序

（1）请求程序：首先，必须有患者本人或其亲属（监护人）的申请。申请安乐死者如果有表达意愿的能力，则必须提交由其亲笔签名的书面申请，若口头提出申请则必须是录音且必须有 2 名以上的见证人。原则上说，任何人都不能代替患者本人提出安乐死申请。神志不清、无法表达自己意愿的绝症患者，在一般情况下也不能对其实施安乐死，除非他们在神智清楚时已立有希望实施安乐死的遗嘱或有了解病人愿望的亲属（监护人）提出请求。必须强调的是，患者或其亲属（监护人）应随时有权撤回申请。

其次，必须是患者明确、真实且深思熟虑后的意思表示。患者必须以语言或文字明确表示要求安乐死，以暗示或其他方式表示的，都不能认为是明确的意思表示。

再次，必须有患者亲属（监护人）的认可。安乐死申请者的父母、妻子、儿女等共同生活者，必须对申请安乐死的要求共同认可，并在安乐死申请者的申请书上签名。对于陷入永久性昏迷、不能表达意愿的病人，可由其直系亲属请求，但需得到有关部门和医疗单位的同意方为有效申请。16 岁以下患者的安乐死决定必须由其家长或监护人作出，16～18 岁的未成年人可以在同家长商讨后一同作出决定。

（2）审查程序：申请安乐死者必须经两名医生（其中一名是患者的主治医生）确诊为身患绝症或严重伤残，且正处于痛苦不堪或已处于垂危状态。主治医生必须向患者详细陈述实际病情和后果预测，并同病人讨论除安乐死之外挽救生命的其他方法。只有当一切努力均不可能时才能考虑安乐死，医生不得以任何形式暗示病人选择安乐死。必要时，还需要一位心理医生对患者进行诊断，以确认其神志是否清楚、是否有能力自己作出安乐死决定。安乐死申请应有上述医生签字同意方为有效。

同时，安乐死的申请也应由医学专家、法医、医学伦理学专家等共同组成的安乐死审查委员会进行严格的医学和司法审查，防止误诊和失控。

（3）操作程序：安乐死在施行时，医院应严格审查有关材料，认真作好登记，依照批准的时间、地点、方式，由医护人员执行，并有死者家属及见证人在场。具体而言，一是必须由病人所在医院两名以上的医务人员按批准的时间、地点等对病人实施安乐死；二是必须用医学方法实施安乐死，所用方法不应使病人遭受不应有的痛苦或使他人产生残酷的感觉，可由医护人员给患者注射针剂或由患者自己服用药物等；三是如在实施前病人表示反悔，不同意实施安乐死，必须尊重病人的选择，不得强迫实施安乐死。

同时，申请安乐死患者的主治医生不能因为患者实施安乐死而从死者或其亲属处获得任何直接或间接的利益。当然，必要的医疗费用除外。

4. 法律责任

（1）对不符合安乐死条件的病人实施安乐死，应承担相应的法律责任。

（2）有确切证据证明病人亲属或医务人员是在病人的真实请求下对病人实施安乐死，但未经有关部门审查批准的，仍属违法行为，应承担相应的法律责任。

（3）审查人员不认真履行审查职责，以致造成重大医疗纠纷的，医务人员用不人道的方法对病人实行安乐死的，或违反有关保密规定的，均应承担相应的法律责任。

（4）病人亲属或医务人员对病人擅自实行安乐死，构成故意杀人罪，应按刑法有关规定承担刑事责任。

问题 4 无民事行为能力人实施安乐死的法律分析

（一）安乐死对象的特殊性

随着安乐死研究的深入，对于安乐死对象的界定还未能在理论界形成一致，目前把安乐死的对象限定为：晚期恶性肿瘤失去治愈机会的患者、重要生命脏器严重衰竭且不可以逆转的患者等等。根据一些国家、地区现行的相关安乐死法规以及理论界的相关研究，安乐死的界定应包括两方面条件：一是客观条件，即存在死亡痛苦，且这种痛苦必须是无法忍受、无法医治的；二是主观条件，即必须经过患者申请，且患者所患疾病医学上证明其无法挽救，方可主动实行安乐死。可见，只有具备了"死亡痛苦"这一要件，才能申请安乐死，也只有其中自愿要求安乐死的人，才能成为安乐死的对象，即安乐死对象的认定条件应是客观条件和主观条件的统一，缺少任何一个条件都不能成为安乐死的对象，只有"自愿要求解除痛苦"才能成为安乐死对象的共同本质。

但用上述两个要件来规定无民事行为能力人就不能完全适合了。在本文前述案例中，患儿李燕刚出生，属于无民事行为能力人。即使其成人后，而因其脑萎缩，其思维语言能力完全丧失，虽可享有安乐死权利，也无法主动去行使这种权利。这也意味着其不具备主观条件。至于客观条件，患儿李燕在娩出后即出现严重的窒息症状，推定其存在死亡痛苦也难以成立，因为一方面由于新生儿不能清楚而明确地表达自己意愿的客观实际状况，另一方面有缺陷的新生儿也存在虽无生命危险但有诸如智力低下或无痛感等情况的可能。对于有缺陷的新生儿作为安乐死的对象而言,其本质应和脑死亡病人、精神病人、智力严重低下者相类似,其关键特点在于不能清楚完整地表达自己的意愿并实现这个意愿,而且其重要前提条件是新生儿具有客观存在的不可逆缺陷。所以,无民事行为能力人作为安乐死的对象是有其特殊性的。

（二）安乐死类型的简单化

现代意义上的安乐死是指对患有不治之症的垂死病人所采取的临终处置,通常有被动和主动之分。此外学术界又以是否出于患者本人意愿作为标准,将安乐死分为自愿和非自愿两种。以上两种分类方式进行组合,可以有四种类型:自愿主动安乐死、非自愿主动安乐死、自愿被动安乐死、非自愿被动安乐死。

就对无民事行为能力人施行的安乐死而言,实际只有一种类型,即非自愿被动安乐死。这种类型安乐死主要针对无行为能力不能表达自己意愿的对象,包括了脑死亡病人、精神病人、智力严重低下者等。本文前述案例中,因为患儿李燕不可能表达自己的意愿,如当时在儿童医院放弃治疗,即是一种非自愿被动安乐死。一方面,生命价值是至高无上的,对于新生儿实行安乐死无疑是侵犯了其生命权和人身权,这违背了法律规定;另一方面,尽管该新生儿的生命有可能在无痛苦中延续,该患儿本人也不会提出死亡要求(即安乐死),但患儿所存在的生理缺陷、其生命质量低下也是十分明显的。

（三）安乐死的处置权

无民事行为能力人不能通过自己的思维行动或言语表达要求安乐死的意愿,所以对于无民事行为能力人实行安乐死的处置权就无法掌握在其本人手中。根据我国民法的规定,无民事行为能力人的权利由其监护人代为行使,所以只有监护人才能最终决定是否对其进行安乐死。但由于这既涉及法律上对生命权的保护问题,也涉及医学专业知识的判断问题,所以无民事行为能力人的监护人在实行这个决定权的一个至关重要的前提就是要得到医学和(或)法律上确认,并从制度上对于监护人的决定予以指导和监督。

【延伸阅读】

荷兰是世界上最早以立法形式允许实施安乐死的国家。1968年安乐死成为荷兰社会开始注重的问题;1988年荷兰皇家药物管理局在一份报告中阐述了关于安乐死的标准;1993年2月,荷兰议会通过了关于安乐死指导原则的法律,该法案于1994年1月1日起生效。该法案的出台使安乐死在荷兰取得了合法地位,1997年又建立了一套实施安乐死的办法。1999年8月10日通过的最新修正案规定,凡16岁以上的人,若患绝症到生命末期,均可自行决定是否接受安乐死,12~15岁的青少年,要求必须经其父母同意。2000年11月荷兰议会下院以多数票通过了关于"没有希望治愈的病人有权要求结束自己生命"的《安乐死法案》。经过几年实践,在积累了一定的法律和临床经验之后,荷兰议会上院于 2001 年 4 月 10 日通过了由下院于 2000 年 11 月 28 日通过的《安乐死法》,允许医生为身患绝症的病人实施安乐死,成为世界上第一个把安乐死合法化的国家。

【拓展练习】

结合本项目,谈谈我国实行安乐死存在的立法障碍。

项目 32　生殖技术的法律问题

【工作任务】

2011 年 12 月,某报社报道了广州番禺一位富商找代孕诞下 8 胞胎。广东省卫生厅有关负责人就此专程带队到报社向记者详细了解 8 胞胎的生育过程,并表示早在 2003 年卫生部就明令禁止"代孕",省卫生厅将追究为 8 胞胎父母提供"代孕"服务的医疗机构的责任,并按相关法规给予处罚。

问题 1　　生殖技术的概念

生殖技术,又称人类辅助生殖技术,是指运用医学技术和方法对配子、合子、胚胎进行人工操作,以达到受孕目的的技术,分为人工授精和体外受精-胚胎移植技术及其各种衍生技术。

(一) 人工授精

人工授精(artificial insemination,AI)是指用人工方式将精液注入女性体内以取代性交途径使其妊娠的一种方法。

根据精液来源的不同,人工授精分为夫精人工授精(AIH),即使用丈夫的精子所进行的人工授精;供精人工授精(AID)即使用供精者的精子所进行的人工授精。

(二) 体外受精

体外受精(in vitro fertilization,IVF),又叫体外受精—胚胎移植(in vitro fertilization-embryo transfer,IVF-ET),是指从女性体内取出卵子,在器皿内培养后,加入经技术处理的精子,待卵子受精后,继续培养;到形成早期胚胎时,再转移到子宫着床,发育成胎儿直至分娩的技术。由于受孕过程的最早阶段发生在体外试管内。因此,又称试管婴儿技术,生育出来的婴儿称为"试管婴儿"。

(三) 代孕母亲

代孕母亲(surrogate mother)是指代人妊娠的妇女。代孕母亲或用他人的受精卵植入自己的子宫妊娠,或用自己的卵子人工授精后妊娠,分娩后孩子交给委托人抚养。

问题 2　人工授精引发的法律问题

1. AID 婴儿的父亲问题　AID 婴儿可以说有两个父亲:一个是生物学父亲(遗传学意义上的父亲),即供精者。一个是养育父亲(社会学意义上的父亲),即生母之夫。许多国家的法律认为,养育父亲与婴儿虽无生物学上的血缘关系,但夫妻合意进行人工授精的行为,已表达了愿将婴儿作为夫妻双方共同子女的意思表示,所以应视其为婴儿的亲生父亲。如 1972 年《美国统一亲子法》规定,在 AID 情形下,丈夫必须书面承诺,并要求经夫妻双方签字,法律将丈夫和胎儿的自然父亲同样对待,AID 的供精者不被视为胎儿的自然父亲。1987 年英国《家庭法改革条例》规定,如果太太因供精人工授精而产下婴儿,丈夫应被视为孩子的父亲,除非丈夫不同意太太接受人工授精。荷兰法律规定供精者无权要回孩子。

2. AID 婴儿的法律地位　各国法律对此问题反应不一。英美昔日的判例认为在 AID 的情形下会构成通奸罪,而将出生的子女视为非婚生子女。但随着 AID 的广泛使用,判例、法律发生了相应的变化。1967 年,美国俄克拉荷马州法律规定,凡由指定的开业医生进行的 AID,并附有夫妻双方同意书的,AID 婴儿对其生母的丈夫,具有婚生子女的身份。丹麦人工授精法案规定,在丈夫同意下出生的 AID 子女,具有婚生子女的身份。但英国仍然将 AID 婴儿视为非婚生子女。从发展趋势看,多数国家倾向于主张夫妻合意的 AID 子女应推定为婚生子女,与生母之夫的关系视为亲生父子关系;妻子进行 AID,如果丈夫不知情或未曾同意,他对婴儿有否认权。

问题 3　体外受精引发的法律问题

(一) IVF 婴儿的父母问题

各国的法律观念一般认为,生下婴儿的妇女应当是孩子的合法母亲。但在 IVF 中,因配子来源和妊娠场所的不同,造成试管婴儿有多个母亲、多个父亲的复杂情况。如 1990 年英国《人生育和胚胎法》规定,一个由植入体内的胚胎或精子和卵子而孕育孩子的妇女应被视为该名孩子的母亲,而非其他妇女。因此,尽管试管婴儿与准备充当孩子养育父母的夫妇双方无任何遗传关系,仍应确定这对夫妇为孩子的合法父母。因为孩子的遗传父母仅仅是分别提供了精子和卵子,他们互不认识,更谈不上有合法的婚姻关系及养育孩子的合意。而养育父母则不同,他们有合法的婚姻关系,有作为孩子的父母的共同愿望,因此,应视试管婴儿为他们的婚生子女,享有婚生子女的一切权利。

（二）受精卵和胚胎的处置

1. 受精卵和胚胎的法律地位 即受精卵和胚胎是不是人？是否享有继承权？销毁或丢弃多余的胚胎是否构成杀人？对此，有两种截然不同的意见。一种意见认为是人，因此应尊重他们，不应把他们作为工具、手段来使用，不应未经主人同意就处理掉他们。另一种意见认为不是人，不应该具有同人一样的法律地位。

2. 胚胎的研究与处置 胚胎研究可以改善体外受精技术，有可能解开癌的秘密进而征服癌症，可以了解先天性疾病和流产及不孕的原因，有利于及早发现遗传或染色体畸形以及有利于发展新的避孕药具等。但是它也可能给人类带来灾难。德国颁布的《胚胎保护法》是世界上禁止胚胎研究最严厉的法规。澳大利亚的维多利亚州也颁发类似法令，禁止研究人胚胎和克隆相同的人，禁止活检胚胎，也禁止繁殖人与动物的混血儿。英国的《人生育和胚胎法》则是一个折中法案：允许研究14 天以前的胚胎，禁止研究 14 天后的胚胎。因为 14 天是个分水岭，在此时胚胎的胚线能形成胚胎自身的内容，决定能否发育为生命个体。这就意味着法律承认 14 天前的受精卵为无生命的物质，而 14 天后的胚胎是有生命的人。

3. 限制胚胎植入子宫的数额 生殖技术的一个副作用是比自然妊娠多胎率的明显上升，因此一些国家如英、德和比利时已有立法限制胚胎移植的数目。

4. 遗传物质的来源 根据英国法律，如果没有捐精人的书面许可，任何人也不能使用捐献的精子；德国《胚胎保护法》不允许用已死亡的人的精子或卵子进行体外受精。

问题 4 代孕母亲引发的法律问题

（一）谁是孩子的父母

这有以下几种情况：

1. 生者为母 不论精子、卵子由谁提供，生育婴儿的妇女与其丈夫是婴儿的父母。如澳大利亚的法律规定，生育婴儿的母亲及其丈夫为婴儿的法律父母。

2. 根据遗传学来确定亲子关系 如英国规定提供精子和卵子的男女为婴儿的父母。

3. 按契约约定来确定亲子关系 即代孕母亲所生的婴儿为委托方夫妇的子女。如美国新泽西、密执安等州的法律规定，婴儿的父母是委托代生的那对夫妇。

（二）代孕是否合法

代孕母亲以收取报酬为目的，出租子宫，被他人看作生育机器，是对妇女尊严的侵犯，也变相地使婴儿成为商品；加之，有的母亲替女儿代孕，姐姐替妹妹代孕，祖母替孙女代孕，造成家庭伦理关系混乱。因此，不少国家立法禁止代孕母亲。如瑞典认为，代孕母亲是违背法律基本原则的，所以代生协议是无效的。1992 年法国《生物伦理法律草案》禁止代孕,那些已替人怀孕的妇女只能将生下的孩子归为己有,否则要追究其法律责任。1985年英国《代孕协议》法案规定,对从事商业性代孕行为和刊登与代孕有关的广告行为要进行刑事制裁。德国《胚胎保护法》规定,受精卵只能由亲生母亲的子宫来孕育,如果植入其他妇女(代孕母亲)的子宫,医生和代理机构将受处罚。我国目前是禁止代孕行为。

问题 5 我国生殖技术立法情况

为了制止一些单位滥用人工生殖技术,1989年卫生部发出关于严禁用医疗技术鉴定胎儿性别和滥用人工授精技术的紧急通知,要求除用于科学研究外,其他医疗保健机构一律不得开展人工授精。1991年最高人民法院在关于夫妻离婚后人工授精所生子女的法律地位如何确定的司法解释中规定,在夫妻关系存续期间,双方一致同意进行人工授精,所生子女应视为夫妻双方的婚生子女。为了保证人类辅助生殖技术安全、有效和健康发展,规范人类辅助生殖技术的应用和管理,保障人民身体健康,卫生部颁布了《人类辅助生殖技术规范》、《人类精子库基本标准和技术规范》和《人类辅助生殖技术和人类精子库伦理原则》等三部规范性文件,已于2003年10月1日开始施行。

(一)人类辅助生殖技术管理

1. 人类辅助生殖技术的目的 人类辅助生殖技术的应用应当以医疗为目的,并符合国家计划生育政策、伦理原则和有关法律规定。人类辅助生殖技术的应用应当在经过批准的医疗机构中进行;禁止以任何形式买卖配子、合子、胚胎;禁止实施任何形式的代孕技术。

2. 医疗机构的审批 开展人类辅助生殖技术必须在医疗机构内实施。申请开展夫精人工授精技术的医疗机构由省级卫生行政部门审批;申请开展供精人工授精和体外受精—胚胎移植技术及其衍生技术的医疗机构,由省级卫生行政部门提出初审意见,卫生部审批。医疗机构应当符合下列条件:

(1)具有与开展人类辅助生殖技术相适应的卫生专业技术人员及其他专业技术人员。

(2)具有与开展人类辅助生殖技术相适应的技术和设备。

(3)设有医学伦理委员会。

(4)符合卫生部制定的《人类辅助生殖技术规范》的要求。

3. 人类辅助生殖技术的实施 应当符合卫生部制定的《人类辅助生殖技术规范》的要求。遵循知情同意原则,并签署知情同意书。涉及伦理问题的,应当提交医学伦理委员会讨论。医疗机构应当与卫生部批准的人类精子库签订供精协议;严禁私自采精;应当索取精子检验合格证明。医疗机构应当为当事人保密,不得泄露有关信息。实施人类辅助生殖技术的医疗机构不得进行性别选择,法律法规另有规定的除外。医疗机构应当建立健全技术档案管理制度。供精人工授精医疗行为方面的医疗技术档案和法律文书应当永久保存。

(二)人类精子库管理

1. 人类精子库管理的目的   人类精子库是指以治疗不育症以及预防遗传病等为目的,利用超低温冷冻技术,采集、检测、保存和提供精子的机构。规范人类精子库管理是为了保证人类辅助生殖技术安全、有效应用和健康发展,保障人民健康。人类精子库必须设置在医疗机构内。精子的采集和提供应当遵守当事人自愿和符合社会伦理原则。任何单位和个人不得以营利为目的进行精子的采集与提供活动。

2. 人类精子库的审批   设置人类精子库应当经卫生部批准。申请设置人类精子库的医疗单位应当符合下列条件:

(1)具有医疗机构执业许可证。

(2)设有医学伦理委员会。

(3)具有与采集、检测、保存和提供精子相适应的卫生专业技术人员。

(4)具有与采集、检测、保存和提供精子相适应的技术和仪器设备。

(5)具有对供精者进行筛查的技术能力。

(6)应当符合卫生部制定的《人类精子库基本标准》。

3. 精子采集与提供   应当在经过批准的医疗机构中进行,严格遵守卫生部制定的各项技术操作规程。供精者应当是符合年龄要求的健康男性,且只能在一个人类精子库中供精。人类精子库应当对供精者进行健康检查和严格筛选。

【延伸阅读】

"克隆"一词是英语 clone 或 cloning 的音译。我国以前也曾将其译为"无性生殖"或"无性繁殖",是指生物体并不是通过性细胞的受精,而是从一个共同的细胞、组织或器官繁殖得到一群遗传结构完全相同的细胞或生物。由于上一代和下一代的遗传信息是一致的,所以可以简单地说,克隆是生命的全息复制。

2001 年 12 月,联合国大会根据法国、德国的动议,决定成立特别委员会,负责讨论和拟定有关禁止这种被称为"生殖性克隆人"的国际法律。美国、西班牙等国家,要求公约禁止一切包含人类胚胎的克隆研究。如果不禁止医疗性克隆,那么以科研实验为借口而制造和毁坏人类胚胎的做法将被合法化,新生命将变成一种可以采掘和利用的自然资源;而一旦克隆胚胎大规模出现,将不可能得到控制,从而使生殖性克隆的禁令名存实亡。中国、日本、世界卫生组织等都主张,医疗性克隆应予以区别对待。中国方面认为国际社会不能容许科学研究中损害人类尊严的某些作法,但同时也不能因噎废食,禁止可能造福于人类的医学研究和实践。

【拓展练习】

结合本项目,请分析克隆人可能引起的法律问题。

项目 33　器官移植的法律问题

【岗位技能要求】

本项目主要针对医政管理等岗位,具体技能要求:

1. 能够熟练掌握器官移植的概念及相关法律规定。
2. 能够简单分析生殖技术引发的法律问题。

【工作任务1】

公开的数据显示,我国每年有近 100 万终末期肾病患者,其中相当一部分人需做肾移植,但每年进行的肾移植手术还不到 4000 例。另外,我国每年有 30 万终末期肝病患者需做肝脏移植,但 2011 年肝脏移植总数还不足 1500 例。正是由于器官的稀缺,导致多年来非法买卖器官活动屡禁不止。为了应对严重的器官短缺,卫生部和我国红十字会于 2009 年 8 月宣布启动建设"中国人体器官捐献体系",期望缓解器官移植发展遭遇的瓶颈。

问题 1　器官移植的概念

器官移植是指通过手术等方法,替换体内已损伤的、病态的或者衰竭的器官。从理论上讲,器官移植可分为三大类:自体移植、同种移植和异种移植。自体移植是指摘除一个体器官并把它置于同一个体;同种移植是指把同一种生物的某一具体的器官移植到同种生物的其他个体上;异种移植是指把一种生物的器官移植到另一种生物上。本书所指的器官移植是指同种移植,即把一个活人或一具尸体的器官移植到另一个活人身上的情形。

问题 2　我国器官移植立法现状

1995 年 11 月中国器官移植发展基金会在北京成立。1997 年南京市成立了"红十字会捐献遗体志愿者之友"的组织。1997 年在湖北武汉第九届人代会第五次会议上,《器官移植亟待立法——武汉市器官捐献地方法规议案》得到 40 多位代表的联名响应。1998 年北京某医院发生医师在未经死者家属同意的情况下摘除死者的眼球用于角膜移植的事件,由此引发出两场器官移植方面的伦理和法律问题讨论。1999 年有关部门在武汉联合召开了全国器官移植法律问题的专家研讨会,并提出了我国《器官移植法》(草案)。1999 年在九届全国人大二次会议上,上海、山东、广州等地的代表均提出了《角膜捐献法》议案。2000 年上海市人大常委会颁布了《遗体捐献条例》,这是我国关于遗体捐献方面的第一部地方性法规。2003 年 8 月 22 日,深圳市三届人大常委会第 26 次会议通过的《深圳经济特区人体器官捐献移植条例》是我国第一部关于人体器官移植的法律文件,该条例已于 2003 年 10 月 1 日起施行。2007 年 3 月 21 日,国务院第 171 次常务会议通过《人体器官移植条例》,自 2007 年 5 月 1 日起施行。

【工作任务 2】

2008 年,同患尿毒症的 17 岁少女何一文(化名)和 39 岁男子何志刚(化名)原本不相识,为换肾与各自亲属配型均不成功,但一次偶然机会让两家发现,何一文 42 岁的父亲何大兵捐肾给何志刚,何志刚 49 岁的表哥史道红捐肾给何一文,却是绝配。双方家庭同意"交叉换肾"。在广州某医院,从准备手术到手术被医院伦理委员会以 8∶1 的票数暂缓再到医院下"逐客令",可谓是一波三折。双方被迫转到海南省某医院求治,同样是伦理委员会,却以 13 票全票通过,"交叉换肾"手术成功进行。

根据《人体器官移植条例》第二章第十条的规定:活体器官接受人与捐献人之间须是配偶关系、直系血亲或者三代以内旁系血亲关系,或者有证据证明与活体器官捐献人存在因帮扶等形成了亲情关系。否则,属于违法行为,须依法进行处罚。

问题 1　人体器官的捐献

(一)捐献原则

人体器官捐献应当遵循自愿、无偿的原则。公民享有捐献或者不捐献其人体器官的权利,任何组织或者个人不得强迫、欺骗或者利诱他人捐献人体器官。任何组织或者个人不得摘取未满 18 周岁公民的活体器官用于移植。

(二)捐献意愿

捐献人体器官的公民应当具有完全民事行为能力。公民捐献其人体器官应当有书面形式的捐献意愿,并随时有权予以撤销;公民生前表示不同意捐献其人体器官的,任何组织或者个人不得捐献、摘取该公民的人体器官;公民生前未表示不同意捐献其人体器官的,该公民死亡后,其配偶、成年子女、父母可以以书面形式共同表示同意捐献该公民人体器官的意愿。

(三)捐献的范围

活体器官的接受人限于活体器官捐献人的配偶、直系血亲或者三代以内旁系血亲,或者有证据证明与活体器官捐献人存在因帮扶等形成亲情关系的人员。

问题 2　人体器官的移植

(一)从事人体器官移植医疗机构的资质

医疗机构从事人体器官移植,应当依照《医疗机构管理条例》的规定,向所在地省、自治区、直辖市人民政府卫生主管部门申请办理人体器官移植诊疗科目登记。

医疗机构从事人体器官移植,应当具备下列条件:

1. 有与从事人体器官移植相适应的执业医师和其他医务人员。

2. 有满足人体器官移植所需要的设备、设施。

3. 有由医学、法学、伦理学等方面专家组成的人体器官移植技术临床应用与伦理委员会,该委员会中从事人体器官移植的医学专家不超过委员人数的 1/4。

4. 有完善的人体器官移植质量监控等管理制度。

省、自治区、直辖市人民政府卫生主管部门进行人体器官移植诊疗科目登记,除依据上述条件外,还应当考虑本行政区域人体器官移植的医疗需求和合法的人体器官来源情况。省、自治区、直辖市人民政府卫生主管部门应当及时公布已经办理人体器官移植诊疗科目登记的医疗机构名单。

（二）移植的风险评估

医疗机构及其医务人员从事人体器官移植,应当遵守伦理原则和人体器官移植技术管理规范,应当对人体器官捐献人进行医学检查,对接受人因人体器官移植感染疾病的风险进行评估,并采取措施,降低风险。

（三）人体器官移植技术临床应用与伦理委员会的审查

人体器官移植技术临床应用与伦理委员会收到摘取人体器官审查申请后,应当对下列事项进行审查,并出具同意或者不同意的书面意见:

1. 人体器官捐献人的捐献意愿是否真实。

2. 有无买卖或者变相买卖人体器官的情形。

3. 人体器官的配型和接受人的适应证是否符合伦理原则和人体器官移植技术管理规范。

经 2/3 以上委员同意,人体器官移植技术临床应用与伦理委员会方可出具同意摘取人体器官的书面意见。如不同意摘取人体器官的,医疗机构不得做出摘取人体器官的决定,医务人员不得摘取人体器官。

（四）医疗机构及其医务人员的义务

从事人体器官移植的医疗机构及其医务人员摘取活体器官前,应当履行下列义务:

1. 向活体器官捐献人说明器官摘取手术的风险、术后注意事项、可能发生的并发症及其预防措施等,并与活体器官捐献人签署知情同意书。

2. 查验活体器官捐献人同意捐献其器官的书面意愿、活体器官捐献人与接受人存在规定关系的证明材料。

3. 确认除摘取器官产生的直接后果外不会损害活体器官捐献人其他正常的生理功能。

4. 应当尊重死者的尊严;对摘取器官完毕的尸体,应当进行符合伦理原则的医学处理,除用于移植的器官以外,应当恢复尸体原貌。

5. 应当对人体器官捐献人、接受人和申请人体器官移植手术的患者的个人资料保密。

【工作任务3】

2010 年,26 岁的湖南小伙胡某因还不起 18000 元赌债,想到"卖肾"。自打出第一个联系电话后,他很快陷入一张庞大而严密的肾脏地下交易中介网络中。在 2011 年 1 月,尽管他不停地哭泣,表示"真的不想做了",但仍然被送上一家民营医院的简陋手术台,切掉了左肾。3 天后,他的银行卡里打进了 27000 元。

问题 违反人体器官移植管理的法律责任

1. 有下列情形之一,构成犯罪的,依法追究刑事责任:

(1) 未经公民本人同意摘取其活体器官的。

(2) 公民生前表示不同意捐献其人体器官而摘取其尸体器官的。

(3) 摘取未满 18 周岁公民的活体器官的。

2. 买卖人体器官或者从事与买卖人体器官有关活动的,由设区的市级以上地方人民政府卫生主管部门依照职责分工没收违法所得,并处交易额 8 倍以上 10 倍以下的罚款;医疗机构参与上述活动的,还应当对负有责任的主管人员和其他直接责任人员依法给予处分,并由原登记部门撤销该医疗机构人体器官移植诊疗科目登记,该医疗机构 3 年内不得再申请人体器官移植诊疗科目登记;医务人员参与上述活动的,由原发证部门吊销其执业证书。

国家工作人员参与买卖人体器官或者从事与买卖人体器官有关活动的,由有关国家机关依据职权依法给予撤职、开除的处分。

3. 医疗机构未办理人体器官移植诊疗科目登记,擅自从事人体器官移植的,依照《医疗机构管理条例》的规定予以处罚。

实施人体器官移植手术的医疗机构及其医务人员违反本条例规定,未对人体器官捐献人进行医学检查或者未采取措施,导致接受人因人体器官移植手术感染疾病的,依照《医疗事故处理条例》的规定予以处罚。

从事人体器官移植的医务人员违反规定,泄露人体器官捐献人、接受人或者申请人体器官移植手术患者个人资料的,依照《执业医师法》或者《护士条例》的规定予以处罚。

4. 医务人员有下列情形之一的,依法给予处分;情节严重的,由县级以上地方人民政府卫生主管部门依照职责分工暂停其 6 个月以上 1 年以下执业活动;情节特别严重的,由原发证部门吊销其执业证书:

（1）未经人体器官移植技术临床应用与伦理委员会审查同意摘取人体器官的。

（2）摘取活体器官前未依照规定履行说明、查验、确认义务的。

（3）对摘取器官完毕的尸体未进行符合伦理原则的医学处理，恢复尸体原貌的。

5. 医疗机构有下列情形之一的，对负有责任的主管人员和其他直接责任人员依法给予处分；情节严重的，由原登记部门撤销该医疗机构人体器官移植诊疗科目登记，该医疗机构 3 年内不得再申请人体器官移植诊疗科目登记：

（1）不再具备法律所规定的资质条件，仍从事人体器官移植的。

（2）未经人体器官移植技术临床应用与伦理委员会审查同意，做出摘取人体器官的决定，或者胁迫医务人员违反规定摘取人体器官的。

（3）摘取活体器官前未依照规定履行说明、查验、确认义务的；对摘取器官完毕的尸体未进行符合伦理原则的医学处理，恢复尸体原貌的。

医疗机构未定期将实施人体器官移植的情况向所在地省、自治区、直辖市人民政府卫生主管部门报告的，由所在地省、自治区、直辖市人民政府卫生主管部门责令限期改正；逾期不改正的，对负有责任的主管人员和其他直接责任人员依法给予处分。

6. 从事人体器官移植的医务人员参与尸体器官捐献人的死亡判定的，由县级以上地方人民政府卫生主管部门依照职责分工暂停其 6 个月以上 1 年以下执业活动；情节严重的，由原发证部门吊销其执业证书。

7. 国家机关工作人员在人体器官移植监督管理工作中滥用职权、玩忽职守、徇私舞弊，构成犯罪的，依法追究刑事责任；尚不构成犯罪的，依法给予处分。

【延伸阅读】

器官捐献在发达国家并不少见。以美国为例，基本上各州都有完善的器官获取组织，公民申领驾照时均须进行器官捐献意愿登记，同意捐赠者会在驾照上予以标注。如果司机突发车祸遇难，医院查验驾照后便可在第一时间直接摘除其器官，而无须家属同意。甚至有些国家还遵循"默认同意"原则，例如西班牙相关法规就规定，公民如果生前没有提出书面要求不捐献器官，就默认同意捐献。正因为有了这样的制度保障，西班牙是目前世界上器官捐献率最高的国家，每百万人口中捐献器官者高达 38 人。

【拓展练习】

结合本项目，请分析器官移植可能引发的法律问题。

项目 34 基因工程的法律问题

【岗位技能要求】

本项目主要针对医政管理、人类遗传资源管理和生物资源管理等岗位,具体技能要求:

1. 能够熟练掌握基因工程的概念。
2. 能够简单分析基因工程引发的法律问题。

【工作任务】

2009 年 4 月,周某、谢某、唐某 3 名考生参加某市公务员考试,均顺利通过笔试和面试,并于 2009 年 6 月参加了公务员体检。体检医院发现,他们 3 人的平均红细胞体积偏小,遂复查进行地中海贫血基因分析,医院认定 3 人均为地中海贫血基因携带者。因此,市人力资源和社会保障局以"体检不合格"为由淘汰了他们。周某、谢某认为,他们的身体条件符合国家公务员体检标准的要求,依照国家公务员体检表检查的各项数值均在正常范围内,没有体检标准和体检手册中所描述的任何贫血症状。2009 年 9 月,周某、谢某向市政府申请行政复议,但市政府没有支持他们的复议请求。周某、谢某不服,与未经行政复议程序的唐某一起,以"公务员体检标准中没有要求查基因,拒绝录用带有地中海贫血基因的考生,是典型的歧视行为"为由,将市人力资源和社会保障局告到法院。

问题 1　基因的概念

基因(gene)是 DNA 上有遗传意义的片段,是基础的遗传单位,它决定着生物的性状、生长与发育。更重要的是,基因与许多疾病有关。

基因工程,又称基因拼接技术或 DNA 重组技术,是指采取类似工程设计的方法,按照人们的需要,通过一定的程序将具有遗传信息的基因,在离体条件下进行剪接、组合、拼接,再把经过人工重组的基因转入宿主细胞大量复制,并使遗传信息在新的宿主细胞或个体中高速表达,产生出人类需要的基因产物,或者改造、创造新的生物类型。

问题 2　人类基因工程引发的法律问题

(一)基因诊断

基因诊断也称 DNA 诊断、DNA 探针技术或基因探针技术,是指通过直接探查基因的存在和缺陷来对人体的状态和疾病做出判断。

最早的基因诊断是 1976 年凯恩等人借助 DNA 分子杂交方法首次成功地进行的地中海贫血的产前诊断。经过 20 多年的发展,基因诊断取得了许多成果,目前正广泛应用于临床。基因诊断的医学意义是巨大的,但它的应用也产生了许多法律问题。最为明显的就是通过基因诊断查明的患者可能存在歧视问题。

(二)基因治疗

基因疗法是指将外源基因导入目的细胞并有效表达,从而达到治疗疾病目的的治疗方法。基因治疗一般分为:体细胞基因治疗、生殖细胞基因治疗、增强基因工程和优生基因工程。

基因治疗为人类展示了美好的应用前景。但是,基因治疗涉及改变人类的遗传物质,有可能产生不可预知的严重后果。一般认为,体细胞基因治疗只涉及患者个体,而生殖细胞基因治疗则对人类未来存在深远影响,特别会在伦理、法律方面引发许多问题:如人的标准,基因治疗的权利等。所以,目前许多国家对基因治疗采取非常审慎的态度,同时也从法律角度对此做出调整、规范和控制。

(三)人类基因组计划

人类基因组计划(human genome project,HGP)是美国科学家于 1985 年率先提出,并于 1990 年 10 月正式启动的。它旨在通过国际合作,阐明人类基因组 30 亿个碱基对的序列,发现所有人类基因并搞清其在染色体上的位置,破译人类全部遗传信息,使人类第一次在分子水平上全面地认识自我。经过美国、英国、德国、日本、法国和中国等 6 个国家科学家的共同努力,1999 年 11 月 23 日完成了 10 亿个碱基对的测定工作。2000 年 6 月 26 日科学家公布了人类基因组工作草图。人类基因组计划是人类科学史上的一个里程碑,但它同样也可能带来法律问题:

1. 基因隐私　人类遗传密码破译后,人们首先面对的就是基因歧视,有些人会看不起天生携带"坏基因"的人。基因实际上并没有好坏之分,因为一个人的智力、性格等受到环境、社会等因素的多重影响。同时一个人的遗传信息应当看成一个人的隐私,而不是一般的医学数据。从基因角度来说,任何人都有可能是某种或某几种"致病基因"的携带者。这些携带者不应受到遗传歧视,应该像尊重一个人的隐私权一样尊重携带者的人格尊严。

2. 基因专利　遗传信息不应该被任何组织或个人垄断,特别是仅为基因一部分、功能未知的表达序列标签(EST),即从不同组织构建的 DNA 文库中,随机挑选不同的克隆,进行部分测序所得到的 DNA 序列所能揭示的遗传信息,更不能被授予专利。

3. 利益分享　人类基因组计划应有益于全人类,人类如何来公正地分享利益,这也是应当思考的问题。

（四）基因技术滥用的忧虑

就目前而言,基因技术的滥用可能会出现诸如制造"半人半兽"的怪物、克隆人和生产基因武器,发动生物战争等问题。

问题 3　我国人类基因工程研究及应用立法

为了促进我国生物技术的研究和开发,加强基因工程工作的安全管理,保障公众和基因工程工作人员的健康,防止环境污染,维护生态平衡,国家科委于 1993 年 12 月发布了《基因工程安全管理办法》,就适用范围、安全性评价、申报和审批、安全控制措施等方面做了规定。

1999 年 9 月中国获准加入人类基因组计划,负责测定人类基因组全部序列的 1％,也就是 3 号染色体上的 3000 万个碱基对。中国是继美、英、日、德、法之后第 6 个国际人类基因组计划参与国,也是参与该计划的唯一发展中国家。为了防止人类基因组计划引发的伦理、法律和社会等方面的问题,国家人类基因组南方、北方两个中心成立了伦理、法律、社会问题工作组,对有关问题进行研究,提出相应伦理和法律对策,其目的是在认识人类与其他生物基因的基础上,重新认识社会成员之间,家庭之间,个人、家庭与社会之间的关系,认识人类与生命世界及整个自然的关系,保证人类基因组计划沿着健康轨道进行。

为了有效保护和合理利用我国的人类遗传资源,加强人类基因的研究与开发,促进平等互利的国际合作和交流,1998 年 9 月经国务院批准,科学技术部、卫生部共同制定了《人类遗传资源管理暂行办法》。

问题 4　基因及基因工程的立法原则

（一）基因资源开发主权权利原则

基因是一种资源,而且是一种有限的自然资源。一国对其本国内的基因资源开发享有主权权利,源于国家对其管辖范围内自然资源的永久主权。联合国大会通过的《关于天然资源之永久主权宣言》郑重宣布:"各民族及各国行使其天然财富与资源之永久主权,必须为其国家发展着想,并以关系国家人民之福利为依归。"联合国《建立新的国际经济秩序宣言》重申:"每一个国家对自己的自然资源和一切经济活动拥有充分的永久主权。为了保卫这些资源,每一个国家都有权采取适合于自己情况的手段,对本国资源及其开发实行有效控制。"《生物多样性公约》直接涉及基因资源开发的主权权利问题,它明确规定:"确认各国对其自然资源拥有的主权权利,因而可否取得遗传资源的决定权属于国家政府,并依照国家法律行使。"在生物技术迅猛发展的今天,一国的基因资源已为他国所觊觎、为本国所倚重的战略资源,一些发达国家和跨国公司争相对发展中国家进行基因偷猎,在发展中国家寻找有价值的疾病家系病人,以期得到和克隆相关疾病的基因,并竞相申请专利,进而开发基因药物,占领包括发达国家和发展中国家在内的医药市场,从中获取高额利润。

(二)基因工程风险防范原则

基因工程有着巨大的经济社会价值,但随之产生的风险更不容忽视。

1. 基因重组有可能引起遗传基因变异及失控。

2. 基因污染问题不容忽视。基因污染之所以非常特殊非常危险,原因在于它是唯一一种能够不断增殖、扩散且又无法清除的污染。

3. 基因工程可能会破坏生态系统的平衡。

4. 基因工程化食品的安全性问题令人担忧。基因工程化食品在人类的食品供应中只有短暂的历史,其安全性需要经过长期的实验才能得到证实。

(三)知识产权保护原则

基因的知识产权保护主要是指基因的专利保护。基因的专利保护主要涉及转基因植物或动物的发明、转基因植物或动物的生产方法发明、转基因植物或动物的应用发明和基因治疗方法发明等。从总体上来说,对基因授予专利不仅有利于基因技术创新,而且可以加大企业对基因工程的投资力度,加快基因科学研究的发展。现在各国都在加大基因专利的保护力度,但对于基因是否应授予专利,目前仍存在争议。

(四)尊重人权原则

尊重人权原则要求禁止基因歧视、尊重基因隐私和确保知情同意,以有利于人类的健康发展。

问题 5　人类遗传资源保护立法情况

(一)人类遗传资源管理的原则

人类遗传资源是指含有人体基因组、基因及其产物的器官、组织、细胞、血液、制备物、重组脱氧核糖核酸(DNA)构建体等遗传材料及相关的信息资料。凡涉及我国人类遗传资源的采集、收集、研究、开发、买卖、出口、出境等活动,都应当遵守人类遗传资源管理办法的规定。国家对人类遗传资源实行分级管理、统一审批制度。国家对重要遗传家系和特定地区遗传资源实行申报登记制度,发现和持有重要遗传家系和特定地区遗传资源的单位或个人,应及时向有关部门报告。未经许可,任何单位和个人不得私自采集、收集、买卖、出口、出境或以其他形式对外提供。

(二)国际合作项目的申报

凡涉及我国人类遗传资源的国际合作项目,应经批准后签约。

(三)研究开发项目知识产权的处理

1. 我国研究开发机构对于我国境内的人类遗传资源信息,包括遗传家系和特定地区遗传资源及其数据、资源、样本等,享有专属持有权。获得上述信息的外方合作单位和个人未经许可不得公开、发表、申请专利或以其他形式向他人披露。

2. 有关人类遗传资源的国际合作项目应当遵循平等互利、诚实信用、共同参与、共享成果的原则处理知识产权归属和分享。

（四）处罚

我国单位和个人未经批准，私自携带、邮寄、运输人类遗传资源材料出口、出境的，由海关没收其携带、邮寄、运输的人类遗传资源材料，视情节轻重，给予行政处罚直至移送司法机关处理。未经批准私自向外方机构或者个人提供人类遗传资源材料的，没收所提供的人类遗传资源材料并处以罚款。情节严重的，给予行政处罚直至追究法律责任。

国（境）外单位和个人未经批准，私自采集、收集、买卖我国人类遗传资源材料的，没收其所持有的人类遗传资源材料并处以罚款。情节严重的，依照我国有关法律追究其法律责任。私自携带、邮寄、运输我国人类遗传资源材料出口、出境的，由海关没收其携带、邮寄、运输的人类遗传资源材料，视情节轻重，给予处罚或移送司法机关处理。

人类遗传资源管理机构的工作人员和参与审核的专家有为申报者保守技术秘密的责任；玩忽职守，徇私舞弊，造成技术秘密泄露或人类遗传资源流失的，视情节给予行政处罚直至追究法律责任。

【延伸阅读】

转基因食品（genetically modified food，GMF）是指利用基因工程（转基因）技术在物种基因组中嵌入了（非同种）外源基因的食品，包括转基因植物食品、转基因动物食品和转基因微生物食品。虽然转基因食品研究历史只有短短几十年，但其提高产量、增强自身抗病抗虫等优点较为明显，另一方面，其潜在的风险，如过敏性、毒性及对环境影响也令世人关注。作为一种新兴的生物技术手段，转基因技术的不成熟和不确定性，必然使得转基因食品的安全性成为人们关注的焦点。

最早提出这个问题的是英国的阿伯丁罗特研究所的普庇泰教授。1998年，他在研究中发现，幼鼠食用转基因土豆后，会使内脏和免疫系统受损。这引起了科学界的极大关注。随即，英国皇家学会对这份报告进行了审查，于1999年5月宣布此项研究"充满漏洞"。1999年英国的权威科学杂志《自然》刊登了美国康乃尔大学教授约翰·罗西的一篇论文，指出蝴蝶幼虫等田间益虫吃了撒有某种转基因玉米花粉的菜叶后会发育不良，死亡率特别高。

【拓展练习】

结合本项目，请谈谈基因工程可能引发的法律问题。

项目 35　脑死亡的法律问题

【岗位技能要求】

本项目主要针对医政管理等岗位,具体技能要求:

1. 能够熟练掌握脑死亡的概念。
2. 能够简单分析脑死亡引发的法律问题。

【工作任务】

2003 年 2 月 23 日,患者毛某因脑干出血送进武汉同济医院治疗。虽经多方救治,毛某仍深度昏迷,无自主呼吸,但心跳还在维持。征得家属同意后,医院严格按照国际通行的脑死亡标准和我国卫生部脑死亡起草小组的最新标准,对其进行了 3 次脑死亡诊断,结果均为死亡。毛某的家属在放弃治疗协议书上签字。2 月 25 日,帮助毛某维持了 30 多个小时的呼吸机被撤除,21 分钟后其心脏停止跳动。

问题 1　脑死亡的概念

脑死亡如同心跳和呼吸停止一样,是人的生命现象的终止,是个体死亡的一种类型。关于脑死亡的概念,争议很多。1980 年我国学者李德祥提出脑死亡应是全脑死亡,从而克服了大脑死(不可逆昏迷)、脑干死等脑的部分死亡等同于脑死亡的缺陷,但也有学者认为"意识、思维能力的丧失,就标志着人的死亡",即植物人属于脑死亡。多数学者还是认为二者是有区别的,不可以把脑死亡与持续性植物状态(或称"大脑皮质死亡"、"植物人")相混淆,可能承担民事或刑事责任。目前普遍认为:脑死亡即包括脑干在内全脑功能完全、不可逆转地停止,而无论脊髓和心脏功能是否存在。即发生全脑死亡后,虽心跳尚存,但脑复苏已不可能,个体死亡已经发生且不可避免。

问题 2　脑死亡诊断标准及程序

(一)脑死亡诊断标准

1966 年美国提出脑死亡是临床死亡的标志。在 1968 年在第 22 届世界医学大会上,美国哈佛医学院脑死亡定义审查特别委员会提出了"脑功能不可逆性丧失"作为新的死亡标准,并制定了世界上第一个脑死亡诊断标准:

1. 不可逆的深度昏迷。

2. 自发呼吸停止。

3. 脑干反射消失。

4. 脑电波消失（平坦）。

凡符合以上标准,并在 24 小时或 72 小时内反复测试,多次检查,结果无变化,即可宣告死亡。但需排除体温过低(<32.2 ℃)或刚服用过巴比妥类及其他中枢神经系统抑制剂两种情况。

同年,由世界卫生组织建立的国际医学科学组织委员会规定死亡标准为:

1. 对环境失去一切反应。

2. 完全没有反射和肌张力。

3. 停止自主呼吸。

4. 动脉压陡降。

5. 脑电图平直。

目前,世界上有近 30 个国家立法通过了脑死亡标准,许多国家还是采用"哈佛标准"或与其相近的标准。

（二）判定脑死亡的医生

美国负责判定脑死亡的医生为神经内科或外科医师,并需要两位医师同时在场时进行判定。

英国标准规定:由具有经验的急救中心医生来判断,有疑问时还要与神经内科或神经外科医生会诊。

日本厚生省脑死亡研究班标准规定判定脑死亡的医生为:具有丰富的诊断脑死亡经验,但与移植无关;由两人以上完成;两次以上检查时不必由同一医生来进行,但这一医生必须参加过脑死亡的诊断。

我国台湾的标准规定:由二名接受过专门训练的神经内科、神经外科、麻醉科、急救中心医生担当,两人中至少有一人必须是精通脑干功能试验的神经内科或神经外科医生,参与器官移植的医生不能诊断脑死亡。

（三）脑死亡时间的界定

各国法律、法规或规章对脑死亡时间的规定比较一致,大多是以医生最终判定脑死亡(即经过一定时间的观察,确信脑死亡成立)的时间为准。例如,挪威 1977 年制定的《关于死亡定义的规定》、德国医师协会 1982 年制定的《脑死亡判定标准》、瑞士医学会 1983 年制定的《关于死亡的定义与判定标准》等。

必须指出的是,医生最终判定脑死亡的时间与脑死亡观察结束的时间,并非完全一致。因为法定观察时间结束后,医生还得作进一步的检查,至少还要花几分钟时间,同样情形的患者,最终判定的脑死亡时间可能会有一定的差异。这对医疗机构和医生来说固然是无关紧要的事,但在法律上,对特定当事人则可能会影响到权利主体是否存在、财产的继承是否发生,在刑法上则涉及杀人、伤害罪的对象是否存在。即便是以观察结束时间为准来确定脑死亡时间,也存在类似的弊病。因为各国所规定的脑死亡观察时间不一,短者仅 25 分钟,长者则在 24 小时以上。

问题 3　开展脑死亡立法的意义和形式

（一）脑死亡立法的意义

1. 有利于有限医疗卫生资源的合理使用　目前世界大多数国家已经承认"脑死亡"标准的科学性,并且纷纷制定脑死亡法令,收到很好的效果。尽管呼吸心跳仍未停止,但一旦"脑死亡"已经确定,就可以认为该种病人已"实实在在"地死亡,对其可以立即摘取有用之器官,且器官质量比以呼吸心跳判定死亡的好,对于使有限的医疗卫生资源得到合理使用具有积极意义。

2. 有利于相关法律的正确实施　脑死亡的实施,有利于尽快稳定与死者相关的法律关系,从而确保社会正常的财产归属和流转秩序。自古以来都是将人的个体死亡定义在呼吸停止和心脏停搏上,如今由于现代医学的进展,脑死亡作为人体个体死亡的定义,不仅有力地冲击着传统医学,也在冲击着习惯法规。因为人的个体死亡涉及遗嘱的争执、保险的索赔、职工的抚恤金、器官移植、人工脏器、医疗纠纷或事故,以及某些刑事诉讼案件涉及的是否杀人等问题,包括脑死亡者行为能力和责任能力等。因此,在法律上也必须制定出有关人的个体死亡,即脑死亡的相关法律规定。

（二）关于脑死亡判定的标准两种立法形式

关于脑死亡判定的标准,主要有两种立法形式:

一种是一元论的立法形式,即把脑死亡作为死亡判定的唯一基准。例如,瑞典 1987 年制定的《关于人死亡判定标准的法律》第 1 条规定:"脑的全体功能不可逆性完全丧失时,视为人已死亡。"第 2 条规定:"①死亡时期的判定,由有学识与经验的医生进行;②呼吸与循环已停止相当长时间,表明脑的功能已不可逆性完全丧失时,应判定为人已死亡;③呼吸与循环通过人工方法维持的场合,死亡时间的判定,以脑功能不可逆性完全丧失确实被证明时为准。"

另一种是二元论的立法形式,即把脑死与心脏死并列作为判定死亡的标准。1983 年,美国医学会、美国律师协会、美国统一州法律全国督察会议以及美国医学和生物学及行为研究伦理学问题总统委员会通过《统一死亡判定法案》(Uniform Determination of Death Act,UDDA),建议美国各州采纳以下条款:"一个人或①循环和呼吸功能不可逆停止,或②全脑,包括脑干一切功能不可逆停止,就是死人。死亡的确定必须符合公认的医学标准。"该条款实际上是让传统死亡概念、标准和脑死亡概念、标准同时存在,避免了人们对死亡定义可能产生的误会。

（三）我国脑死亡立法进展

我国医学界和法学界早在 20 世纪 80 年代就提出了"脑死亡"问题，但未引起很大关注。目前，我国对脑死亡的定义与标准还没有法律明确规定，但卫生部已经就脑死亡标准在广泛征求意见的情况下制定了修订稿（2009 年），并在部分医院进行试点，可与呼吸心跳死亡标准并立，但脑死亡立法仍在讨论中，尚未出台。

【延伸阅读】

"脑死亡"概念首先产生于法国。1959 年，法国学者 P. Mollaret 和 M. Goulon 在第 23 届国际神经学会上首次提出"昏迷过度"（Le Coma Dépassé）的概念，同时报道了存在这种病理状态的 23 个病例，并开始使用"脑死亡"一词。他们的报告提示：凡是被诊断为"昏迷过度"的病人，苏醒可能性几乎为零。医学界接受并认可了该提法。此后，关于这种"昏迷过度"的研究重点是如何确定脑死亡的诊断标准和排除"脑死亡样状态"，同时提出在确诊脑死亡之前，必须排除深低温和药物过量的影响。从 1966 年开始法国即确定了"脑死亡"为死亡标志。

【拓展练习】

结合本项目，请分析脑死亡可能引发的法律问题。

项目 36 　新药试验的法律问题

【工作任务 1】

2005 年 9 月初,患有 6 年的糖尿病郭某由于血糖出现波动,到一家三甲医院就诊。接诊医生介绍:徐州某药厂研制的一款治疗糖尿病新药正在开展临床试验,前两期试验已经做过,结果表明没有什么大的危害性后果,现在三期试验应该对郭某有效,医院受药厂委托承担了这项新药临床试验。郭某遂签署了患者须知和知情同意书,同意参与这项试验。试用新药后,郭某的血糖不降反升,精神和体力也明显不如以前。他去询问医生,把情况说了之后,医生要求他加大用药量。郭某咬紧牙,坚持按医生要求完成了 13 周的新药试验,这时他已经和试药前判若两人。为了弄清自己病情的原因,2006 年 1 月郭某到该三甲医院就诊,经检查确认,他眼睑水肿,双肾区有叩痛,双下肢轻度凹陷性水肿,被诊断为 2 型糖尿病、糖尿病肾病。

2006 年 2 月,郭某一纸诉状将医院及徐州某药厂告上区人民法院,要求两被告赔偿各项损失 31 万余元。原告郭某的代理律师认为:两被告正式试药前没有告知原告肾脏有病情并不适合参与试药;两被告漠视受试者的健康权利,不考虑开始试药和进展过程中出现的各种情况,最终导致原告的肾病不可回转。被告医院辩称:原告在试药前,被告医院履行了充分的告知义务,原告本人也签字认可。原告的身体检查状况符合试药条件及指征,因试验效果不佳加大药量也符合常规,且被告的最终检查结论证实,其不存在损害后果的事实。被告徐州某药厂也辩称:试验的药物有国家药监局的批准文号,试药经过了国家药监局及相关伦理委员会的批准,同时在 6 家医院委托试药。胰岛素药物对肾功能不可能造成伤害,原告也没有证据证明是注射了被告的药物而造成的伤害。法院审理后认为:尽管原告郭某不存在身体健康的损害后果,但两被告未充分履行知情同意义务,侵害了郭某的自我决定权,造成了他的精神损害,因此法院酌定精神抚慰金为 1 万元。

卫生法律实务

问题 1　保护临床受试者的原则

新药的研制开发中，以人体作为生物医学研究对象（临床试验）是必不可少的一个环节。临床试验指任何在人体（病人或健康志愿者）进行药物的系统性研究，以证实或揭示试验药物的作用、不良反应和（或）试验药物的吸收、分布、代谢和排泄，目的是确定试验药物的疗效与安全性，从而使得该新药在社会广泛使用时隐患减少到最小限度。但是，人体试验是以最为宝贵的人体作为受试对象，如何切实保护受试者的合法权益，是临床试验所要解决的一个重要问题。

1964 年 6 月第 18 届世界医学大会通过并经过多次修订的《世界医学大会赫尔辛基宣言——人体医学研究的伦理准则》（简称《赫尔辛基宣言》）是最基本的保护临床受试者的国际原则。这一关于人体医学研究伦理准则的声明，用以指导医生及其他参与者进行人体医学研究，包括对人体本身和相关数据或资料的研究。其中确定了人体试验应遵循的基本原则。主要包括：

1. 以人为对象的生物和医学研究必须符合公认的科学原则，试验方案中应清楚阐述有关设计和实施计划，并要求一个独立于研究者的专职委员会对试验方案中的试验内容、试验说明和试验指导进行审查。

2. 保证研究只在经过严格训练的人的监督下和有临床能力的医务人员指导下进行，即使在受试者同意之下，其义务也应当取决于研究的主题。

3. 如果试验客观的重要性与受试者承担的固有的危险无法相比的话，该研究不能进行，保证研究方案的实行，受试者的利益大于科学和社会所能获得的利益。

4. 研究应当保证受试者完整的权利不因为临床研究而遭到损害，这不仅包括保护受试者的隐私，还应当尽力保证受试者的身体、精神和人格在研究中所受到的影响最小。

5. 如果受试者与试验医生存在从属关系，受试者的知情同意书必须由一个没有从事研究，而且完全独立于这个从属关系的医生获得，以防止受试者的同意可能被胁迫。

6. 每一个受试者必须被充分地告知研究目的、方法、预期利益和研究中潜在的危害及其可能承担的痛苦。必须告知受试者有权避免加入研究，且有权在任何时候自由退出他们已同意加入的试验研究。

7. 如果受试者因身体、精神上的缺陷或未成年，医生应从受试者合法的监护人处获得知情同意。此外，研究方案还应当包含有关伦理学考虑的一些复杂事情的说明。

问题 2　我国关于保护临床受试者的法律规定

为保证药物临床试验过程规范，结果科学可靠，保护受试者的权益并保障其安全，根据《药品管理法》、《药品管理法实施条例》，参照国际公认原则，我国《药物临

280

床试验质量管理规范》于 2003 年 6 月 4 日经国家食品药品监督管理局局务会审议通过，自 2003 年 9 月 1 日起施行。

《药物临床试验质量管理规范》是临床试验全过程的标准规定，包括方案设计、组织实施、监察、稽查、记录、分析总结和报告。凡进行各期临床试验、人体生物利用度或生物等效性试验，均须按该规范执行。《药物临床试验质量管理规范》强调所有以人为对象的研究必须符合《赫尔辛基宣言》，即公正、尊重人格、力求使受试者最大限度受益和尽可能避免伤害。

为贯彻执行《药品管理法》及《药品管理法实施条例》，加强药物临床试验的监督管理，确保药物临床试验在具有药物临床试验资格的机构中进行，国家食品药品监督管理局和卫生部共同制定了《药物临床试验机构资格认定办法（试行）》，自 2004 年 3 月 1 日起施行药物临床试验机构的资格认定。

问题 3　临床试验过程中受试者的权益保障

为保护临床试验过程中受试者的权益，药物临床实验必须遵循以下要求：

1. 在药物临床试验的过程中，必须对受试者的个人权益给予充分的保障，并确保试验的科学性和可靠性。受试者的权益、安全和健康必须高于对科学和社会利益的考虑。伦理委员会与知情同意书是保障受试者权益的主要措施。

伦理委员会（ethics committee），由医学专业人员、法律专家及非医务人员组成的独立组织，其职责为核查临床试验方案及附件是否合乎道德，并为之提供公众保证，确保受试者的安全、健康和权益受到保护。该委员会的组成和一切活动不应受临床试验组织和实施者的干扰或影响。

知情同意（informed consent），指向受试者告知一项试验的各方面情况后，受试者自愿确认其同意参加该项临床试验的过程，须以签名和注明日期的知情同意书作为文件证明。

知情同意书（informed consent form），是每位受试者表示自愿参加某一试验的文件证明。研究者需向受试者说明试验性质、试验目的、可能的受益和风险、可供选用的其他治疗方法以及符合《赫尔辛基宣言》规定的受试者的权利和义务等，使受试者充分了解后表达其同意。

2. 为确保临床试验中受试者的权益，须成立独立的伦理委员会，并向国家食品药品监督管理局备案。伦理委员会应有从事医药相关专业人员、非医药专业人员、法律专家及来自其他单位的人员，至少由五人组成，并有不同性别的委员。伦理委员会的组成和工作不应受任何参与试验者的影响。

3. 试验方案需经伦理委员会审议同意并签署批准意见后方可实施。在试验进行期间，试验方案的任何修改均应经伦理委员会批准；试验中发生严重不良事件，应及时向伦理委员会报告。

4. 伦理委员会对临床试验方案的审查意见应在讨论后以投票方式做出决定，参与该临床试验的委员应当回避。因工作需要可邀请非委员的专家出席会议，但不投票。伦理委员会应建立工作程序，所有会议及其决议均应有书面记录，记录保存至临床试验结束后 5 年。

5. 伦理委员会应从保障受试者权益的角度严格按下列各项审议试验方案：

（1）研究者的资格、经验、是否有充分的时间参加临床试验，人员配备及设备条件等是否符合试验要求。

（2）试验方案是否充分考虑了伦理原则，包括研究目的、受试者及其他人员可能遭受的风险和受益及试验设计的科学性。

（3）受试者入选的方法，向受试者（或其家属、监护人、法定代理人）提供有关本试验的信息资料是否完整易懂，获取知情同意书的方法是否适当。

（4）受试者因参加临床试验而受到损害甚至发生死亡时，给予的治疗和（或）保险措施。

（5）对试验方案提出的修正意见是否可接受。

（6）定期审查临床试验进行中受试者的风险程度。

伦理委员会接到申请后应及时召开会议，审阅讨论，签发书面意见，并附出席会议的委员名单、专业情况及本人签名。伦理委员会的意见可以是：同意、作必要的修正后同意、不同意和终止或暂停已批准的试验。

6. 研究者或其指定的代表必须向受试者说明有关临床试验的详细情况：

（1）受试者参加试验应是自愿的，而且有权在试验的任何阶段随时退出试验而不会遭到歧视或报复，其医疗待遇与权益不会受到影响。

（2）必须使受试者了解，参加试验及在试验中的个人资料均属保密。必要时，药品监督管理部门、伦理委员会或申办者，按规定可以查阅参加试验的受试者资料。

（3）试验目的、试验的过程与期限、检查操作、受试者预期可能的受益和风险，告知受试者可能被分配到试验的不同组别。

（4）必须给受试者充分的时间以便考虑是否愿意参加试验，对无能力表达同意的受试者，应向其法定代理人提供上述介绍与说明。知情同意过程应采用受试者或法定代理人能理解的语言和文字，试验期间，受试者可随时了解与其有关的信息资料。

（5）如发生与试验相关的损害时，受试者可以获得治疗和相应的补偿。

7. 经充分和详细解释试验的情况后获得知情同意书：

（1）由受试者或其法定代理人在知情同意书上签字并注明日期，执行知情同意过程的研究者也需在知情同意书上签署姓名和日期。

（2）对无行为能力的受试者,如果伦理委员会原则上同意、研究者认为受试者参加试验符合其本身利益时,则这些病人也可以进入试验,同时应经其法定监护人同意并签名及注明日期。

（3）儿童作为受试者,必须征得其法定监护人的知情同意并签署知情同意书,当儿童能做出同意参加研究的决定时,还必须征得其本人同意。

（4）在紧急情况下,无法取得本人及其合法代表人的知情同意书,如缺乏已被证实有效的治疗方法,而试验药物有望挽救生命,恢复健康,或减轻病痛,可考虑作为受试者,但需要在试验方案和有关文件中清楚说明接受这些受试者的方法,并事先取得伦理委员会同意。

（5）如发现涉及试验药物的重要新资料则必须将知情同意书作书面修改送伦理委员会批准后,再次取得受试者同意。

【延伸阅读】

临床试验(clinical trial)指任何在人体(病人或健康志愿者)进行药物的系统性研究,以证实或揭示试验药物的作用、不良反应和(或)试验药物的吸收、分布、代谢和排泄,目的是确定试验药物的疗效与安全性。临床试验一般分为Ⅰ、Ⅱ、Ⅲ和Ⅳ期临床试验。

Ⅰ期临床试验包括初步的临床药理学、人体安全性评价试验及药代动力学试验,为制定给药方案提供依据。Ⅱ期临床试验是治疗作用初步评价阶段,其目的是初步评价药物对目标适应证患者的治疗作用和安全性,也包括为Ⅲ期临床试验研究设计和给药剂量方案的确定提供依据。Ⅲ期临床试验是治疗作用确证阶段,其目的是进一步验证药物对目标适应证患者的治疗作用和安全性,评价利益与风险关系,最终为药物注册申请的审查提供充分的依据。Ⅳ期临床试验为新药上市后由申请人进行的应用研究阶段,其目的是考察在广泛使用条件下的药物的疗效和不良反应、评价在普通或者特殊人群中使用的利益与风险关系以及改进给药剂量等。

【拓展练习】

结合本项目,请分析如何在新药试验中保障受试者的合法权益。

参 考 文 献

1. 李彩霞. 初级卫生保健[M]. 南京:江苏科学技术出版社,1997

2. 王陇德,张春生. 中华人民共和国献血法释义[M]. 北京:法律出版社,1998

3. 丁言雯. 护理学基础[M]. 北京:人民卫生出版社,1999

4. 卫生部政策法规司. 中华人民共和国卫生法规汇编(1995—1997)[M]. 北京:法律出版社,1999

5. 吴崇其,达庆东. 卫生法学[M]. 北京:法律出版社,1999

6. 姜明安. 行政法与行政诉讼法[M]. 北京:北京大学出版社,高等教育出版社,1999

7. 达庆东. 卫生法学纲要[M]. 2版. 上海:上海医科大学出版社,2000

8. 赵同刚. 卫生法[M]. 北京:人民卫生出版社,2001

9. 郑筱萸,徐玉麟. 中华人民共和国药品管理法学习辅导[M]. 北京:中国法制出版社,2001

10. 吴崇其. 中国卫生法学[M]. 北京:中国协和医科大学出版社,2001

11. 顾鸣敏. 医学导论[M]. 上海:上海科学技术文献出版社,2001

12. 中国药学会药事管理专业委员会. 中国医药卫生改革与发展相关文件汇编[M]. 北京:中国医药科技出版社,2001

13. 龚赛红. 医疗损害赔偿立法研究[M]. 北京:法律出版社,2001

14. 邹延昌,肖宏浩. 药事管理学[M]. 济南:泰山出版社,2001

15. 办案依据丛书——办理医疗事故案件法律依据[M]. 北京:中国法制出版社,2002

16. 医疗事故处理条例起草小组编写. 医疗事故处理条例释义[M]. 北京:中国法制出版社,2002

17. 郑筱萸. 国外药事法律法规汇编[M]. 北京:国家药监局执业药师资格认证中心,2002

18. 姜柏生,田侃. 医事法学[M]. 南京:东南大学出版社,2003

19. 梁毅. 药品经营质量管理规范[M]. 北京:中国医药科技出版社,2003

20. 杨开忠,陆军. 国外公共卫生突发公共卫生事件管理要览[M]. 北京:中国城市出版社,2003

21. 卫生部卫生法制与监督司编. 卫生法立法研究[M]. 北京:法律出版社,2003

22. 田侃. 卫生法规[M]. 长沙:湖南科学技术出版社,2004

23. 达庆东,曹文妹,田侃. 卫生法学纲要[M]. 3版. 上海:复旦大学出版社,2004

24. 田侃. 中国药事法[M]. 南京:东南大学出版社,2004

25. 彭司勋. 中国药学年鉴[M]. 上海:第二军医大学出版社,2003

26. 赵晶,金进. 社会药学[M]. 昆明:云南科技出版社,2001

27. 魏振瀛. 民法[M]. 北京:高等教育出版社,北京大学出版社,2001

28. 刘春田. 知识产权法[M]. 北京:高等教育出版社,北京大学出版社,2001

29. 梁慧星. 民法总论[M]. 北京:法律出版社,2007

30. 吴崇其. 中国卫生法学[M]. 北京:中国协和医科大学出版社,2005

31. 郑雪倩. 医院管理学(医院法律事务分册)[M]. 北京:人民卫生出版社,2011

32. 宋晓亭. 中医药知识产权指南[M]. 北京:知识产权出版社,2008

33. 何伦,王小玲. 医学人文学概论[M]. 南京:东南大学出版社,2002

34. 赵同刚. 卫生法[M]. 北京:人民卫生出版社,2005

35. 樊立华. 卫生法学概论[M]. 北京:人民卫生出版社,2000

36. 宋文质. 卫生法学[M]. 北京:北京大学医学出版社,2008

38. 王才亮. 医疗事故与医患纠纷处理实务[M]. 北京:法律出版社,2002

39. 罗豪才. 行政法学[M]. 北京:北京大学出版社,2001

40. 《医疗事故处理条例》起草小组. 医疗事故处理条例释义[M]. 北京:中国法制出版社,2002

41. 曹康泰. 突发公共卫生事件应急条例[M]. 北京:中国法制出版社,2003

42. 陈兴良. 刑法[M]. 上海:复旦大学出版社,2003

43. 古津贤. 医疗侵权法[M]. 长春:吉林大学出版社,2008

44. 许崇德. 宪法[M]. 北京:中国人民大学出版社,1999

45. 姜柏生,万建华,严晓萍. 医事法学[M]. 2版. 南京:东南大学出版社,2007

46. 江平. 民法学[M]. 北京:中国政法大学出版社,1999

47. 田侃,陈瑶. 医药卫生法[M]. 北京:科学出版社,2005

48. 田侃. 药事管理与法规[M]. 长沙:湖南科技出版社,2012

49. 杨世民. 药事管理学[M]. 北京:人民卫生出版社,2011

50. 刘红宁. 药事管理学[M]. 北京:高等教育出版社,2009

51. 邵蓉. 中国药事法理论与实务[M]. 北京:中国医药科技出版社,2010

52. 宿凌. 药事管理与法规[M]. 北京:中国医药科技出版社,2010

53. 王利明. 民法[M]. 北京:中国人民大学出版社,2006

54. 陈晓非. 医学人文社会科学的理论与应用[M]. 成都:四川科学技术出版社,2000

55. 汪建荣,沈洁,何昌龄. 用法律保护公众健康——美国公共卫生法律解读[M]. 北京:中国科学技术出版社,2006

56. 郝模. 卫生政策学[M]. 北京:人民卫生出版社,2005

57. 施卫星,王国平. 医学伦理与卫生法[M]. 北京:中国时代出版社,2008

58. 王国平,朱新力. 卫生法学[M]. 北京:人民出版社,2000

59. 徐宗良,刘学礼,瞿晓敏. 生命伦理学理论与实践探索[M]. 上海:上海人民出版社,2002

60. 吴蓬. 药事管理学[M]. 北京:人民卫生出版社,2003

61. 田侃,朱晓卓. 医学法学[M]. 北京:中国医药科技出版社,2013

62. 田侃. 药事管理与法规[M]. 长沙:湖南科技出版社,2012